HORST EINBRODT

Geleitwort

Von den annähernd 37.000 ausgebildeten U-Boot-Fahrern im Zweiten Weltkrieg überlebten nur etwa 6000 den Krieg, um sicher nach Deutschland zurückzukehren.[1] Sie verkörperten den größten Prozentsatz an Verlusten, den eine Waffengattung der militärischen Streitkräfte von den Krieg führenden Ländern der Neuzeit je erlitt. Von den ungefähr 1000 deutschen Front-U-Booten während des Krieges blieben nach 1945 nur noch eine Hand voll übrig. Es hat den fast unglaublichen Anschein, als ob die Geschichte des Opfergangs der U-Boot-Fahrer in Deutschland noch nie wirklich zutreffend und vollständig erzählt worden ist. Erst nachdem Kriegstagebücher und Akten aus britischem Gewahrsam freigegeben worden sind, stehen objektive Quelle den Journalisten und Historikern zur Verfügung.

Meinem Freund und Kameraden Hans Göbeler ist es gelungen, in seinem Buch *Im Stahlmantel* das Alltagsleben eines U-Boot-Fahrers auf einem U-Boot der Kriegszeit zu beschreiben. Die Kameradschaft, die Ängste und Befürchtungen sowie die vielen unvergessenen Augenblicke an Bord seines Bootes werden in seiner Autobiographie in ehrlicher Weise geschildert. Zahlreiche Werke sind über die U-Boot-Waffe geschrieben worden, die meisten stammen von Kommandanten der Boote und handeln von deren Gedanken und Entscheidungen. Was den unschätzbaren Wert dieses Buches von Hans Göbeler ausmacht: Es ist aus der Perspektive eines gewöhnlichen Besatzungsangehörigen geschrieben. Als zur Zentrale gehörig, hatte er die beste Gelegenheit, die wirkliche Stimmung an Bord eines Frontbootes zu erfahren.

Bedauerlicherweise erlebte Hans Göbeler die Veröffentlichung dieses ehrlichen (und sicherlich auch populären) Porträts der deutschen Marine des Zweiten Weltkrieges nicht mehr. Nach dem Ertragen einer langen, schweren Erkrankung entschlief Hans Göbeler am 15. Februar 1999.

Horst Einbrodt
Oberleutnant zur See
Crewmitglied, *351*

Axel-Olaf Loewe

Würdigung des Kommandanten

Hans Göbeler sammelte Material seit vielen Jahren und arbeitete an seinen Erinnerungen, ehe sie schließlich veröffentlicht wurden. Diesen Brief schrieb sein früherer Kommandant an Hans Göbeler, kurz bevor er im Dezember 1984 verstarb.

In einer höchst lobenswerten Art und Weise hat Hans Göbeler, ehemals Angehöriger der Besatzung von *U 505*, nachgeforscht und Fakten über das Boot und seine Besatzung zusammengetragen, um sie in Buchform zu veröffentlichen.

U 505 stellte ich am 26. August 1941 in Dienst und führte mit ihm 1942 drei Feindfahrten einschließlich der Verlegung nach Lorient durch. Bei der Indienststellung hatten nur zwei der Männer Fronterfahrung auf einem U-Boot, aber die Besatzung wurde auf ein so hohes Niveau an Professionalität gebracht, dass dieses Boot im ersten Jahr erfolgreich war. Die Besatzung war bis zu dem Tag, an dem ich das Boot verließ, und auch danach in erstklassiger Verfassung, bei der es keine ernsten Ausfälle gab.

Und daher sollen meine Worte an alle Männer ein Gruß sein, die auf *U 505* fuhren, ihre Pflicht erfüllten und auf dem Boot in Kameradschaft in glücklichen und in schwierigen Zeiten miteinander lebten.

Axel Loewe
Korvettenkapitän a. D. und
erster Kommandant von *U 505*

John Vanzo

Einführung

Seit dem ersten Tag, an dem er als junger Rekrut 1942 seinen Fuß auf Deck setzte, drehte sich Hans Göbelers Leben um *U 505*. Während des Krieges schickte er Hunderte von Fotos und Notizen über seine Erfahrungen an Bord zur sicheren Aufbewahrung an seine Eltern. Nach dem Krieg sammelte er peinlich genau jeden Aufsatz oder flüchtigen Hinweis auf das Boot, den er fand. Dieses Buch ist das Ergebnis seiner Anstrengungen, die Erinnerung an »sein Boot« wachzuhalten.

Hans Göbeler scheute sich nie, seinen Stolz auf *U 505* im Besonderen und auf die U-Boot-Waffe im Allgemeinen auszudrücken. In dem Klima strenger politischer Korrektheit, das im Nachkriegsdeutschland vorherrschend war, musste er häufig unter seiner Weigerung leiden, die erwartete Scham oder Reue zu demonstrieren. Bis an sein Lebensende verteidigte Hans Göbeler standhaft die Tapferkeit und Hingabe seiner Kameraden in der Kriegsmarine – ganz egal, ob ihm dies persönlich oder seinem Werdegang schadete. »Ich bin kein Chamäleon!«, pflegte er zu sagen.

Als *U 505* als Denkmal im *Museum of Science and Industry* in Chicago 1954 eingeweiht wurde, schwor sich Hans Göbeler, eines Tages in dessen Nähe zu ziehen. Getreu seines Vorsatzes verlegte er dreißig Jahre später, als er in den Ruhestand trat, den Familienwohnsitz von Deutschland in einen Vorort von Chicago. Sobald er dort war, organisierte Hans Göbeler die ersten Wiedersehenstreffen der Besatzungen von *U 505* und der amerikanischen Kriegsschiffe, die es am 4. Juni 1944 aufgebracht hatten. Vielen unbekannt, hatte er auch Material zusammengetragen und schrieb seine Erinnerungen an *U 505*.

Zumeist war Hans Göbeler mit den Publikationen zur Geschichte seines Bootes zufrieden. In den 1950er Jahren verfasste Daniel V. Gallery, der die Kampfgruppe geführt hatte, die *U 505* aufbrachte, eine ausführliche Darstellung des Geschehens unter dem Titel *Twenty Thousand Tons Under the Sea*. Gallerys Version ist im Allgemeinen korrekt, wenn auch Hans Göbeler deren Schlussfolgerung bestritt, dass es der Besatzung von *U 505* an hoher Moral gemangelt hätte. Hans Göbeler fand auch Gefallen an dem Bericht, den sein Freund und Crewkamerad Hans-Joachim Decker geschrieben hatte. Er wurde in den *U. S. Naval Institute Proceedings* als Aufsatz unter dem Titel *404 Days! The War Patrol Life of the German U-505* veröffentlicht.

Dies änderte sich jedoch, als 1986 von Lawrence Cortesi der Titel *U-505 Victory* erschien. Nach Hans Göbelers Auffassung wimmelte das Buch von sachlichen Fehlern. Entsetzt über das, was er als eine Entstellung der historischen Vergangenheit empfand, intensivierte er die Arbeit an seiner Autobiographie, um dieses Bild zu korrigieren. Seine eigenen Erinnerungen, ergänzt durch eine Kopie des Kriegstagebuches von *U 505* und Interviews mit vielen seiner Bordkameraden, erstellte Hans Göbeler ein dreihundertseitiges Manuskript seiner Erlebnisse an Bord des Bootes.

Insgesamt zehn Jahre verwandte Hans Göbeler darauf, seine Erinnerungen gewissenhaft niederzuschreiben, wobei er zwischenzeitlich um der Gesundheit seiner Frau willen nach Süden ins mittlere Florida umziehen musste. Und dort trafen wir uns Anfang 1996. Hans Göbeler gewährte mir ein Interview für einen Artikel, der in der Juli-Ausgabe 1997 des *World War II*-Magazins erschien. Der Beitrag fand eine sehr positive Resonanz und veranlasste Hans Göbeler, mich zu fragen, ob ich ihm nicht bei der Endfassung seiner Autobiographie behilflich sein könnte. Ich fühlte mich geehrt, dies zu tun.

Während ich sein gesamtes Manuskript umschrieb, hielt ich mich an Hans Göbelers kompromisslose Forderung, dass dieses Buch ein vollständiger Tatsachenbericht seiner Kriegserlebnisse sein sollte. Im Verlaufe unserer gesamten Zusammenarbeit legte er strikten Wert darauf, dass keine seiner Erfahrungen in irgendeiner Weise ausgeklammert oder romantisiert wurde. Ich warnte Hans Göbeler, dass er zuweilen auf eine weniger sympathische Weise ins Erzählen geriet. Dies spiele keine Rolle, beharrte er, das Buch müsse meine Erfahrungen wahrheitsgemäß wiedergeben – trotz solcher Bedenken.

Was dadurch entstand, ist eine absolut authentische Darstellung, ein einzigartiger Rückblick auf einen entscheidenden Zeitraum der Geschichte, der selten so ehrlich beschrieben worden ist. In seinem Kern beinhaltet Hans Göbelers Bericht die Schilderung der Reaktionen eines ganz gewöhnlichen jungen Mannes auf außergewöhnliche Umstände. Auf eigene Weise spiegelt er die Erfahrungen einer ganzen Generation junger Männer wider, die in den Krieg geschickt wurden – ohne Rücksicht auf die Nationalität.

Bedauerlicherweise endete Hans Göbelers Leben mit 75 Jahren am Morgen des 14. Februar 1999. Eine Krebserkrankung und die damit verbundene Chemotherapie hatten seinem Körper allzu sehr zugesetzt. An diesem frostigen Wintermorgen verweigerte schließlich sein geschwächtes Herz den Dienst. Seine Frau trug ihn noch auf die Couch im Wohnzimmer, wo er vorübergehend wieder das Bewusstein erlangte. In Erika Göbelers Armen liegend, wurden seine Augen plötzlich groß und weit, als ob er auf einen unglaublichen Anblick starrte, der über ihm schwebte.

»Nein, noch nicht. Noch nicht!«, flehte er. Einen Augenblick später war er gegangen.

Niemand, der Hans Göbeler kannte, käme auf die Idee, seine letzten Worte seien ein Ausdruck der Furcht gewesen. Er hatte dem Tod viele Male ins Antlitz geblickt, stets unerschrocken. Nein, vor dem Sterben hatte er sich nicht gefürchtet. Seine Worte drückten vielmehr die Sorge darüber aus, dass die Arbeit an seinem Buch noch nicht abgeschlossen war. In seinen letzten Jahren war »das Zurechtrücken der Niederschrift« über *U 505* und die Männer, die auf ihm fuhren, der verbliebene Ehrgeiz seines Lebens gewesen. Mein größtes Bedauern ist, dass es ihm nicht mehr vergönnt war, sein Buch gedruckt zu sehen. *Steel Boat, Iron Hearts* oder mit dem deutschen Titel *Im Stahlmantel* bietet den vollständigsten und genauesten Bericht über *U 505*, das erste feindliche Schiff, das von der US-Marine seit dem Krieg von 1812 auf hoher See aufgebracht wurde.

Ich glaube, Hans Göbeler hätte Gefallen daran gefunden.

Dr. phil. John P. Vanzo
Bainbridge College

P. S. an Hans:
Auf Wiedersehen, mein alter Freund. Wo auch immer im Kosmos dein Geist segelt, mögest du stets eine Handbreit Wasser unter deinem Kiel haben!

Keith Gill

Vorwort

Ich traf Hans Göbeler 1989 während der ersten Monate meiner Tätigkeit am *Museum of Sciece and Industry* in Chicago. Zu dieser Zeit war ich nur ein kleiner Assistent beim damaligen *Registrar and Collections Manager* und arbeitete seit 1988 an der Beendigung des Projektes zur Restaurierung von *U 505*. Um die Fertigstellung dieser Restaurierung feierlich zu begehen – der umfangreichsten seit dem Eintreffen von *U 505* im Jahre 1954 –, waren eine Wiedereinweihung geplant und die Marineveteranen beider Seiten dazu eingeladen worden. Da ich noch nicht lange am Museum war, hatte ich für dieses Treffen keine direkte Einladung erhalten. Mein Interesse an der Militärgeschichte im Allgemeinen und an *U 505* im Besonderen brachte mich jedoch dazu, mich unter die Versammelten mit dem Versprechen zu mischen, das Treffen nicht zu stören!

Meine lebhafteste Erinnerung an diesen Tag bleibt jedoch, wie beeindruckt ich war, dass sich frühere Feinde (ungeachtet der Sprachbarrieren) unter gewandelten Umständen in dieser Form wieder begegnen konnten, um ihre Erfahrungen offen zu diskutieren. Sie waren wirklich glücklich, einander zu sehen. Einige sprachen vom Boot, andere sprachen von ihrem persönlichen Verhalten am Morgen des 4. Juni 1944 und wieder andere waren geradezu froh, unter alten und neuen Freunden zu sein. Einer der Männer bei dieser denkwürdigen Zusammenkunft war Hans Göbeler.

Obwohl er »nur« ein Zentralemaat gewesen war (und somit kein Offizier), hatte er bei der Organisation dieses Treffens mit der Besatzung von *U 505* eine Hauptrolle. Trotz seiner geringen Größe von 1,67 m (ein allerdings ideales Maß für einen U-Boot-Fahrer des Zweiten Weltkrieges) war er eine beachtliche Erscheinung und ich war auch später jedes Mal, wenn wir uns trafen, von ihm aufs Neue beeindruckt. Der einstige Angehörige der Kriegsmarine stemmte mit seinen 65 Jahren emsig noch Gewichte, um in Form zu bleiben. Ihn umgab eine Aura des Vertrauens und er besaß ein besonderes Lächeln, das Menschen zu ihm hinzog. Seine Augen funkelten voller Humor und guter Laune.

Nach mehreren Begegnungen mit Hans Göbeler und diversen Telefongesprächen, erkannte ich, dass die Geschichten über seine Zeit auf »dem alten Boot« es verdienten, für die Nachwelt festgehalten zu werden. Deren Inhalt an die Führer der Besichtigungen auf *U 505* mündlich weiterzugeben, damit diese den Besuchern etwas mehr zu erzählen hatten, war zwar schön und gut, aber diese Erinnerungen aus erster Hand würden irgendwann schließlich verlorengehen oder verblassen, wenn sie nicht niedergeschrieben wurden. Dessen einmal ungeachtet ließ es Hans Göbeler, wann immer er bei uns vorbeikam, sich nicht nehmen, mit irgendwelchen Gruppen ganz zwanglos Führungen durch *U 505* zu veranstalten. Dabei wurde er dann selbst zu einem Teil des Exponats, wenn er in der Zentrale stand und über die technisch interessante Ausrüstung oder seine persönlichen Erfahrungen in und mit dem Boot erzählte. Dabei verstand er es, seine Zuhörer, die seine direkte Beziehung zu *U 505* förmlich spüren konnten, in seinen Bann zu ziehen.

Eine Besichtigung von *U 505* unter der Leitung eines ehemaligen Besatzungsmitglieds vorzunehmen bedeutete für die Teilnehmer sowohl eine seltene wie auch unvergessliche Erfahrung. Und Hans Göbeler machte seine Sache auch einfach grandios. Ich genoss es stets, zu beobachten, wie er es schaffte, Jung und Alt zu faszinieren, wenn er über das Leben an Bord von *U 505* sprach, während er auf seiner ehemaligen Gefechtsstation stand. Wie man sich vorstellen kann, staunten die Besucher ehrfurchtsvoll. Viele nahmen die Gelegenheit wahr, auch einige unangenehme Fragen darüber zu stellen, was es bedeutet hatte, deutscher U-Boot-Fahrer im Zweiten Weltkrieg zu sein, wie er sich zum Zeitpunkt des Aufbringens von *U 505* gefühlt hatte und was er nunmehr viele Jahrzehnte später empfand.

Alle diese Reaktionen bestärkten meiner Meinung nach Hans Göbeler, seine Erinnerungen aus der Sicht eines einfachen Seemanns zu beenden und der Nachwelt zu erhalten.

Zum Glück für uns war Hans Göbeler über jede potenzielle Kritik an seinen Bemühungen mehr amüsiert als abgeschreckt. Im Gegensatz zu vielen Erinnerungen an diese Zeit fand Hans Göbeler einen Weg, seine eigenen persönlichen Erfahrungen in den Rahmen der breiteren Zusammenhänge des Zweiten Weltkrieges einzubetten: Die Schilderungen seines Weges zu der U-Boot-Waffe, seine Dienstzeit auf *U 505* (Hans Göbeler nahm an Bord dieses einen U-Bootes an jeder Feindfahrt teil), die Landurlaube, das Aufbringen des Bootes am 4. Juni 1944 und sein Leben auch als Kriegsgefangener. Was er zu berichten wusste, trug dazu bei, dem 850-ts-Exponat *U 505* Leben einzuhauchen.

1998 begann das *Museum of Science and Industry,* ein Projekt anhand der mündlich erzählten Geschichte des Bootes zu planen. Ziel war es, so viele deutsche Besatzungsmitglieder wie möglich und auch den CTG und die Hauptakteure der TG 22.3 – Dan Gallerys Kampfgruppe, die *U 505* aufbrachte – zu befragen. Das Vorhaben war gut organisiert und lief auch noch das folgende Jahr über, bis wir alle noch lebenden Beteiligten von damals gefunden hatten, von denen wir glaubten, sie hätten und könnten uns etwas erzählen. Seitens Hans Göbelers fanden wir dabei begeisterte Unterstützung. Er half, Kontakte zu mehreren seiner ehemaligen Kameraden herzustellen und deren Zustimmung zu gewinnen, Interviews zu geben.

Und dann trat das Schreckliche ein, bei Hans Göbeler

wurde Lungenkrebs diagnostiziert. Während seines Kampfes gegen die Krankheit blieb er immer optimistisch und bat uns allenfalls, seine nächste Behandlung abzuwarten, bevor wir ihn wieder besuchen kamen, denn er war davon überzeugt, er würde den Krebs besiegen. Ich führte noch kurz vor seinem Tod ein Telefongespräch mit ihm, aber um diese Zeit ahnten wir alle, er war dabei, den Kampf mit dem Krebs zu verlieren. Seine Frau Erika teilte uns mit, dass er für die geplanten Dokumentaraufnahmen nicht mehr die Kraft besäße. Tiefe Traurigkeit erfüllte uns, als die Nachricht von seinem Ableben eintraf. Wir wussten leider auch, dass wir eine unwiederbringliche Gelegenheit versäumt hatten, sein Vermächtnis als Zeitzeuge per Film aufzubewahren. So war ich dankbar, dass ich wenigstens die Voraussicht gehabt hatte, viele unserer Gespräche auf Tonband aufzunehmen. Hans Göbeler war schließlich das letzte noch lebende Besatzungsmitglied von *U 505* in den USA gewesen. Als er starb, waren noch elf Mann aus seiner Besatzung am Leben; mittlerweile sind es nur noch zehn.

Ich weiß, wie stolz Hans Göbeler heute wäre, wenn er sein »altes Boot« im jetzigen Zustand sehen könnte. *U 505,* restauriert und innen wie außen wieder in seiner ursprünglichen Farbe gestrichen, hat bei uns im Museum in einer großen unterirdischen Ausstellungshalle einen Ehrenplatz erhalten.

Wir vom Museum haben es Hans Göbeler zu verdanken, dass wir lernten, so ein komplexes technisches Gebilde, wie es nun einmal ein U-Boot darstellt, zu verstehen. Seine postum veröffentlichten Erinnerungen helfen uns allen, überhaupt zu begreifen und zu ermessen, was es bedeutet haben muss, an Bord von *U 505* Dienst zu tun.

Keith Gill
Kurator von *U 505*
Museum of Science and Industry

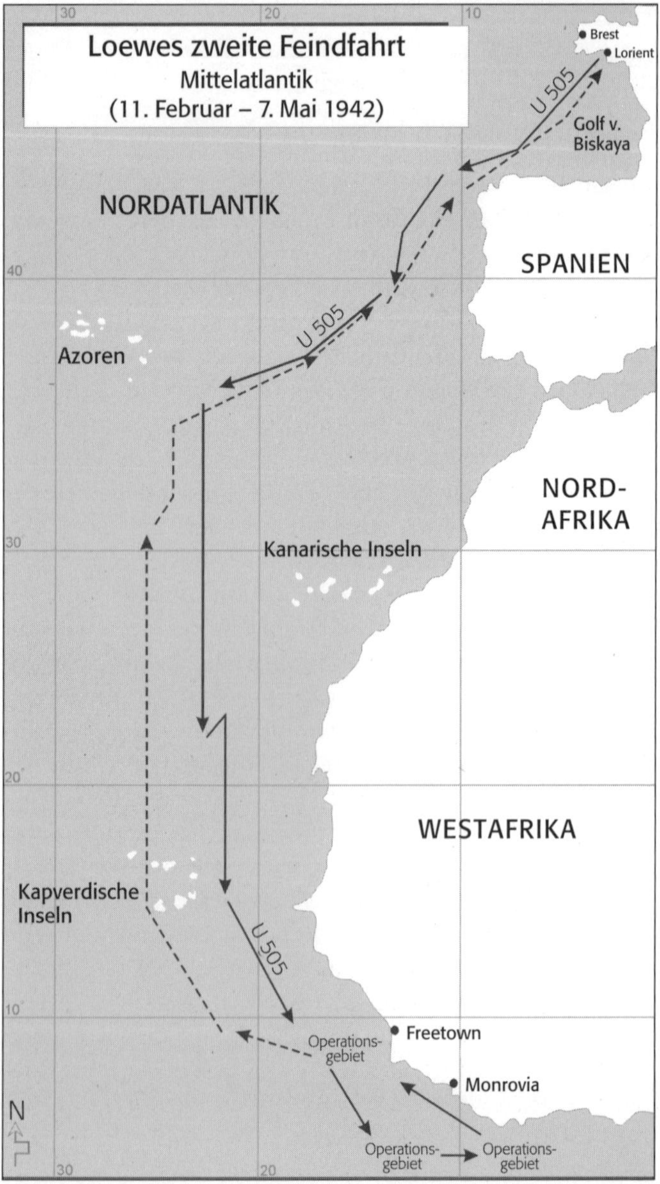
Loewes zweite Feindfahrt
Mittelatlantik
(11. Februar – 7. Mai 1942)
Brest
Lorient
U 505
Golf v. Biskaya
NORDATLANTIK
SPANIEN
U 505
Azoren
NORD-AFRIKA
Kanarische Inseln
WESTAFRIKA
Kapverdische Inseln
U 505
Freetown
Operations-gebiet
Monrovia
Operations-gebiet
Operations-gebiet
N
30
20
10
40
30
20
10
30
20

1. KAPITEL

Mein Wunsch hat sich erfüllt

Der 4. Juni 1944 war der schlimmste Tag meines Lebens. Meine Crewkameraden und ich wurden auf einem amerikanischen Flugzeugträger in einem Stahlkäfig gefangen gehalten. Die Hitze, die von den Schiffsmaschinen abgestrahlt wurde, trieb die ohnehin stickig heiße Tropenluft auf Temperaturen wie bei einem Hochofen. Aber weitaus schlimmer als alles andere war, dass wir unser eigenes *U 505* hinter uns am Haken hängend sehen konnten, das wie ein verwundeter grauer Wolf in die Gefangenschaft geschleppt wurde. Obwohl ich mein Bestes versucht hatte, das Boot noch zu versenken, war es intakt den Amerikanern in die Hände gefallen, das erste feindliche Kriegsschiff, das seit dem Kolonialkrieg 1812 von der US-Marine auf hoher See aufgebracht worden war[2].

55 Jahre später sind jedoch der Schock und die Schande dieses Tages einem nostalgischen Stolz auf unser altes U-Boot gewichen. Mittlerweile kann *U 505* hoch und trocken auf seinem Ausstellungsplatz im *Museum of Science and Industry* in Chicago besichtigt werden. Aus einer seiner Gedenktafeln geht hervor, dass dieses deutsche Unterseeboot als Denkmal für die im Zweiten Weltkrieg gefallenen amerikanischen Seeleute an dieser Stelle steht. Doch für uns als einstige Besatzungsangehörige von *U 505* symbolisiert das Boot zudem auch die Härten und Opfer, die wir im Verlauf von zwei Jahren blutiger Kriegsführung gegen einen übermächtigen Gegner ertragen mussten. Die Saga von den Kriegsabenteuern unseres Bootes ist groß genug, um Raum für beide Interpretationen zuzulassen.

Im Laufe der Zeit habe ich mehrere Wiedersehenstreffen der amerikanischen und der deutschen Veteranen organisiert, die am Aufbringen des Bootes beteiligt waren. Der Hass und die Missverständnisse, die einst unsere Völker trennten, sind inzwischen verschwunden. Wir Seemänner umarmen einander; und wie auf unsere Gemeinsamkeiten auch konzentrieren wir uns lieber auf unsere Ähnlichkeiten statt auf unsere Unterschiede. Wir verstehen jetzt, dass wir während des Krieges, ob wir die Jäger oder die Gejagten waren, allesamt nur junge Burschen waren, die das, was sie taten, als patriotische Pflicht ansahen. Die einzigen Auseinandersetzungen heute, gehen darum, wer die nächste Runde Getränke übernehmen darf.

Dieses Buch ist verfasst worden, um die vollständige und wahre Geschichte unseres Lebens an Bord von *U 505* so zu erzählen, wie ich sie persönlich erlebt habe. Ich habe dabei nichts unter den Tisch fallen lassen, geschweige denn irgendwie übertrieben. Lediglich aus Rücksicht auf die Gefühle ihrer Familien habe ich einige Namen von Angehörigen der Besatzung unerwähnt gelassen. Meine Hoffnung ist, dass die exemplarische Schilderung der Verhältnisse an Bord eines Front-U-Bootes des Zweiten Weltkrieges dazu beiträgt, ein Stück Seekriegsgeschichte militärisch und menschlich verständlicher zu machen. Die endgültige Beurteilung dessen, was war, und unseres Verhaltens bleibt zukünftigen Generationen überlassen.

* * *

Mein Entschluss, als junger Mensch lieber zur Marine als zur Luftwaffe oder zur Panzertruppe zu gehen, war meine ureigenste Entscheidung. Als die Zeit kam, Soldat zu werden, gab es keinerlei Zögern, denn schließlich stammte ich aus einer Familie, in der der Militärdienst Tradition hatte.

Ich wurde am 9. November 1923 in dem hessischen Bauerndörfchen Bottendorf bei Marburg geboren und auf die Vornamen Hans Jacob getauft. Als kleiner Junge verbrachte ich so manche Stunde auf den Knien meines Großvaters Mathias, der im Deutsch-Französischen Krieg gekämpft hatte, dessen Höhepunkt für ihn die Einnahme der Hauptstadt unseres »Erbfeindes«, der Franzosen, war. Seine Erzählungen erweckten in meinem kindlichen Gemüt Vorstellungen von heldenhaftem Ruhm, den es im Kampf zu gewinnen gäbe.

Die dunkle und unmenschliche Seite des Krieges vermittelten mir dann die Erfahrungen meines Vaters Heinrich im Ersten Weltkrieg. Mein Vater trat im Alter von 18 Jahren in das deutsche Heer ein. Er kämpfte an der Ostfront und nahm an den großen Schlachten von Tannenberg und an den Masurischen Seen in Ostpreußen gegen die Russen teil. Am 20. November 1914 geriet er in russische Gefangenschaft und verbrachte die nächsten Jahre unter schrecklichen Bedingungen in einem Zwangsarbeitslager im sibirischen Katskoje. Von den 20 000 Mann seiner Gruppe, die von den Russen gefangen genommen worden waren, fanden im ersten Jahr 18 000 durch Erschöpfung und Unterernährung den Tod. Nur durch die Intervention einer berühmten schwedischen Krankenschwester erlangte das Internationale Rote Kreuz Kenntnis von der Existenz dieses Arbeitslagers und vermochte dadurch eine gewisse Verbesserung der Bedingungen herbeizuführen.

Sobald der Krieg zu Ende war, gerieten die noch lebenden Insassen des Lagers in die Wirren der bolschewistischen Revolution. Im Verlauf der nächsten drei Jahre schlugen sich mein Vater und seine Kameraden langsam nach Westen durch, wobei es manchmal an ein und demselben Tag zu Begegnungen mit Teilen der Roten wie der Weißen Armeen kam. Während des langen Marsches durch Russland wurde mein Vater Augenzeuge unbeschreiblicher Greueltaten der Kommunisten an der eigenen Zivilbevölkerung. Rasch gelangte er zu der festen Überzeugung, dass der Kommunismus niemals in Deutschland Fuß fassen dürfe.

Im November 1921, volle sieben Jahre nach seiner Gefangennahme, kehrte mein Vater schließlich nach Hause zurück.

Entsetzt musste er feststellen, dass sich der Kommunismus bereits auch in Deutschland ausgebreitet hatte. In vielen Städten waren Revolutionsräte gebildet worden und das politische System war von totalem Chaos geprägt. In den Gewerkschaften waren die Roten stark. Mein Vater nehm seine alte Tätigkeit als Eisenbahner wieder auf, aber seine offen gezeigte Feindschaft gegenüber der Kommunistischen Partei führte letztlich dazu, dass er entlassen wurde. Bei den roten Gewerkschaften auf der schwarzen Liste stehend, verbrachte mein Vater fünf trostlose Jahre mit dem Versuch, wieder eine feste Anstellung zu finden, um durch Arbeit zum Lebensunterhalt der Familie beitragen zu können.

Die Lage verschlechterte sich, als 1929 die Weltwirtschaftskrise sich auch in Deutschland auszuwirken begann. Das Geld verlor rasant an Wert, und Hunger wurde bei vielen zum ständigen Begleiter. Auch unsere Familie litt in dieser Zeit schlimme Not. In ganz Deutschland stieg die Zahl der Arbeitslosen auf immer höhere und erschreckendere Marken. Die einst intakte deutsche Gesellschaft löste sich auf.

Und dann trat auf einmal ein Politiker mit dem Versprechen an, die Probleme unseres Landes zu lösen: den Arbeitslosen Nahrung und Arbeit zu verschaffen, unsere verlorenen Gebiete zurückzugewinnen, die Würde und Ehre unseres Volkes wiederherzustellen und für Sicherheit auf den Straßen zu sorgen. Einem solchen Mann hätten die Wähler ihre Stimme auch gegeben, wenn er Schmidt oder Meyer geheißen hätte; aber sein Name lautete zufällig Hitler.

Heute sagen viele, wir Deutschen hätten wie Faust einen Pakt mit dem Teufel geschlossen; aber damals schien dies der einzige Weg aus einem nationalen Alptraum zu sein. Niemand bedauerte das Ende unseres kurzen, untauglichen Experimentes mit der Demokratie: der Weimarer Republik.

Für meine Familie brachte die Wahl Hitlers zum Reichskanzler spürbare Vorteile. Die Kommunisten wurden aus den Gewerkschaften der Eisenbahner entfernt und mein Vater wurde wieder bei der Reichsbahn eingestellt. Was mich betrifft, so stieß ich zur Hitlerjugend. Ich war mit Begeisterung dabei und wurde für kurze Zeit der jüngste Führer im Deutschen Jungvolk. Die Betonung von Patriotismus, Loyalität und Opferbereitschaft durch die HJ fügte sich perfekt in die Wertvorstellungen ein, die mir mein Vater vermittelt hatte. Dass der feste Glaube an diese Werte ein ganzes Volk dazu veranlassen würde, Hitler über den Abgrund in die Katastrophe zu folgen, konnte ich damals nicht ahnen.

So allmählich hatte ich mich auch zu einem guten Schüler entwickelt. Wenn ich nicht gerade für Klassenarbeiten lernte, schmökerte ich mit Vorliebe in Büchern über den Ersten Weltkrieg, wobei mich Abhandlungen über die Geschichte der deutschen U-Boot-Einsätze besonders faszinierten. In mir reifte die Auffassung heran, dass ein Sieg über das britische Empire nur zur See errungen werden könne und der Schlüssel zum Erfolg über die uns überlegene englische Flotte nur unsere U-Boote sein konnten. Als sich Ende der 1930er Jahre die internationale Lage verschlechterte, wurde ich zunehmend von dem Gedanken beseelt, zum Militär zu gehen.

Im Sommer 1939 schien der Krieg unmittelbar bevorzustehen und ich versuchte, in die Marine aufgenommen zu werden. Zu meiner Enttäuschung – und zur unermesslichen Erleichterung meiner Mutter – wurde ich jedoch abgelehnt, zum einen, weil ich erst 15 Jahre alt war, und zum anderen, weil mir bei der medizinischen Untersuchung Farbenblindheit bescheinigt wurde. Eine Nachuntersuchung durch unseren Hausarzt ergab, dass dies eine Fehldiagnose war, aber die Musterungskommission wollte mich trotzdem noch immer nicht haben.

»Schließ' erst mal deine Schule ab und lern' dann ein vernünftiges Handwerk, mit dem sich bei der Marine was anfangen lässt«, wurde mir geraten. »Danach kann man immer noch weitersehen.«

Etliche Wochen später brach der Krieg aus. Auf einen möglichen Wechsel ins Gymnasium verzichtete ich und befolgte lieber den beruflichen Rat der Musterungskommission. Mit Feuereifer trat ich meine Lehre als Motorenmechaniker an, wild entschlossen, sie so rasch wir nur irgend möglich zu absolvieren, da ich unbedingt noch am Krieg teilnehmen wollte, bevor dieser wieder vorüber war. Da ich mich deswegen ungeheuer anstrengte, konnte ich bereits schon nach zwei Jahren den Gesellenbrief in Empfang nehmen. Nebenher hatte ich auch noch die Fahrprüfung abgelegt. Als junger Heranwachsender bereits einen Führerschein zu besitzen war für damalige Verhältnisse eher die Ausnahme. Ansonsten beschäftigte ich mich in meiner knappen Freizeit aus Interesse sehr diskret mit einem Englisch-Lehrbuch, diskret deshalb, weil eine Beschäftigung mit der Sprache des Feindes als unpatriotisch galt.

Im »reifen« Alter von 17 Jahren bewarb ich mich jedenfalls im August 1941 erneut bei der Kriegsmarine und wurde diesmal prompt angenommen. Mein Abschied von zu Hause war nicht leicht. Besonders meine Mutter Elisabeth und meine beiden Schwestern Anna-Marie und Käti machten aus ihrer Besorgnis um mich keinen Hehl. Meine Mutter gab mir eine kleine schwarze Bibel mit auf den Weg und ermahnte mich, ja auch ein guter Junge zu sein und jeden Tag meine Gebete zu sprechen. Mein Vater gab sich alle Mühe, gelassen zu wirken, doch ein Blick in seine Augen verriet, wie es innerlich tatsächlich um ihn bestellt war.

Meine Grundausbildung bei der Marine erhielt ich im besetzten Belgien an der Schule für Fahnenjunker der Infanterie in Beverloo. Betrübt war ich nur darüber, dass wir genau die gleichen Stahlhelme und graugrünen Uniformen wie die gewöhnlichen Heeressoldaten sowie den Mauser Karabiner 98k bekamen. Allerdings war unsere Ausbildung mit der bei der Infanterie praktisch identisch.

In diesem Lager Luitpold wurden wir mächtig herumgescheucht. Zu den Fertigkeiten, die ich erlernte, gehörte auch, auf dem Bauch wie eine Schlange durch den Schlamm zu kriechen. Auch wenn ich etwas kleiner als die meisten anderen Rekruten war, hinderte mich das nicht, alle erfoderlichen Prüfungen zu bestehen.

Was wir während der dreieinhalbmonatigen harten Ausbildung gar nicht wirklich mitbekamen war, dass speziell die Ausbilder der U-Boot-Waffe jeden Einzelnen von uns sehr sorgfältig unter die Lupe nahmen. Wenn ich so im Nachhinein deren mich betreffende Enscheidung überdenke, so vermute ich, dass sie von meiner Begeisterung ebenso angetan waren wie von meiner für U-Boot-Verhältnisse idealen Körpergröße. Auf jeden Fall tauchte mein Name am Ende der Ausbildung auf der Liste derjenigen auf, die dazu ausersehen waren, auf die U-Boot-Schule zu gehen. Vor lauter Freude, zu dieser Elitewaffe zu dürfen, vollführte ich einen regelrechten Luftsprung, denn nur zehn Prozent der Marinerekruten wurde diese Ehre zuteil.

Mein nächster Bestimmungsort war daher der große Marinestützpunkt in Wilhelmshaven an der Nordsee. Stolz wie ein Pfau bestieg ich in meiner prächtig aussehenden blauen Marineuniform, die ich nun endlich tragen durfte, den Zug zurück nach Deutschland. In Wilhelmshaven wurden wir Neuankömmlinge erst einmal mit zahllosen medizinischen Untersuchungen konfrontiert, denen dann noch eine ganze Reihe schriftlicher Prüfungen folgte. Beides überstand ich ohne große Probleme.

Anschließend ging es weiter zur U-Boot-Grundausbildung in Neustadt an der Ostsee, wo wir drei körperlich ziemlich anstrengende Wochen verbrachten. Durch Aufenthalte in verschiedenen Druckkammern und Tieftauchtanks sollten wir uns an die wechselnden Druckverhältnisse im Inneren eines Unterseebootes gewöhnen. Auch Übungen, mit Hilfe eines Tauchretters[3] ein sinkendes Boot zu verlassen, standen auf dem Lehrplan.

Die nächste Station für unsere etwa achtzig Mann umfassende Gruppe war dann die 1. U-Boot-Schule in Pillau/Ostpreußen. Unsere Annahme, die wir alle mehr oder weniger hatten, der härteste Teil der U-Boot-Ausbildung läge bereits hinter uns, entpuppte sich als gewaltiger Irrtum. Die Ausbilder in Pillau schienen es darauf angelegt zu haben, so viele von uns wie möglich zum Aufgeben zu veranlassen. Was uns körperlich abverlangt wurde, war brutal. Trotz knietiefen Schnees mussten wir jeden Tag kilometerweit marschieren, mit nichts weiter als einer Sporthose bekleidet. Nicht anders war das auch bei der Morgengymnastik. Schon nach ein paar Minuten waren unsere Arme und Beine starr vor Kälte, doch niemand beschwerte sich deswegen. Die schlimmste Tortur war jedoch, mit angelegten Gasmasken die Sanddünen an der Küste rauf- und runterzurennen. Wer dabei auch nur ein bisschen schlappmachte, bekam noch eine Extrarunde aufgebrummt.

Hinzu kamen aber auch noch Übungen mit ausgeklügelten psychologischen Bestandteilen. So galt es zum Beispiel ganz schnell Mauern zu überwinden, ohne dass man wusste, was sich auf deren anderer Seite überhaupt befand, oder von Plattformen zu springen, von denen nicht ersichtlich war, wie hoch sie eigentlich waren und was einen beim Aufkommen dann erwartete. Auszubildende, die es nicht über sich brachten, dem Befehl zum Sprung sofort blind zu folgen, erhielten immerhin noch einen weiteren Versuch zugestanden. Doch wenn sie auch beim zweiten Mal zögerten, bedeutete das für sie das Lehrgangsende und sie mussten die U-Boot-Schule verlassen.

Auch wenn Boxen auf dem Stundenplan stand, wurde genau registriert, wie es um unsere Kampfmoral bestellt war. Obwohl meine Gegner in der Regel stets einen Kopf größer waren, habe ich mich aber anscheinend wacker geschlagen.

Natürlich kam auch unsere technische Ausbildung nicht zu kurz. Ich wunderte mich zunächst etwas, dass ich auf Elektromotoren geschult wurde, obwohl ich mich bedingt durch meine Lehre sehr viel besser mit Dieselmaschinen auskannte. Doch begriff ich bald, dass genau solche Mehrfach-Fähigkeiten von uns für den Dienst an Bord eines U-Bootes erwartet wurden, um im Falle eines Falles die Aufgabe eines anderen Besatzungsmitglieds übernehmen zu können, das bei einer

Feindfahrt verletzt wurde. Im Rahmen des Lehrbetriebs wurde uns alles in allem nicht weniger abgefordert als auf dem Gebiet der körperlichen Ertüchtigung. Dieses strenge Verfahren führte dazu, dass lediglich ein Duzend von uns überhaupt den Abschluss schaffte, wobei ich zu den Glücklichen zählte. Die für die U-Boot-Waffe ausgemusterten Kandidaten wurden in andere Bereiche der Marine versetzt.

Die besten Absolventen wurden direkt den Frontbooten zugeteilt, die anderen den Bauwerften, damit sie dort ihre Kenntnisse über die Funktionsweisen ihrer künftigen Boote vertiefen konnten. Nach einem zu Hause verbrachten Kurzurlaub erhielt ich den Befehl, mich zum aktiven Dienst bei der im französischen Lorient stationierten 2. U-Flottille zu melden. Die Ärmelabzeichen auf meiner Uniform wiesen mich nunmehr als Maschinengefreiten[4] aus. Während der Zug Richtung Bretagne ratterte, starrte ich lange auf mein Spiegelbild im Fenster; mein mir vertrautes Gesicht flog an der französischen Landschaft vorbei. Ich konnte es kaum erwarten, das Ziel meiner U-Boot-Träume zu erreichen. Abgesehen von zwei zusammengeschossenen Panzern, die vor sich hin rosteten, gab es keine Relikte zu sehen, die auf die Kampfhandlungen im vergangenen Jahr hindeuteten. Lediglich in den Haltebahnhöfen machten deutschsprachige Schilder, die den Weg zu militärischen Einrichtungen wiesen, deutlich, dass Frankreich ein von uns besetztes Land geworden war.

Nach 18 Stunden Fahrt traf ich endlich in Lorient ein. Dieser malerische Seehafen war der erste deutsche U-Boot-Stützpunkt, der neu errichtet worden war, um die Eroberung Frankreichs strategisch vorteilhaft zu nutzen. Im Gegensatz zu unseren alten Stützpunkten an der Ost- und Nordsee war es von dort aus möglich, mit unseren Booten direkt in den Atlantik zu fahren, ohne zuvor das Risiko des langen und gefährlichen Weges um die Britischen Inseln auf sich zu nehmen. Riesige Betonbunker waren im Hafen als Schutz unserer Boote gegen Luftangriffe gebaut worden.

Die ersten paar Tage in Lorient verbrachte ich mit der Erledigung einer Fülle von verwaltungstechnischen Formalitäten, die für die militärische Bürokratie erforderlich waren, um einen Krieg zu führen. Nach einer Ewigkeit, wir mir es schien, erhielt ich endlich die Kommandierung auf *U 105*, ein älteres Boot vom Typ IX B, ein »Arbeitspferd«, das von Kptlt. Georg Schewe geführt wurde. Kaum hatte ich mich an Bord eingerichtet, wurde mir mitgeteilt, dass ich auf ein anderes Boot versetzt worden war: *U 505*.

Am selben Nachmittag noch ging ich hinüber zu dessen bombensicheren Liegeplatz. *U 505* war anzusehen, dass es frisch aus der Werft kam; es wies einen frischen hellgrauen Anstrich auf, der ab der Wasserlinie dunkelgrau abgesetzt war, wie dies für die frühen Kriegsjahre typisch war. Ein stattliches Emblem, das einen springenden Löwen zeigte, der eine Streitaxt schwang, zierte den Turm. Ein Werftarbeiter erzählte mir, das Wappen wäre ein Hinweis auf den Kommandanten des Bootes, der Loewe hieß.

Im Gegensatz zu den mittelgroßen Booten des Typs VII, die den Großteil der deutschen U-Boot-Flotte damals bildeten, gehörte *U 505* zu den größeren Modellen des Typs IX, entworfen, um selbstständig auf Fernunternehmungen am Rande des Atlantiks zu operieren. Die größere Bootshülle diente dazu, mehr Treibstoff und Torpedos unterzubringen, und machte die Boote ihren kleineren Vettern, was Seeausdauer und Bewaffnung betraf, überlegen. Bedauerlicherweise hatten die bedeutend größere Wasserverdrängung und das höhere Gewicht den Nachteil, dass der Typ IX schlecher manövrierfähig und langsamer beim Tauchen war als die mittleren Boote – Eigenschaften, die ihn bei Überraschungsangriffen aus der Luft besonders verwundbar machten. Die Baukosten waren zudem auch dreimal so hoch wie bei Typ VII. Der zahlenmäßige Anteil des Typs IX betrug auf Grund dieser Faktoren während des Krieges nie mehr als 25 Prozent der deutschen U-Boot-Flotte.

U 505 wurde am 12. Juni 1940 bei der Deutschen Werft

A. G. in Hamburg auf Kiel gelegt und gehörte zu den ersten Booten der Variante C des Typs IX mit einer Wasserverdrängung von 1120 t über und 1232 t unter Wasser und umfasste eine Reihe von Verbesserungen, die auf den bisherigen Kriegserfahrungen beruhten. Die Abmessungen betrugen: Länge 76,76 m, Breite in der Mittelsektion 6,76 m, und der Tiefgang belief sich auf 4,70 m. Bei ausgefahrenem Navigationssehrohr wies das Boot etwa 14 m Sehrohrtiefe auf. Das fast gemächliche Tempo der deutschen industriellen Fertigung in den ersten Kriegsjahren widerspiegelnd, hatte der Bau des Bootes bis zu seiner Fertigstellung über ein Jahr beansprucht.

Die Innenanordnung von *U 505* war für die Unterseeboote der damaligen Zeit typisch. Am Bug beginnend, war die erste große Abteilung der vordere Torpedoraum oder Bugraum. Die dortigen vier Torpedoausstoßrohre bildeten die Hauptwaffe des Bootes zur Schiffsbekämpfung. Zusätzlich zu den Torpedos in den Rohren gab es, über den Flurplatten verstaut, vier weitere Torpedos zum Nachladen. Solange sich die Besatzung nicht auf Gefechtsstation befand, diente der Bugraum auch als vorderes Mannschaftsquartier. Da nicht genug Kojen für jeden Einzelnen vorhanden waren, musste umschichtig geschlafen werden, wärend die einen Wache hatten, durften die anderen sich aufs Ohr hauen. Befand sich die Besatzung auf Gefechtsstation, dann wurden die Kojen zuvor hochgeklappt.

Vom Bugraum führte der Weg nach achtern durch das schwere, wasserdichte Druckschott in den Unteroffiziersbereich. Die PUOs und die Maate hausten genauso beengt wie wir, mussten aber zumindest ihre Kojen nicht mit einem anderen teilen.

Direkt achteraus davon befand sich die winzige Kombüse, in der die Mahlzeiten zubereitet wurden. Dafür war ein Elektroherd mit drei Kochplatten vorhanden; darunter gab es zwei kleine Backöfen und daneben die Halterung für einen 40-l-Kochtopf. Zudem waren auch ein Miniaturkühlschrank sowie einige Staufächer für Lebensmittel vorhanden. Auf Grund der beengten Verhältnisse in der Kombüse musste das Gros des Proviants anderweitig an allen möglichen und unmöglichen Stellen überall im Boot verstaut werden. Mit fortschreitender Dauer einer Feindfahrt nahmen die Vorräte natürlich ab und es gab dadurch an Bord etwas mehr Platz. Doch unabhängig davon, wie viel Proviant wir vor dem Auslaufen auch an Bord zu bunkern versuchten (gewöhnlich etwa vier Tonnen), litten wir stets bis zum Zeitpunkt der Rückkehr an einer ungesunden Ernährung.

Die nächsten Abteilungen bildeten der Offizierswohnraum beziehungsweise die Offiziersmesse sowie der Funk- und Horchraum. Um die Offiziersmesse etwas feiner wirken zu lassen, waren deren Schotts mit einer Art Eichenholztäfelung versehen. Die unteren Kojen wurden bei Bedarf hochgeklappt, um dadurch einen Besprechungsraum entstehen zu lassen. Der Wohnbereich konnte zudem auch mit dem Luxus eines Waschbeckens aufwarten. Da die Wasserdestillationsanlage des Bootes jedoch nur 242 Liter Frischwasser pro Tag zu erzeugen vermochte, stand dieses Wasser allerdings nur für Koch- und Trinkzwecke sowie zur Flüssigkeitsauffüllung der Batterien zur Verfügung. Dies ließ das Waschbecken der Offiziere daher weitgehend zu einer eher symbolischen Annehmlichkeit werden.

Der Funk- und Horchraum hatte auch noch eine außermilitärische Funktion, indem er für die Unterhaltung an Bord sorgte, etwa dadurch, dass beliebte Rundfunksendungen auf die Lautsprecher gestellt oder Schallplatten aufgelegt wurden. Gegenüber dem Funkschapp lag die Kommandantenkammer, auch sie winzig. Das dort ebenfalls vorhandene Waschbecken verwandelte jedoch eine abklappbare Platte gemeinhin zu einem kleinen Schreibpult.

Die nächste Abteilung war die Zentrale, die sich mittschiffs direkt unter dem Turm befand. Sie bildete das operative Herz des U-Bootes. Hunderte von Hebeln, Ventilen, Kurbeln, Tiefenmessern und Handrädern bedeckten praktisch jeden Zentimeter.

Meine erste Station als Zentralegast befand sich im vorderen Teil, von wo aus die Überwachung der Hydraulik für das Ein- und Ausfahren des Sehrohrs erfolgte. Während eines Unterwasserangriffs bediente der Kommandant das Periskop von dem über uns befindlichen Turm aus. Einige Zeit später war mein Platz in der vorderen Backbordecke der Zentrale. Dort hatte ich wesentlich mehr Verantwortung: Bedienung der annähernd drei Dutzend Handräder, die dem Öffnen und Schließen der Ventile für die verschiedenen Tauch- und Trimmzellen dienten.

Achteraus der Zentrale befand sich hinter einem weiteren runden Druckschott der Motorenraum. Zwei riesige Neun-Zylinder-M. A. N.-Dieselaggregate mit dem Spitznamen »die Jumbos« produzierten je 2200 PS, der standardmäßige Bunkerinhalt von 208 Tonnen Treibstoff machte eine Fahrtstrecke von etwa 13 000 Seemeilen. Die Höchstgeschwindigkeit bei Dieselbetrieb lag bei etwas über 18 Knoten. Konstruktionsbedingt brauchten die »Jumbos« als Verbrennungsmotoren natürlich Sauerstoff und konnten daher nur eingesetzt werden, wenn das Boot aufgetaucht fuhr. Erst später im Krieg wurden U-Boote gebaut, die eine »Schnorchel«-Anlage besaßen, mit der auf Sehrohrtiefe gefahren werden konnte, während die erforderliche Luft über einen entsprechenden Mast angesaugt wurde.

Den immer mit Schmieröl und Ruß überzogenen »schwarzen« Männern im Dieselraum zollten alle an Bord Respekt, denn deren Abteilung war ständig auch von schrecklichem Lärm und erstickenden Dämpfen erfüllt, sobald die »Jumbos« liefen. Deren Situation verschlimmerte sich noch, wenn einem jungen unerfahrenen Besatzungsmitglied in der Zentrale ein Fehler unterlief, indem er etwa ein Ventil oder Luk zur falschen Zeit schloss, denn dann saugten die Dieselmotoren die Luft aus der Abteilung und erzeugten einen Unterdruck, der zu heftigen Ohrenschmerzen bei den Männern führte.

Für die Unterwasserfahrt standen uns zwei Siemens-E-

Motoren mit Batterieantrieb zur Verfügung, die eine Höchstgeschwindigkeit von sieben Knoten ermöglichten; bei nur vier Knoten betrug die Reichweite in etwa 63 Seemeilen. Die langen Bänke mit den Batterien für einen Gleichstrom von 110 Volt befanden sich unter den Flurplatten und mussten nach zirka zehn Betriebsstunden wieder aufgeladen werden. Dafür bedurfte es einer Laufzeit der Dieselmotoren von rund sieben Stunden, einer Zeitspanne, die als Marschfahrt über Wasser zu Anfang des Krieges im Normalfall kein Problem darstellte. Doch nachdem später alliierte Trägerkampfgruppen im Einsatz waren, hinderten uns deren Flugzeuge oft am Aufladen der Batterien. Dies machte es uns unmöglich, unter Wasser zu entkommen, und verwandelte uns für den Feind buchstäblich in eine leichte Beute.

Der E-Motorenraum lag direkt achteraus des Dieselmotorenraums. Dort befanden sich auch die Hauptschalttafel für die E-Motoren, die Ruderhilfsmaschinen und die Luftverdichter.

Die letzte Abteilung war der achtere Torpedoraum oder Heckraum. Hier gab es noch zwei Torpedoausstoßrohre sowie acht Kojen, die sich 16 Besatzungsanghörige teilten. Am achteren Ende des Heckraums befand sich der Notruderstand mit der Steuersäule für den Fall, dass die normale Ruderanlage versagte.

Sämtliche Abteilungen lagen im Inneren der einer großen Zigarre ähnelnden Umhüllung, »Druckkörper« genannt. Seine dicken Außenwände bestanden aus einer besonderen Stahllegierung, die geeignet war, um dem ungeheuren Wasserdruck standzuhalten, dem sie beim Tauchen ausgesetzt war. Die in den Handbüchern angegebene Betriebstauchtiefe betrug einhundert Meter, aber im Notfall konnten wir doppelt so tief tauchen – oder vielleicht sogar noch etwas mehr. An der Außenseite des Druckkörpers waren verschiedene Tanks beziehungsweise Zellen angebracht. Die Tauchzellen wurden zum Tauchen mit Seewasser geflutet oder zum Auftauchen mit

Druckluft ausgeblasen. Die kleineren Trimmzellen dienten der genauen Einhaltung der Tauchtiefe. Weitere »Behältnisse«, Bunker genannt, waren die Treiböltanks.

Die flache Oberfläche der Außenhülle hieß Oberdeck und war mit Holzplanken versehen, die uns ein gewisses Maß an Bodenhaftung verliehen, wenn wir uns darauf bewegten. Unter dem auf den ersten Blick so harmlos aussehenden Oberdeck unseres Bootes befanden sich unter den Laufrosten jedoch noch weitere druckfeste Behälter für zehn Reservetorpedos. Ursprünglich war *U 505* mit einem großen Decksgeschütz ausgerüstet gewesen, das direkt vor dem Turm stand. Im späteren Verlauf des Krieges, als U-Boot-Überwasserangriffe infolge der Bedrohung aus der Luft kaum noch erfolgten, wurde es abmontiert und durch Fla-Waffen ersetzt.

Über dem Oberdeck erhob sich direkt über der Zentrale der Turm des Unterseebootes. Den Kern des Aufbaus bildete der Befehlsstand des Kommandanten, der von diesem besetzt wurde, wenn das Boot auf Sehrohrtiefe und einen Unterwasserangriff fuhr.

Oben auf dem Turm befand sich die offene Brücke; achteraus waren die Plattformen unserer verschiedenen Fla-Waffen, beides Stationen, die selbstverständlich nur bemannt werden konnten, wenn das Boot aufgetaucht fuhr.

Als *U 505* gebaut wurde, verkörperte das Boot den neuesten Stand der Technik. Trotzdem möchte ich darauf verweisen, dass es im Prinzip dennoch nicht mehr als ein »Tauchboot« war, ausgelegt in erster Linie als Überwasserfahrzeug, das lediglich die zusätzliche Fähigkeit besaß, für kurze Zeitspannen zu tauchen. »Echte« Unterseeboote hingegen, konstruiert, um den Großteil der Zeit in See unter Wasser zu verbringen, folgten erst später nach – etwa die deutschen Modelle von Typ XXI.

Jedenfalls meldete ich mich am nächsten Morgen bei meinem neuen Kommandanten, Kapitänleutnant Axel-Olaf Loewe. Er war von mittlerer Größe und hatte dichtes, widerspenstiges dunkles Haar. Mein erster Eindruck von ihm war für mich verwirrend, da Loewe in allem, angefangen bei der Uniform bis hin zu seinem Umgangston mit mir, gänzlich locker war. Zwischen seinem Gebaren und dem der autoritären Ausbilder, das ich auf der U-Boot-Schule kennen gelernt hatte, klafften Welten. Dem Bild eines U-Boot-Kommandanten, das ich aus meinen Abenteuerbüchern gewonnen hatte, entsprach er jedenfalls nicht.

Es dauerte ein bisschen, bis ich herausfand, dass sein an den Tag gelegtes zwangloses Benehmen einfach die Folge hochgradigen Könnens und einer damit verbundenen Souveränität war. Von meinen zukünftigen Bordkameraden bekam ich erklärt, dass es wirklich gute Offiziere nicht nötig hätten, bei allem und jedem immer wieder nur ihren Rang zu betonen, sondern eher durch ihr Beispiel führten. Loewe verkörperte genau diese Art Offizier.

Während meines Vorstellungsgesprächs beim Kommandanten saß ich mit ihm in seiner kleinen Kammer und wurde ausführlich über meine Familie, meine Ausbildung und meine Einstellung zum Dienst auf einem U-Boot befragt. Am Ende dieser scheinbar zwanglosen Unterhaltung reagierte Kapitänleutnant Loewe ganz direkt.

»Göbeler, dass Sie zusätzlich zu Ihren Kenntnissen bei Dieselmaschinen nunmehr auch eine Ahnung von Elektromotoren haben, wie das von unserem technischen Besatzungsmitgliedern verlangt wird, ist zwar schön und gut, aber ich möchte, dass Sie sich noch weiter qualifizieren. Ich nehme an, Sie haben nichts dagegen, wenn ich Sie zum Dienst in der Zentrale einteile. Es ist eine verantwortungsvolle Arbeit, bei der schon ein kleiner Fehler für das Boot verhängnisvoll sein kann, aber ich glaube, Sie werden lernen, damit umzugehen. Wenn es nicht klappt, können Sie als Maschinist ja immer noch in den Dieselraum. Nun, was meinen Sie?«

Ich zögerte keine Sekunde, diesen unverhofften Vorschlag des Kommandanten anzunehmen. Ein zufriedenes Lächeln breitete sich auf Loewes Gesicht aus und er schüttelte mir die Hand. Ich nahm Haltung an, grüßte vorschriftsmäßig und ging, um an Bord meines neuen Bootes meine Sachen zu verstauen.

Die nächsten Tage verbrachte ich damit, mich an die Routine auf einem Frontboot zu gewöhnen. Wider Erwarten war keiner der anderen Männer neidisch auf mich wegen meines Postens in der Zentrale. Wie ich rasch herausfand, hing das damit zusammen, dass der Kapitänleutnant seine Leute grundsätzlich so einzusetzen pflegte, wie er meinte, es sei für das Boot so das Beste, Dienstvorschriften hin oder her. Es gab unter der Besatzung sogar den einen oder anderen, der in der Vergangenheit schon mal Ärger mit der Polizei bekommen hatte. Kein anderer Kommandant hätte so jemanden auf seinem Boot aufgenommen, aber Loewe interessierte sich mehr dafür, was einer bei ihm zu leisten vermochte. Auf dem Marsch von *U 505* von Deutschland nach Lorient hatten sich ein paar Leute aus der ursprünglichen Besatzung als nicht mannschaftstauglich in seinem Sinne erwiesen und wurden daher prompt von ihm ausgetauscht. Wir Neuen lernten schnell, dass für Loewe nur zählte, wie gut jemand an Bord die ihm übertragenen Aufgaben als Teil einer Gemeinschaft erfüllte, was für die Zusammenarbeit das A und O war.

Für mich das zunächst Wichtigste war, mich mit meinen Aufgaben in der Zentrale vertraut zu machen. Dazu gehörte etwa die laufende Wartung der Hydraulikpumpe des Sehrohrs und dessen Bedienung bei Tauchfahrt. Eine meiner weiteren Pflichten bestand darin, die Kommandos, die aus dem Turm über uns erteilt wurden, an die Besatzung der Zentrale weiterzugeben. Immer wieder aufs Neue bekam ich eingeschärft, dass ein nicht präzise weitergegebener Befehl katastrophale Folgen für uns alle haben konnte.

In den Stunden der Freiwache beschäftigte ich mich mit technischen Handbüchern oder suchte das Gespräch mit anderen Besatzungsmitgliedern und ließ mir von dem Verlauf der

Erprobungsfahrten von *U 505* sowie dem Verlegungsmarsch vom Marinestützpunkt Kiel nach Lorient erzählen. Statt den kürzeren, jedoch gefährlicheren Weg durch den Kanal zu nehmen, war *U 505* nördlich um die Britischen Inseln herumgefahren und dann auf Südostkurs Richtung Lorient gegangen. Dabei war es unterwegs ein paar Mal zu Begegnungen mit britischen Zerstörern gekommen, aber die herrschende raue See hatte beide Seiten an Angriffen gehindert.

Anfang Februar trafen wir die letzten Vorbereitungen für unsere Jungfernfahrt gegen den Feind. Während der Zeit kurz vor dem Auslaufen litt ich unter Schlafschwierigkeiten. Während viele Kameraden nochmals die Gelegenheit zu einem Ausflug ins Nachtleben von Lorient genossen, lag ich wach in meiner Koje und las unter anderem auch viel in der Bibel, die mir meine Mutter mitgegeben hatte. Das hatte irgendwie etwas Tröstliches.

2. KAPITEL

Meine erste Feindfahrt

Begleitet von einer feierlichen Abschiedszeremonie lief *U 505* am 11. Februar 1942 aus Lorient aus. Der wachfreie Teil der Besatzung hatte sich zu einer Paradeformation auf dem Oberdeck vor dem Turm versammelt. Der Kommandant und die Seewache standen dicht an dicht auf der Brücke, deren Brüstung mit Blumengirlanden geschmückt war. Eine Welle der Erregung erfasste uns alle, als Kapitänleutnant Loewe mit lauter Stimme: »Leinen los!« rief.

Das Loswerfen der Festmacherleinen war für die Marinekapelle das Signal, mit ihrer Marschmusik zu beginnen. Die auf dem Kai versammelte Menge rief ein dreifaches Hurra, das von den Mauern des schwach erleuchteten Bunkers zurückschallte. Genau um 18.00 Uhr begann unser Boot langsam rückwärts aus dem schwarzen öligen Wasser des U-Boot-Bunkers in den Hafen von Lorient zu gleiten.

Sobald wir von unserem Liegeplatz klar waren, schloss sich uns *U 68* für die Fahrt zum Abgangspunkt an. Im Außenhafen trafen wir unsere Geleitsicherung, einen Minensucher, und unsere kleine Flottille machte sich auf den Weg nach Port Louis, der letzten Spitze Landes, die wir für lange Zeit sehen würden.

Kapitänleutnant Loewe wandte sich an den Ersten Wachoffizier, den I WO: »Nollau, lassen Sie die Blumen über Bord werfen.«

Nach altem Marineglauben brachte es Unglück, außerhalb der Sichtweite von Land noch Blumen an Bord zu haben. ObltzS. Nollau nickte und die Blumen gingen über die Seite, um zu Beginn unserer ersten Feindfahrt den alten »König Neptun« auch ja nicht zu kränken.

Sobald die Wassertiefe des Ozeans zweihundert Meter betrug, absolvierten wir das Pflichtprogramm des Prüfungstauchens, eine Vorsichtsmaßnahme, der sich alle Unterseeboote unterziehen mussten, die zur Feindfahrt ausliefen. Nach der erfolgreichen Beendigung des Manövers konnten wir unserer Geleitsicherung signalisieren: »Alles in Ordnung!«

Von dort kam als Winkspruch zurück: »Wünschen sichere Rückkehr und gute Jagd!« Dann drehte der Minensucher ab und nahm Kurs zurück zum Hafen. Von nun an waren wir auf uns allein gestellt.

Unsere Dieselmotoren begannen zu röhren, das Boot nahm Fahrt auf und der Bug von *U 505* schnitt sich seinen Weg durch die kabbelige See der Biskaya. Der abendliche Zeitpunkt zum Auslaufen war bewusst gewählt worden, damit wir im Schutz der Dunkelheit den Golf durchqueren konnten. Die Briten überwachten das Gebiet ständig aus der Luft und durch Überwassereinheiten, um von den deutschen Stützpunkten auslaufende oder dorthin zurückkehrende Unterseeboote abzufangen. In Bälde würden wir jene Region erreichen, die den drastischen Namen »U-Boot-Friedhof« verpasst bekommen hatte, da dort besonders viele Boote auf Grund geschickt worden waren. Natürlich wollten wir erst einmal heil da durchkommen, gleichgültig, was uns noch im Atlantik erwarten mochte.

Nicht lange, nachdem wir uns von unserer Geleitsicherung getrennt hatten, klickte es in der Bordsprechanlage. Wir spitzten die Ohren, um trotz des Lärms der Dieselmotoren jedes Wort der Botschaft, die gleich über Lautsprecher kam, zu verstehen.

»Hier spricht der Kommandant. Männer, unser Auftrag lautet, gegen den Schiffsverkehr entlang der westafrikanischen Küste vorzugehen. Unser Einsatzraum wird der Sammelbereich alliierter Konvois vor Freetown sein; in Anbetracht von deren schnellen Begleitern wird dies sicherlich nicht einfach werden. Doch auch bis es so weit ist, gilt, haltet die Augen offen und seid wachsam! Das wär's für den Moment.«

Der Hafen von Freetown in Sierra Leone bildete eine wichtige Versorgungsstation für den alliierten Nachschub über See zur nordafrikanischen Front. Die uns zugewiesene Rolle, durch unseren Einsatz den Kampf Rommels und des Afrikakorps gegen die »Tommies« auf diese Weise zu unterstützen, empfanden wir auf Grund von deren Wichtigkeit als wirklich lohnend.

Allerdings erreichte uns nur wenig später ein Funktelegramm mit dem Befehl, einem unserer Schwesterboote zu Hilfe zu kommen, das gerade durch einen Luftangriff vor der spanischen Küste schwer beschädigt worden war. Einige von uns jüngeren Besatzungsangehörigen waren enttäuscht, dass wir nun auf einmal Kindermädchen oder Krankenwagenfahrer sein sollten. Es war aber nur eine Frage der Zeit, bis diese Gruppe der Heißsporne begriff, dass es durchaus ebenso heldenhaft sein konnte, Leben zu retten, wie den Gegener zu schlagen. Die ganze Sache erledigte sich zunächst jedoch, als wenig später die Nachricht eintraf, dass der Havarist es schaffen würde, auch mit eigener Kraft noch einen spanischen Hafen anzulaufen. Daraufhin nahmen wir unseren ursprünglichen Kurs zur westafrikanischen Küste wieder auf.

Während unseres Marsches durch den Golf von Biskaya mussten wir wegen abfliegender britischer Maschinen diverse Male blitzschnell von der Wasseroberfläche verschwinden. Ein derartiges Alarmtauchen, um mit dem Boot in eine sichere Tiefe zu gelangen, bevor die feindlichen Bomber im Sturzflug eine Chance hatten, ihre Ladung todbringend abzuwerfen, verlangte der Besatzung einiges ab. Während der ersten paar Begegnungen mit diesen »Bussarden« hatten speziell wir Neulinge ziemliches Herzklopfen, doch in überraschend kurzer Zeit wurde auch für uns das Schnelltauchen zur völligen Routine. Gelegentlich vernahmen wir über unseren Köpfen die Detonationen von explodierenden Wasserbomben, aber sie kamen uns niemals nahe genug, um das Boot auch nur ernsthaft zu erschüttern.

Sobald wir den Golf von Biskaya hinter uns hatten, entspannte sich die Lage. Nachdem die Azoren passiert waren, konnte sogar ein Dieselmotor abgeschaltet und mit halber Kraft marschiert werden, um Treibstoff zu sparen. Der Kommandant erlaubte sogar, dass sich bis zu drei Mann zur Brückenwache dazugesellen durften, um zu rauchen. Es tat einfach gut, dort oben in der lauen afrikanischen Luft eine Zigarette zu genießen, zumal wenn man sich dabei vorstellte, dass daheim in Deutschland um diese Jahreszeit noch ordentlich geheizt werden musste.

Nicht lange jedoch, und die angenehme Wärme verwandelte sich zu einer kaum noch erträglichen Bruthitze. Als wir den Wendekreis des Krebses kreuzten, begann sich das Boot bei Tage zum Backofen aufzuheizen, denn es besaß wie alle deutschen U-Boote keine Klimaanlage. Jeder nur denkbare Vorwand wurde bemüht, um hinaus auf das Deck zu dürfen. Wenn wir gelegentlich tauchten, kühlte zwar das Wasser des Ozeans den Druckkörper ab, doch tropfte dann Kondenswasser wie Dauerregen ständig auf uns herunter. Wir wechselten über zu einer sehr saloppen Kleidung, khakifarbene Segeltuchhosen, zu denen wir nicht einmal mehr ein Hemd trugen. Auf der Brücke hatten wir Tropenhelme auf. Bald waren wir alle braungebrannt wie sommerliche Strandurlauber.

Allerdings ließen die tropischen Temperaturen unsere Proviantvorräte viel schneller verderben als erwartet. Die dreitausend Eier etwa, die wir beim Auslaufen aus Lorient an Bord genommen hatten, hätten in kühleren Gefilden noch um Wochen länger gehalten. So aber mussten sie nun zügig verbraucht werden, bevor sie faul wurden. Jeder durfte so viele Eier essen, wie er nur wollte und konnte. Anfänglich war das ja auch gar nicht schlecht, doch schon nach wenigen Tagen hingen uns die Dinger buchstäblich zum Halse raus und allein schon deren bloßer Geruch erzeugte Brechreiz.

Alles in allem verbrachten wir jedoch eine geruhsame Zeit, während unser *U 505* langsam und stetig südwärts tuckerte. In den kühleren, klaren Nächten hockten wir auf dem Oberdeck und schauten auf das Kreuz des Südens und erzählten uns dabei gegenseitig Geschichten aus unserem Leben. Anfangs mutete das alles sehr idyllisch an, unter diesem wunderbar unbekannten Sternenhimmel unserem ebenso unbekannten Schicksal entgegenzufahren. Doch irgendwann begann die Monotonie mir auf den Geist zu gehen, der immer gleiche Wachablauf, ohne dass sich etwas tat, das unvermeidliche Tropfen des Kondenswassers auf die Seiten meiner Bücher, die ich in meiner Koje las; die Wiederholungen von irgendwelchen Schoten, die irgendwer zum x-ten Male zum Besten gab, die ewig gleichen Schallplatten, die im Unterhaltungsprogramm des Funkschapps aufgelegt wurden. Für junge tatendurstige Burschen, war diese ewige Gleichförmigkeit schwer zu ertragen.

Immerhin hatte ich es mittlerweile geschafft, von der Besatzung als vollwertiges Mitglied akzeptiert zu werden, nachdem ich anfänglich etliche Sticheleien und Boshaftigkeiten über mich hatte ergehen lassen müssen, weil ich der Jüngste und Kleinste an Bord war. Hinzu kam, dass ich keine praktische Erfahrung auf *U 505* besaß, da ich auf der Überführungsfahrt von Kiel nach Lorient nicht dabei gewesen war. Die schwierigste Übung für mich aber war, »echte Seemannsbeine« zu bekommen. In Stürmen sollte das Boot oft bis zu sechzig Grad von Seite zu Seite krängen, das heißt sich seitwärts neigen. In Situationen wie diesen galt erst recht der Grundsatz: Auch wer sich zum Sterben seekrank fühlt, hatte seine Aufgaben hundertprozentig zu erfüllen. In gewisser Weise war ich froh, dass meine erste Feindfahrt anfänglich unter so rauen Bedingungen verlaufen war, denn das Thema Seekrankheit war danach für mich keines mehr. Einige Männer gewöhnten sich weder an die Bewegungen noch an die Druckunterschiede des Unterseebootes. Ein Maat, der an der Überführungsfahrt nach Frankreich teilgenommen hatte, musste danach wieder zum Dienst auf

Überwasserschiffen zurück, da er mit den Härten des U-Boot-Daseins nicht klarkam.

Bei mir war das erfreulicherweise nicht so. Nach ein paar Wochen in See wurde ich sogar schon aufgabenmäßig befördert, indem der Kommandant mich in der Zentrale von der Sehrohrpumpe an den »Christbaum« versetzte, der aus einem ausgeklügelten System von Hebeln und Handrädern zum Entlüften oder Ausblasen der zahlreichen Tauchzellen und -bunker bei den Tauchvorgängen bestand. Meine neue Postition war ziemlich verantwortungsvoll, da ich für die Überwachung des Wasserstandes in den vielen Tauchzellen und -bunkern zuständig war. Diese mussten beim Auftauchen mit Druckluft ausgeblasen oder beim Tauchen mit Seewasser in präziser Folge gefüllt werden, damit das Boot nicht die Neigungskontrolle verlor. Von gelegentlichen Ausnahmen abgesehen, wenn ich etwa bei Reparaturen an den Dieselmotoren mit einspringen musste, sollte dies meine Gefechtsstation für den Rest meiner Zeit an Bord von *U 505* bleiben.

Während unseres Marsches ins Operationsgebiet im Raum Freetown sichteten wir mehrmals Rauchsäulen feindlicher Geleitzüge. Natürlich nahmen wir deren Verfolgung auf. Doch der britischen Luftüberwachung, die in der Regel aus den großen viermotorigen Sunderland-Flugbooten bestand, gelang es stets, uns vorher zu sichten, ehe wir auf Schussweite heran waren. Dann hieß es für uns schnellstens ab in den Keller zu verschwinden, denn die Sunderlands führten Wasserbomben als Abwurfmunition mit sich. Während wir uns unter Wasser befanden, war es für die Konvoi-Schiffe leicht, zu entkommen, da unsere E-Motoren lediglich eine Marschfahrt mit allenfalls sieben Knoten ermöglichten. Das war zu langsam, um ein Ziel abzufangen und einen Angriff durchzuführen. Kapitänleutnant Loewe verließ dann jedes Mal missmutig seine Beobachtungsposition am Periskop, während der Geleitzug in der Ferne verschwand.

In Fällen, bei denen es zu keiner Ortung durch Flugzeuge

kam, war es uns möglich, an der Wasseroberfläche zu bleiben und bei der Verfolgung eines Zieles unsere wesentlich stärkeren Dieselmotoren einzusetzen. Doch selbst bei Höchstgeschwindigkeit waren wir nur ein paar Knoten schneller als die meisten Geleitzüge. Deshalb mussten wir versuchen, uns vor ihren angenommenen Kurs zu setzen, um sie abzufangen. Leider schafften wir es jedoch nicht, auf diese Weise einen Konvoi zu erwischen, dem schon eine geringfügige Abweichung von der von uns unterstellten Fahrtrichtung genügte, um unserem Angriff zu entgehen.

Alle an Bord wurden bei diesen Verfolgungen jedes Mal aufs Neue vom Jagdfieber gepackt. Umso bitterer war es, wenn dann doch irgendwann die Diesel wieder zurückgefahren wurden und der Kommandant sich über die Bordsprechanlage meldete, um bedauernd den Abbruch des Unternehmens wegen mangelnder Erfolgschancen bekannt zu geben. In solchen Momenten sackte das Stimmungsbarometer der Besatzung auf Null und ein allgemeiner Hang zum Nörgeln setzte ein – wegen der Hitze, des Lärms und des angeblichen Mists, den der Smutje uns als Essen vorsetzte. Natürlich spürte Loewe, dass seine junge und noch »grüne« Besatzung nach einem Erfolgserlebnis regelrecht gierte. Um uns ein wenig abzulenken, ließ er Schach- und Kartenspiele sowie Rätselspiele veranstalten, bei denen es kleine Preise wie eine zusätzliche Freiwache oder eine Konservendose mit Obst zu gewinnen gab.

Als wir uns unserem Operationsgebiet vor der westafrikanischen Küste näherten, steigerte sich das alliierte Luftaufkommen beträchtlich. Wie Hornissenschwärme summten gelegentlich über uns die Flugzeuge und zwangen uns, unzählige Male zu tauchen, aber niemand machte sich wegen der zunehmenden Gefahr groß Sorgen, weil diese auch darauf hindeutete, dass Beute für uns in dem Revier unterwegs war. Am Morgen des 8. März 1942 trafen wir schließlich in unserem Einsatzraum vor Sierra Leone ein.

Wir suchten den ganzen Tag vergebens nach möglichen Zielen. Erst um 18.36 Uhr entdeckte einer der Ausgucks der Brückenwache am Horizont einen Frachter, der mit zwölf Knoten auf einem Zickzackkurs gen Freetown steuerte. Seine Lichter waren nur schwach zu sehen, und es dauerte vier Stunden, um ihn schließlich einzuholen und *U 505* in Angriffsposition zu manövrieren.

Als wir die letzten Vorbereitungen für den Torpedoabschuss trafen, herrschte in der Zentrale Hochspannung. Trotzdem bemühte ich mich, ganz ruhig zu bleiben, als ich den Trimm[5] des Bootes regelte, um das Fluten der Torpedorohre auszugleichen.

Die Werte für den Vorhalterechner über Entfernung und Geschwindigkeit wurden nur noch im Flüsterton durchgesagt. Als wir schließlich bis auf sechshundert Meter an dem Frachter dran waren, gab Kapitänleutnant Loewe endlich den Befehl »Torpedo los!« Mit einem Zischen wurden zwei Aale aus ihren Rohren ausgestoßen und ein leichtes Beben lief durchs Boot. Wir warteten atemlos, während die Sekunden bis zum erwarteten Zeitpunkt des Aufschlags verstrichen. Und dann ... nichts! Aus irgendeinem Grund hatten beide Torpedos das Ziel verfehlt. Warum und weshalb, darüber blieb uns keine Zeit nachzudenken.

Das plötzliche Läuten der Glocke des Maschinentelegraphen ließ einige von uns zusammenzucken, denn das bedeutete die Übermittlung neuer Befehle hinsichtlich Kurs und Geschwindigkeit. In den Torpedo-Vorhalterechner wurden neue Zahlen eingegeben, dann folgte umgehend der Feuerbefehl: »Rohr zwei! Entfernung vierhundert Meter, Tiefe drei Meter. ... Torpedo los!«

Alle gemeinsam zählten wir im Chor die Laufzeit mit ab: »... fünfzehn ... sechzehn ... siebzehn ... achtzehn ... neunzehn ...!« Rums! Der Torpedo traf den Dampfer mittschiffs und stoppte ihn. Die Besatzung begann sogleich die Rettungsboote zu fieren und setzte eine große Leuchtboje aus. Ein Funker hielt weiter an seinem Platz aus und sendete verzweifelt SOS. Dadurch erfuhren wir, dass es sich bei dem britischen Frachter um die *Ben Mohr* handelte.

Das Schiff sackte tiefer, aber nur sehr langsam. Sobald alle Männer die *Ben Mohr* verlassen und sich in den Rettungsbooten weit genug von ihr entfernt hatten, gab Loewe den Befehl, dem Dampfer mit einem weiteren Torpedo den Gnadenstoß zu versetzen. Der Aal wurde direkt aus dreihundert Metern Entfernung geschossen. Er traf unterhalb der Brücke und der Frachter begann, in zwei Teile zu zerbrechen.

Um 23.47 Uhr schwammen nur noch die Rettungsboote und eine seltsame Mischung von Trümmern an der Wasseroberfläche. Wir waren so nah an dem Ort des Geschehens, dass wir mit bloßen Augen die in den Booten zusammengedrängten Überlebenden deutlich sehen konnten. Zu unserer Erleichterung hatte es offensichtlich keine Verletzten gegeben. Das mag seltsam klingen, denn obwohl wir Krieg gegen England führten, verspürten wir gegenüber den britischen Seeleuten keine Hassgefühle. Die Vernichtung der *Ben Mohr* war zwar zugegebenermaßen ein faszinierendes Schauspiel, aber damit hatte es sich. Der Gedanke, dessen Besatzung nun noch weiter zuzusetzen, kam überhaupt nicht auf. In gewisser Weise glich das Ganze einem Autorennen, bei dem die Zuschauer darauf hoffen, dass es dabei gehörig kracht, aber gleichzeitig heilfroh sind, wenn dabei keiner der Fahrer verletzt wird.

Doch unseren ersten Erfolg zu feiern, blieb keine Zeit. Der Mond schien hell und wir mussten schauen, dass wir von hier wegkamen. Loewe befahl, mit Höchstfahrt abzulaufen.

In der Frühe des nächsten Morgens sichteten wir erneut eine Rauchfahne, die über den Horizont nach Lee auswehte. Eine plötzlich am Himmel erscheinende Sunderland hinderte uns jedoch daran, die Verfolgung fortzusetzen. Dafür tauchte aber ein paar Stunden später aus einer schweren Regenböe ein großer Tanker auf, der mit zehn Knoten direkt voraus lief und dabei zackte. Sein Generalkurs war derselbe wie bei dem Frachter am Tag zuvor. Er führte zwar keine Flagge, aber ein rascher Blick ins Erkennungsbuch ergab, dass es sich um einen britischen Tanker der Confidence-Klasse mit cirka achttausend Bruttoregistertonnen handelte. Das Schiff lag tief im Wasser, was darauf hindeutete, dass es randvoll mit Öl beladen war, das für die englischen Streitkräfte in Nordafrika bestimmt war.

Die Gefechtsstationen wurden sofort besetzt, und wir gingen auf Sehrohrtiefe, um das weitere Herannahen des Tankers abzuwarten. Als der noch wenig mehr als tausend Meter von uns entfernt war, wurde es Zeit zu handeln, damit wir uns nicht selbst durch einen zu geringen Sicherheitsabstand zu den explodierenden Torpedos gefährdeten.

»Tiefeneinstellung vier Meter, Peilung einhundertdreißig Grad.«

Der Torpedomaat im Bugraum wässerte die Rohre und wir passten den Trimm des Bootes für den Gewichtswechsel an. Die zur Faust geballte Hand des Torpedomaaten schwebte über dem roten Abfeuerungsknopf, bereit, loszuschießen.

Dann kam endlich der Feuerbefehl: »Rohr fünf ... los! Rohr sechs ... los!«

Druckluft zischte und beförderte die langen, schwarzen Aale aus ihren Rohren. Die Uhr in der Zentrale zeigte 11.31.

Wieder begannen wir die Sekunden bis zum Aufschlag zu zählen: »... sieben ... acht ... neun.« Unmittelbar danach erfolgte ein ohrenbetäubendes Krachen und eine gewaltige Druckwelle schüttelte das Boot durch, als sei es ein Spielzeug, und riesige Sturzwellen nahmen dem Sehrohr die Sicht.

Der Tanker mit seiner brisanten Ladung war wie eine Bombe explodiert, als die Torpedos ihn trafen. Noch Minuten nach der Großdetonation vernahmen wir im Inneren von *U 505* weitere kleine Explosionen, die nachfolgten.

Durch die Druckwelle waren mehrere kleinere Schäden an den Kupplungen unserer Dieselmotoren entstanden, die aber rasch behoben werden konnten. Deshalb befahl Loewe: »Auf Gefechtsstationen. Auftauchen!«

Sobald der Turm frei war, kletterten der Kommandant und die Brückenwache nach dem Öffnen des Luks hinaus auf die Brücke. Nur noch verstreute Trümmer waren von dem Tanker übrig geblieben, die auf dem Wasser trieben, sowie ein sich rasch ausbreitender Ölteppich. Und dann entdeckte die Brückenwache das schier Unglaubliche – es hatte tatsächlich Überlebende gegeben! Etwa zwanzig Mann, über und über mit Öl bedeckt, paddelten in einem Rettungsboot und auf zwei Flößen auf uns zu.

Loewe manövrierte unser Boot ihnen näher entgegen, um den Schiffbrüchigen Hilfe zu leisten, von denen viele Verbrennungen erlitten hatten. Wir versorgten sie mit Frischwasser, Proviant, Arzneimitteln und Verbandmaterial, was dankbar entgegengenommen wurde. Die Seeleute erklärten uns, dass ihr Tanker, die *Sydhav*, und unterwegs nach Freetown gewesen war. Für weitere Fragen blieb jedoch keine Zeit mehr, da in einer Entfernung von etwa achttausend Metern eine Sunderland ausgemacht wurde, die sich von Osten her näherte. Nachdem wir für die Überlebenden ja bereits alles getan hatten, was in dieser Situation möglich war, machten wir uns daran, zu verschwinden. Erst nach dem Krieg fanden wir heraus, dass der Pilot der Maschine weder uns noch den gigantischen Ölteppich – aus welchen Gründen auch immer – gesichtet hatte, aber damals mussten wir annehmen, entdeckt worden zu sein.

Die nächsten beiden Tage verbrachten wir mit der erfolglosen Suche nach weiteren Zielen, wobei wir in relativ kurzen Abständen laufend gezwungen waren abzutauchen, da unsere beiden Versenkungen zu einer starken Zunahme der britischen Patrouillenflüge geführt hatte. Erst ein aufkommender Tropensturm, der die Sunderlands zwang, am Boden zu bleiben, verschaffte uns die Gelegenheit, länger aufzutauchen und die vorderen Torpedorohre nachzuladen. Sintflutartige Regengüsse und eine schwere Dünung erschwerten unsere Arbeit, doch das eigentliche Problem verursachte eine in Lorient mangelhaft angefertigte Oberdeckabdeckung. Aber nicht nur wir, sondern auch andere Boote machten Bekanntschaft mit derartigen Sabotageversuchen der französischen Werftarbeiter, die immer häufiger wurden, je länger der Krieg dauerte.

Zwei Stunden dauerte die Schufterei, bis das Umladen der Torpedos erledigt war und wir wieder die relative Sicherheit unter Wasser aufsuchen konnten. Wir hatten einfach Glück gehabt, dass wir während dieser Zeit von keinem Flugzeug gesichtet worden waren, denn in dieser Lage, in der kein Alarmtauchen möglich war, hätte dies das Ende von *U 505* bedeutet.

Unsere ersten zwei erzielten Erfolge hatten für uns allerdings den Nachteil, dass weiterer alliierter Handelsschiffsverkehr aus dem Gebiet verbannt wurde. Gelegentlich begegneten wir zwar neutralen Schiffen oder patrouillierenden Zerstörern, aber keinen Frachtern, die wir hätten angreifen können. Funksprüche von *U 68*, das unter Fregattenkapitän Karl Merten ebenfalls im Raum Freetown operierte, meldeten dem Stabsquartier eine ähnliche Lage: Es gab keine Ziele.

Schließlich funkte unser enttäuschter Kommandant den Befehlshaber der U-Boote (BdU), Admiral Dönitz, an und bat um die Erlaubnis, uns an die enge Mitte des Südatlantiks zu verlegen, um den aus Südamerika kommenden Schiffsverkehr anzugreifen. Loewes Ersuchen wurde jedoch infolge der dort heiklen politischen Lage abgelehnt. So blieb uns nichts anderes übrig, als weiter in den afrikanischen Gewässern in dem vergeblichen Versuch rumzuschippern, feindliche Schiffe ausfindig zu machen.

Bedauerlicherweise gab es keinen Mangel an feindlichen Flugzeugen. Mehrere Male am Tag wurden wir zum Alarmtauchen gezwungen, um dieser Bedrohung zu entgehen. Das unaufhörliche Schnelltauchen war sowohl physisch wie psychisch äußerst anstrengend. Wenn der entsprechende Befehl erging, musste alles wie am Schnürchen klappen. Dutzende von Handrädern und Ventilen galt es in einer genau festgelegten Reihenfolge exakt zu bedienen und die Instrumentenanzeigen permanent zu kontrollieren. Missverständnisse untereinander durften nicht vorkommen, niemand von uns konnte sich auch nur den kleinsten Fehler leisten. Mochte der Himmel wissen, wie viele U-Boote nur wegen dererlei Dingen für immer und ewig auf dem Grund der Meere gelandet waren.

* * *

In den regenverhangenen frühen Morgenstunden des 29. März entdeckten wir einen schemenhaften Umriss, der, wie sich nach und nach herausstellte, zu einem Frachter mit einer ungewöhnlichen Silhouette gehörte. Loewe entschloss sich, auf Nummer sicher zu gehen und das Schiff getaucht zu verfolgen. Mit unseren langsamen E-Motoren konnten wir den Abstand zwischen uns nicht verringern.

Um 05.50 Uhr ging der Mond unter und wir wollten die kurze Dunkelphase bis zum Sonnenaufgang nutzen, um einen Überwasserangriff zu fahren.

Wir tauchten auf und hatten kaum die Dieselmotoren gestartet, als plötzlich wie aus dem Nichts ein Flugzeug erschien und uns mit seinem blendend hellen Scheinwerferlicht sofort erfasste. Einen Augenblick später erschien an Steuerbord parallel zu unserem Kurs dreihundert Meter entfernt eine weitere Maschine, die Lichtsignale an das Schiff zu senden begann. Danach wendeten sowohl der Dampfer als auch das Flugzeug und hielten direkt auf uns zu.

Loewe erkannte die Falle, in die wir gelaufen waren. Wir tauchten sofort ab und zackten weg. Nach zwanzig Minuten, in denen alles ruhig geblieben war, stiegen wir auf Sehrohrtiefe, um die Lage zu peilen. Falls die Flugzeuge mittlerweile verschwunden sein sollten, konnten wir ja vielleicht einen Unterwasserangriff auf den ominösen Frachter fahren. Kaum hatte jedoch das Sehrohr die Wasseroberfläche durchstoßen, wurde unsere Bootshülle von Sonarstrahlen getroffen, die ein ekelhaftes »Ping ... ping!« erzeugten, das durch Mark und Bein ging. Wir waren von dem *Asdic*[6] eines Kriegsschiffes geortet worden.

Der Kommandant befahl sofortiges Schnelltauchen auf einhundert Meter Tiefe. Kaum waren wir unter die Vierzig-Meter-Marke gelangt, als unser Boot von vier gigantischen Detonationen heftigst durchgebeutelt wurde. Wir brauchten uns gar nicht auszumalen, was passiert wäre, wenn die Wabos in unserer direkten Nähe explodiert wären – wir wussten es auch so!

In der Tiefe der See verloren dann die Suchstrahlen den Kontakt zu uns. Für uns stand außer Frage, dass wir bei dem Frachter an eine U-Boot-Falle geraten waren, ein nur scheinbar harmlos wirkendes Handelsschiff mit getarnter Bewaffnung und Ausrüstung. Solche Q-Schiffe, auch Decoy Vessels genannt, hatten die Briten auch schon im Ersten Weltkrieg als Köder eingesetzt, um U-Boote dazu zu verleiten, sie anzugreifen und dabei selbst zum Opfer zu werden. Diesem Schicksal waren wir zum Glück eben noch haarscharf entgangen.

In der Bordsprechanlage knackte es und Kommandant Loewe meldete sich, um der gesamten Besatzung für ihr Verhalten während dieser Feuertaufe seine Anerkennung aussprechen. »Wie Sie soeben selbst gemerkt haben«, fuhr er fort, »kann sich im U-Boot-Einsatz das Blatt auch mal ganz wenden und Jäger zu Gejagten werden lassen. Das sollten wir alle uns immer vor Augen halten. Wir werden als Nächstes weiter nach Süden vorstoßen, nachdem *U 505* auf der gegnerischen Seite für genug Wirbel gesorgt hat. Danke meine Herren.«

Die allgemeine Erleichterung, die Begegnung mit dem Q-Schiff überlebt zu haben, änderte jedoch nichts daran, dass es speziell uns Jüngeren irgendwo wurmte, sang- und klanglos aus diesem Seegebiet vertrieben zu werden. Geschlagene drei harte und strapaziöse Wochen hatten wir hier verbracht, ohne dass uns dabei ein Erfolg beschieden war. Zu dieser Enttäuschung gesellte sich nun auch noch eine Art Bordkoller hinzu, ausgelöst durch den beengten Raum, den die Stahlröhre uns nur bot. Die Männer der Freiwache fingen an, sich gegenseitig auf die Nerven zu gehen. Wegen Nichtigkeiten kam es zu völlig sinnlosen Streitereien.

Kapitänleutnant Loewe blieb der Stimmungsumschwung natürlich nicht verborgen. Als geschickter Psychologe, der er war, sann er auf Abhilfe. In Form einer sehr großzügigen Auslegung seiner Befehle ordnete er an, *U 505* südlich des offiziell zugewiesenen Einsatzraumes zu steuern. Am 1. April überquerten wir den Äquator, wobei der gute alte Seemannsbrauch der Linientaufe selbstverständlich nicht entfallen durfte.

Die fröhliche Zeremonie fand auf dem Oberdeck der *U 505* in Anwesenheit fast der gesamten Besatzung statt. Nach einem passenden Tusch, eingespielt über den Bordlautsprecher aus dem Funkschapp, erschien auf der Brücke König Neptun, um mit wallendem Bart und Dreizack bei dem Reinigungsritual sich huldigen zu lassen. Die Meerjungfrau an seiner Seite verkörperte mit einem Milchgesicht unser jüngster Leutnant, in wallende weiße Tücher gehüllt, ein Auftritt der mit begeistertem Gejohle belohnt wurde.

Drei unserer älteren Seebären, die ebenfalls in phantasievoll improvisierten Kostümen steckten, nahmen sich nun mit teuflischem Vergnügen der Täuflinge an, die sich, abgesehen von den Unterhosen, nackt ausziehen mussten. An Wasser wurde jedenfalls nicht gespart, das wir laufend aus Pützen über den Kopf gekippt bekamen, während wir mit Wurzelbürsten abgeschrubbt wurden, bis wir rot wie Krebse waren.

Doch die Befreiung unserer Haut vom Schmutz der nördlichen Halbkugel reichte allein noch nicht aus, um in Neptuns südliche Hemisphäre überwechseln zu dürfen. Die innere Reinigung fehlte noch. Anhand einer fiktiven Punkteliste, die laut vorgelesen wurde und humorig unsere angeblichen Verfehlungen beinhaltete, mussten wir eine unseren »Miesen« entsprechenden Anzahl von Pillen schlucken. Die waren eine Sonderanfertigung unseres Smut und bestanden aus Mehl, Rizinusöl, das aus der Bordapotheke stammte, sowie jeder Menge scharfen Pfeffers. Wer sich nicht traute, diese Taubenei großen Dinger zu zerbeißen, und sie nicht im Ganzen heruntergeschluckt bekam, erhielt freundlich Unterstützung durch einen Wasserschlauch, der ihm in den Mund gesteckt wurde. Anschließend hieß es, die Hosen runterlassen, auf eine lange Planke, die auf See hinausragte, zu krabbeln und dort mit blankem Hintern Platz zu nehmen, um mit der alsbald einsetzenden Wirkung des Rizinusöls für einen donnernden Höhenpunkt des ganzen Spaßes zu sorgen.

Ohne Frage war dies der albernste, aber zugleich denkwürdigste 1. April, den jeder von uns Neulingen wohl je erlebt hat. Als die Prozedur vorüber war, erhielten wir von König Neptun eine Taufurkunde ausgehändigt, aus deren Text unter anderem hervorging, dass er allen Fischen befahl, dem Betreffenden die nötige Hilfe zu leisten, falls dieser fernab von seiner Gegenwart einen Schiffbruch erleiden sollte. So seltsam es im Nachhinein klingen mag, dieses an sich kindische Dokument war gut für die allgemeine Moral, und jeder, der es bekam, hütete es sorgfältig.

* * *

Der Morgen danach verlief zunächst ruhig mit Prüfungstauchen und dem Nachbessern des Trimms.

Um 16.22 Uhr sichteten wir im Westen einen Dampfer, der sich allerdings in Begleitung eines Geleitsicherungsschiffes befand, weshalb unser Kommandant einen Nachtangriff für angebrachter hielt, statt sofort zu handeln.

Um 21.50 Uhr feuerten wir aus einer Entfernung von tausend Metern zwei Torpedos auf das Ziel ab, die entweder vorbeigingen oder nicht detonierten. In den nächsten Stunden versuchten wir, einen weiteren Angriff zu starten, aber einsetzender Regen begrenzte unsere Sichtweite zu stark, so dass wir schließlich die Fühlung verloren. Es war, wie es so schön hieß, zum Mäusemelken.

Ein Kurvensuchmuster, das der Kommandant fahren ließ, führte uns am nächsten Tag allerdings den Dampfer erneut zu und wir setzten uns in Schussposition vor ihn. Als wir den Angriff einleiten wollten, erschien jedoch ein weiterer Frachter auf der Bildfläche, der auf Gegenkurs fuhr und gleich von zwei Geleitfahrzeugen gesichert wurde. Trotzdem entschloss sich Loewe, den Neuankömmling ins Visier zu nehmen, da er sich in einem günstigeren Schusswinkel befand. Außerdem sprach die stärkere Schiffssicherung dafür, dass er möglicherweise die wertvollere Ladung an Bord hatte.

Der Frachter und seine Geleiter, von denen sich einer auf direktem Kollisionskurs zu uns befand, steuerten direkt auf uns zu. Loewe mit seinen Nerven aus Stahl wartete ab, bis das Geleitfahrzeug auf vierhundert Meter heran war, ehe er Hartlage Steuerbord befahl und auf das Handelsschiff zwei Torpedos losmachte, von denen aber der erste danebenging. Der zweite hingegen war ein Volltreffer. Eine riesige Fontäne, im Mondlicht weiß schimmernd, schoss von der Wasserlinie direkt vor der Brücke in die Höhe. Der durch die Torpedoexplosion angerichtete Schaden muss immens gewesen sein, denn das Schiff begann unmittelbar darauf über den Bug zu sinken. Der Dampfer funkte noch eine rasche SOS-Meldung, aus der hervorging, dass wir die *West Irmo* mit 5775 BRT erwischt hatten. In Anbetracht seiner zwei Geleitfahrzeuge, deren Besatzungen es natürlich nun danach verlangte, uns ihrerseits an den Kragen zu gehen, sahen wir zu, dass wir unverzüglich wegkamen. Die Dunkelheit entzog den waidwunden Dampfer rasch unseren Blicken, doch auch noch aus der Ferne konnten wir deutlich das dumpfe Dröhnen seiner explodierenden Kessel auf dem Weg in die Tiefe vernehmen.

Mit der Versenkung der *West Irmo* war zugleich auch ein gewisser Bann gebrochen worden, der auf uns seit dem Vorfall mit dem Q-Schiff wie ein Alpdruck gelastet hatte. Die Art und Weise, wie wir den Frachter direkt unter der Nase der Geleitsicherungsfahrzeuge versenkt hatten und danach entkommen waren, ohne dass auch nur ein Schuss auf uns abgefeuert worden war, erfüllte uns alle – ich will es nicht leugnen – mit einem gewissen Stolz.

Kapitänleunant Loewe jedenfalls witterte noch weitere Beute in diesem Gebiet. Gegen 14.00 Uhr sichteten am nächsten Tag unsere Ausgucks der Brückenwache einen Rauchfleck weit im Süden. Der Abstand zu uns belief sich auf etwa fünfundzwanzig Seemeilen. Da es inzwischen spät geworden war, entschloss sich der Kommandant zu derselben Taktik des nächtlichen Überwasserangriffs, der uns zuvor schon bei der *West Irmo* Erfolg gebracht hatte. Wir machten uns an die Verfolgung des Dampfers, sorgfältig darauf achtend, immer den Bug von *U 505* auf unser Ziel zu richten, um die möglichst schmaleste Silhouette zu bieten.

Mit den AK laufenden Dieselmotoren fingen wir das Schiff relativ schnell ab, und Loewe befahl mit seiner tiefen Stimme, auf Gefechtsstation zu gehen. Aus einer Entfernung von achthundert Metern wurde ein einzelner Aal auf die Reise geschickt, der sein Ziel achtern traf. Der Dampfer begann über den Achtersteven zu sinken, wobei sein Bug hoch in die Luft stieg.

Loewe manövrierte daraufhin unser Boot dicht an die ausgesetzten Rettungsboote heran, um den Schiffbrüchigen gegebenenfalls im Rahmen des Möglichen Hilfe zu leisten. Von ihnen erfuhren wir, dass es sich bei der *Alphacca* um einen Niederländer handelte, der mit einer Ladung Wolle unterwegs gewesen war. Verluste unter der Besatzung hatte es keine gegeben, und alle Mann waren noch rechtzeitig in die Rettungsboote gekommen, die mit Vorräten gut bestückt waren. Dem Gespräch, das unser Kommandant in einer Mischung aus Deutsch und Englisch führte, haftete unter den gegebenen Umständen von beiden Seiten aus etwas eigentümlich Friedliches an. Der niederländische Kapitän bedankte sich zum Abschluss für unser Hilfsangebot und wünschte uns sogar eine *Goede reis*. Die Frage, warum wir eigentlich Kriegsgegner waren, beschäftigte nicht nur mich.

Den Schauplatz der Versenkung verließen wir auf einem fingierten Kurs, der, sobald wir außer Sichtweite waren, prompt wieder geändert wurde. Da die *Alphacca* keine Zeit mehr gehabt hatte, über Funk ein Notsignal abzusetzen, ging Kapitänleutnant Loewe davon aus, dass dem alliierten Schiffsverkehr von unserer Anwesenheit in dem Seegebiet nichts bekannt war. Die folgenden Tage verliefen ergebnislos, was uns Gelegenheit gab, in Ruhe Torpedos aus den Oberdecksbehältern in den Bugraum umzuladen.

Am Morgen des 6. April änderte sich die Situation jedoch schlagartig. Wir marschierten aufgetaucht, als plötzlich die Brückenwache schrie: »Flieger!«

Eine Sunderland kam direkt auf uns zugeflogen. Loewe gab den Befehl, zu tauchen. Fatalerweise klemmte ausgerechnet in diesem Moment aber das Entlüftungsventil für eine der Tauchzellen, was uns nicht nur daran hinderte, unter Wasser zu verschwinden, sondern unser Boot in eine dramatische Lage brachte. *U 505* steckte buchstäblich an der Oberfläche fest, den Bug bereits unter Wasser, während das Heck in einem Winkel von vierzig Grad hoch in die Luft ragte. Der herannahenden Maschine würden wir hilflos ausgeliefert sein.

Während sich unser LI fieberhaft darum bemühte, das Ventil irgendwie wieder gängig zu bekommen, beorderte Kapitänleunant Loewe alle verfügbaren Männer aus Gewichtsverlagerungsgründen in das achtere Ende des Bootes. Beide Maßnahmen griffen, und das Heck von *U 505* begann sich langsam wieder ins Wasser zu senken. Doch wirklich durchatmen konnten wir erst wieder, als der erwartete Angriff der Sunderland unterblieb.

Die Uhr in der Zentrale zeigte 14.30, als wir wieder auftauchten. Die Instandsetzungsarbeiten an dem schadhaften Entlüftungsventil wurden von Scherzen begleitet, aus denen purer Galgenhumor sprach. Ein Mechanikermaat vertrat mit scheinbarem Ernst die These, der englische Pilot habe nur deshalb seine tödlichen Eier nicht auf uns abgeworfen, weil er *U 505* für eine große Ente gehalten habe, die ihren Bürzel aus dem Wasser reckte. Natürlich war uns allen nur zu bewusst, wie knapp wir »Freund Hein« gerade noch entkommen waren.

Der weitere Verlauf der Feindfahrt wurde von den üblichen Situationen geprägt. Wir sichteten zwar noch einige Schiffe, die wir aber nicht angriffen, weil sie unter neutraler Flagge fuhren oder es sich dabei um britische Zerstörer handelte, mit denen unser Kommandant sich besser nicht anlegen wollte. Alarmtauchen wegen herannahender Flugzeuge blieb nach wie vor ein alltäglicher Vorgang, und lediglich am 18. April gelang es einer Sunderland, eine Wasserbombe so dicht neben uns zu platzieren, dass sie einige kleinere Schäden an unserem Boot anzurichten vermochte.

Ende April war unser Treibstoffvorrat so weit zur Neige gegangen, dass er nur mehr noch für die Heimkehr zu unserem Stützpunkt reichte. Unsere Dieselmotoren wurden zudem auch so allmählich reif für eine Generalüberholung, und an der Mannschaft war der lange und harte Einsatz ebenfalls nicht spurlos vorbeigegangen. Bedingt durch den Mangel an frischen Lebensmitteln zeigten sich Skorbut-Symptome, Hautausschläge waren zahlreich aufgetreten. Es war eindeutig Zeit, den Rückmarsch anzutreten.

Anfang Mai erreichten wir auf unserem Kurs nordwärts den Golf von Biskaya. Nachdem wir es geschafft hatten, heil bis dorthin zu gelangen, verstärkte Loewe in Anbetracht der stetig zunehmenden Gefahr von Luftangriffen die Sicherheitsvorkehrungen. Wann immer wir auftauchten, wurde die Zahl der Brückenwachen verdoppelt. Peinlich genau wurde auch darauf geachtet, dass wir nicht von französischen Fischfängern entdeckt wurden, da nicht auszuschließen war, dass diese die Sichtung eines U-Bootes umgehend mit Positionsangabe den Briten meldeten.

Und wieder einmal mehr hatten wir Gelegenheit, über Loewes fast schon unheimliche Fähigkeit zu staunen, Gefahren instinktiv vorauszuahnen. Am Nachmittag des 5. Mai etwa befahl er während unserer friedlichen Überwasserfahrt ohne ersichtlichen Grund, die Tauchzellen teilweise zu fluten. Diese Vorsichtsmaßnahme, so erklärte er, würde die Zeitspanne verringern, die ein Schnelltauchmanöver erforderte. Keine Viertelstunde später stieß ein landgestützter, zweimotoriger Bomber, aus der geschlossenen Wolkendecke kommend, auf uns herab und warf neun Wabos ab. Dank unseres vorbereiteten Blitztauchens kamen wir, abgesehen von einigen geringfügigen Bombensplittereinschlägen am Turm, nochmals glimpflich davon.

In der Nacht empfingen wir ein FT der 2. U-Flottille, in dem uns die Einzelheiten für das Treffen mit den Sicherungsfahrzeugen mitgeteilt wurden. Am Morgen des 7. Mai sichteten wir die Ile de Groix, eine kleine Insel südlich von Lorient. Kurz darauf traf die Geleitsicherung ein, um uns wohlbehalten auch noch die letzten Seemeilen zurück zum Stützpunkt zu bringen.

3. KAPITEL

Lorient

Das Einlaufen von *U 505* in den Hafen von Lorient gestaltete sich für uns alle zu einem beeindruckenden Erlebnis. Hunderte von Zuschauern hatten sich bei strahlendem Sonnenschein auf der Pier zu unserer Begrüßung eingefunden und auch die ebenfalls anwesende Kapelle legte sich mächtig ins Zeug.

Sobald die Leinen festgemacht waren, mussten alle Mann auf dem Oberdeck antreten. Nach fast drei Monaten in See, während denen die allermeisten von uns sich den Luxus einer auch nur gelegentlichen Rasur geschenkt hatten, boten wir einen ziemlich haarigen Anblick. Zum Glück konnte niemand riechen, wie sehr wir auf Grund der hygienischen Bedingungen an Bord während dieser Zeit stanken. Uns selbst fiel das schon lange nicht mehr auf. Obwohl wir uns darum bemühten, eine stramme Haltung an den Tag zu legen, konnte kaum einer es unterlassen, fröhlich zu grinsen oder triumphierend zu den vier Siegeswimpeln emporzublicken, die über unserer Brücke flatterten. Während uns noch begeisterte Hurra-Rufe entgegenschallten, schielten bereits manche verstohlen auf die Krankenschwestern und jungen Wehrmachtshelferinnen, die sich ebenfalls eingefunden hatten.

Der gesamte Stab der 2. U-Flottille kam an Bord, um unseren Offizieren die Hand zu schütteln. Korvettenkapitän Viktor Schütze, Flottillenchef, Ritterkreuzträger und einer der erfolgreichsten all unserer U-Boot-Kommandanten, hielt eine kurze Ansprache, in der er unsere Leistungen entsprechend würdigte. Er fand dabei wirklich schöne Worte, die uns vor Stolz die Brust anschwellen ließen.

Als diese feierliche Begrüßungszeremonie, der etwas sehr Erhebendes anhaftete, beendet war, durften wir erstmals seit einem Vierteljahr unser Boot verlassen. Wieder festen Boden unter den Füßen zu haben war für uns Seebären ein völlig neues Gefühl und höchst gewöhnungsbedürftig. Anfänglich dürfte unser Seemannsgang sich von den schwankenden Bewegungen Betrunkener nicht grundsätzlich unterschieden haben.

Nach unserer langen entbehrungsreichen Zeit an Bord hatten wir nur vier Gedanken im Kopf: Sie galten einem heißen Bad, was Anständigem zu futtern, dem Empfang von Post aus der Heimat – und nach weiblicher Gesellschaft gelüstete es uns verständlicherweise auch gar mächtig.

Hinsichtlich der Reihenfolge bei der Verwirklichung unserer Wünsche hatten wir allerdings keine Wahl. Zunächst wurden wir in den Speisesaal geführt. Wir waren aufgeregt wie Kinder zu Weihnachten, als der Postverteiler seinen großen Sack öffnete und damit begann, Namen aufzurufen und dem Betreffenden die »Geschenke« in Form von Briefen und Päckchen zu überreichen. Darauf warten zu müssen, bis man schließlich selbst drankam, war das Schlimmste, denn jeder gierte förmlich danach, zu erfahren, wie es seinen Lieben daheim wohl gehen mochte. Manche bekamen feuchte Augen, als sie ihre Briefe lasen; einer freute sich wie ein Schneekönig, weil er Vater geworden war; ein anderer saß nur wie versteinert da – sein Bruder war in Russland gefallen. Am traurigsten aber waren jene zwei, die überhaupt keine Post erhalten hatten.

Anschließend bezogen wir unsere Unterkünfte. Dort war erst einmal ausgiebiges duschen angesagt – mit heißem Süßwasser. Nach diesem Hochgenuss stellte sich eine wohlige Müdigkeit ein und wir hauten uns für ein Weilchen in die Kojen, um uns vor den abendlichen Festivitäten noch etwas auszuruhen. Das Bankett, das uns zu Ehren gegeben wurde, war dann in der Tat bemerkenswert und bestand aus Köstlichkeiten, von denen in Anbetracht der Zeiten die Angehörigen der anderen Kampfverbände der Wehrmacht nur träumen konnten. Das Beste von allem war das Bier, echtes Haake-Beck aus Bremen in Flaschen! Speis und Trank fanden so reichlichen Zuspruch, dass bei manchem eine Revolte des Magens nicht ausblieb. Was aber niemanden daran hinderte, nach dem »Opfergang« auf einer gewissen Örtlichkeit fröhlich weiterzumachen. Wer wollte schon prophezeien, ob wir jemals wieder die Gelegenheit haben würden, so zu feiern, oder ob uns nicht schon bald ein nasses Seemannsgrab beschieden sein würde.

Den nächsten Tag verbrachten wir damit, *U 505* für seine Verlegung ins Trockendock im Inneren eines der gepanzerten Bunker vorzubereiten, damit es dort überholt werden konnte.[7] Sobald diese Routinearbeiten abgeschlossen waren, wurden für die eine Hälfte der Besatzung Eisenbahnfahrkarten für einen einwöchigen Heimaturlaub ausgegeben. Sieben Tage später würde dann der zweite Schwung an die Reihe kommen.

Für mich beschloss ich, auf das Angebot zu verzichten, da ich in Anbetracht der langen An- und Abreise das Gefühl hatte, dass die zur Verfügung stehende Zeit für einen »richtigen« Besuch bei meinen Eltern zu knapp war und allenfalls für eine Stippvisite ausgereicht hätte. So blieb ich in Lorient und versah weiter brav meinen Dienst, wobei wir, verglichen mit der Zeit auf See, eine eher ruhige Kugel schoben.

Abends hatten wir üblicherweise frei, und das U-Boot-Heim war ein beliebter Treffpunkt, um deutsche Filme anzuschauen oder Karten zu spielen, um preiswert Bier zu trinken und sich dabei mit den Kameraden zu unterhalten.

Trotz dieses Freizeitangebotes der Marine ging die wahre nächtliche Anziehungskraft jedoch von dem Rotlichtviertel aus. Für junge Burschen wie mich, die vom Land kamen oder aus der Provinz stammten, war das dort pulsierende Leben etwas völlig Neues und Faszinierendes. Aus den zahllosen Bars tönte Gelächter und Musik, französische Chansons, deutsche Seemannslieder und sogar amerikanische Jazzmusik, die in

Deutschland als dekadent verpönt war. Dass Lorient seit Juni 1940 zum Besatzungsgebiet der Wehrmacht gehörte, war nicht zu spüren. Vor den einschlägigen Etablissements versuchten teilweise bildhübsche, aufreizend gekleidete Mädchen Kunden zu ködern, wobei sie neckisch etwa mit dem Zeigefinger winkten, einem mit dem Auge zuzwinkerten und mit einer Mischung aus französischem Vokabular und deutschen Wortbrocken wie »na, mein Süßer« zum Eintreten und zu l'amour verlockten.

Drinnen begrüßte einen Madame, wie die Puffmutter nur genannt wurde, mit einer Herzlichkeit, als sei man ihr ältester Freund, während die Mademoiselles bereits Weinpullen und Riccard auffuhren. Die Preise für die Getränke waren natürlich gesalzen, doch wer von uns fragte schon danach, wenn einem eine verführerische Schönheit auf dem Schoß saß, einem die nackten Arme um den Kopf legte.

So viele hübsche Frauen der käuflichen Liebe zugänglich zu finden, war etwas, das ich von meinem kleinen Heimatort Bottendorf her natürlich nicht kannte. Dort waren so gut wie alle Mädchen streng darauf bedacht, in keinen schlechten Ruf zu geraten, bloß weil sie mit Jungs rumschliefen.

Im Laufe der Zeit wurde ich Stammkunde bei Jeanette, sie war ausgesprochen nett, schlank, hatte weiches hellbraunes Haar und unter der Bluse auch nicht gerade wenig. Irgendwie fanden wir uns gegenseitig auch sympathisch.

Nach einem meiner Besuche bei ihr an einem meiner freien Urlaubstage überraschte sie mich mit der Frage, ob ich sie nicht noch zum Coiffeur begleiten wolle. Ohne groß nachzudenken willigte ich, verliebt, wie ich in sie war, ein. Das Gefühl, als einziger Mann in einem Damensalon zu sitzen, während Jeanette die Haare gemacht bekam, war schon etwas seltsam. Das Getuschel um mich herum auf Französisch konnte ich zwar nicht verstehen, aber es bedurfte keiner großen Phantasie, um zu erraten, worum es ging.

Anschließend gingen wir in ein Bistro, um dort noch einen Happen zu essen. Während wir uns angeregt über dies und das unterhielten, schauten wir uns eigentlich immer nur in die Augen. Eine junge französische Prostituierte und ein junger deutscher U-Boot-Fahrer flirteten unverblümt miteinander. Zwei, deren Zukunft ungewiss war. Vielleicht war es das, was uns verband.

Nachdem wir das Bistro verlassen hatten, schlenderten wir händchenhaltend einfach nur so ein wenig durch die Gegend. Vor einem Juweliergeschäft blieb Jeanette urplötzlich stehen. Ich bekam einen gehörigen Schrecken, weil ich dachte, sie erwarte, von mir einen Ring gekauft zu bekommen. Stattdessen ließ Jeanette meine Hand los und stürmte ohne mich in den Laden. Kurz darauf kehrte sie freudestrahlend mit einem kleinen Goldanhänger an einer Kette wieder. »Ans«, sagte sie, das für sie als Französin unaussprechliche H wie immer weglassend, »ich möchte, dass du diesen Saint Christopher trägst, damit er dich wieder wohlbehalten zu mir zurückbringen wird.«

Um meine Rührung zu überspielen, versuchte ich zu protestieren: das ginge doch nicht und das Geschenk sei doch viel zu kostbar. Doch davon wollte Jeanette nichts hören. Sie setzte ein verschmitztes Lächeln auf und meinte, dass es irgendwo ja auch mein Geld gewesen sei, welches sie soeben ausgegeben habe.

Diese irgendwo seltsame und komplizierte Beziehung hatte auch nach meiner Rückkehr von weiteren Feindfahrten nach Lorient Bestand. Ich blieb weiterhin zahlender Kunde bei Jeanette, solange das Geld dafür reichte. Wurde es knapp, war sie es, die alles bezahlte, wenn wir miteinander ausgingen.

Nächtens auf See träumte ich jedenfalls in meiner Koje nicht gerade selten von einer gemeinsamen Zukunft mit Jeanette.

* * *

U-Boot-Besatzungen an Land waren nach ihren langen und harten Einsätzen auf See alles andere als eine Ansammlung braver Chorknaben, sondern schon auch Leute, die gern mal »die Sau rausließen«. Speziell, wenn reichlich Bier im Spiel war. Da konnte es schon mal passieren, dass die einen damit im Suff prahlten, welch toller »Verein« sie auf dem besten Boot von allen doch im Vergleich zu anderen »Würstchen« seien. Die Klärung dieser Frage mündete nicht selten in einer zünftigen Keilerei.

Uns allen gemeinsam aber war eine abgrundtiefe Abneigung gegenüber Soldaten, die in der Verwaltung hockten und denen es irgendwie gelang, ihre Uniformen mit Orden dafür zu schmücken, dass sie den lieben langen Tag über nichts anderes taten, als irgendwelche Papiere hin und her zu schieben. Während wir uns draußen auf Feindfahrt den Allerwertesten aufrissen, saßen diese Schreibtischhelden gefahrlos in ihren warmen Stuben und konnten ansonsten in der Freizeit alles genießen, was Lorient zu bieten hatte.

Einer gewissen Beliebtheit erfreuten sich auch »Spielchen« mit der Feldgendarmerie. Die »Kettenhunde«, wie sie wegen ihrer zur Uniform gehörenden Metallplaketten nur genannt wurden, drückten nur anfänglich bei Rückkehrern von einer Feindfahrt ein Auge zu, wenn diese es etwas zu bunt trieben. Danach war Schluss mit lustig. Da es nicht angeraten war, sich mit den Kettenhunden anzulegen, existierte in den Straßen von Lorient eine Art Vorwarnsystem per Pfeifsignalen, sobald diese »Kameraden« im Anmarsch waren. Unsere Horde löste sich dann in Windeseile auf; in einer bestimmten Bar traf man sich anschließend wieder – und die Sause ging von Neuem los. Und wenn die Stimmung »stimmmte«, dann blieb auch schon mal eine Klopperei mit den Feldgendarmen nicht aus. Nichts, worauf man stolz hätte sein können, denn der Kommandant musste hinterher einspringen, um seine Leute wieder rauszupauken. Ein unausgesprochenes Grundverständnis dafür, dass Männer nach Monaten des Eingesperrtseins in einer Stahlröhre hinterher das Bedürfnis hatten, Dampf abzulassen und dabei auch schon mal kräftig über die Stränge zu schlagen, war allgemein seitens der U-Boot-Führung vorhanden.

* * *

Die Vorbereitungen für die nächste Feindfahrt von *U 505* kamen allmählich zum Abschluss. Im Gegensatz zum letzten Mal störte uns die heillose Überfüllung des Bootes mit Essvorräten keineswegs. Wir erinnerten uns noch alle gut an den eintönigen Speiseplan und die damit verbundenen gesundheitlichen Folgen auf der letzten Fahrt, nachdem uns der Frischproviant ausgegangen war. Als wir schließlich mit der Übernahme fertig waren, glich selbst die Zentrale teilweise dem Vorratsraum eines gastronomischen Betriebs.

Während unserer vorherigen Fahrt über 13.253 Seemeilen hatten wir hinreichend Gelegenheit gehabt, jeden Winkel unseres Bootes kennen zu lernen. Entsprechend kannte jeder ein Plätzchen, an dem sich persönliche Dinge verstecken ließen, angefangen von Schokolade, Zigaretten, Schnaps bis hin zu kleinen Pornoheftchen mit nackten Weibern.

Vor dem Auslaufen erhielten wir noch hohen Besuch in Person von Admiral Karl Dönitz. Der Befehlshaber der U-Boote hatte sich nach unserer letzten Feindfahrt ausführlich von Kapitänleunant Loewe Bericht erstatten lassen und im Kriegstagebuch von *U 505* vermerkt: »Erste Feindfahrt des Kommandanten mit neuem Boot gut und durchdacht ausgeführt. Trotz langem Aufenthalt im Operationsgebiet erlaubte Mangel an Verkehr keinen größeren Erfolg.«

Für uns Mannschaftsdienstgrade war es schon etwas Besonderes, diesen hochgewachsenen und berühmten Mann die Laufplanke überqueren und an Bord unseres Bootes kommen zu sehen. Wie alle U-Boot-Fahrer hatten wir nicht nur höchsten Respekt vor ihm, sondern auch ein fast grenzenloses Vertrauen in seine Fähigkeiten. Nicht umsonst nannten wir ihn den »Löwen«.

Im Oktober 1945 wurde Dönitz, der als Nachfolger Hitlers

vom 1. bis 25. Mai Reichspräsident und Oberbefehlshaber der Wehrmacht war, dem Internationalen Militärgerichtshof in Nürnberg überstellt. Der schwerwiegende Vorwurf gegen Befehlshaber der U-Boote, feindliche Handelsschiffe ohne Vorwarnung versenkt zu haben, wurde allerdings fallengelassen, was ihn vor der Todesstrafe bewahrte. Dazu beigetragen hat insbesondere die schriftliche Zeugenaussage des Oberbefehlshabers der US-Pazifikflotte, Admiral Chester W. Nimitz, der erklärte, dass die Befehle der US-Marine in Fragen der U-Boot-Kriegsführung nicht wesentlich anders gewesen seien als die der deutschen Kriegsmarine.[8]

Ich persönlich blieb jedenfalls stets ein Bewunderer des Großadmirals. Im September 1980 zählte ich anläßlich seines 89. Geburtstages mit zu den Gratulanten in Aumühle bei Hamburg. In einer kurzen Ansprache, die mich sehr bewegte, drückte der »Löwe« nochmals seine tief empfundene Dankbarkeit für die Loyalität seiner Männer der U-Boot-Waffe aus und gedachte unserer gefallenen Kameraden. Gegen Ende des Jahres erhielt ich dann sogar Post von ihm. In einem der letzten Briefe, die er noch schrieb, bedankte er sich mit warmen Worten für meine Anstrengungen, ein Wiedersehenstreffen der Veteranen von *U 505* zu organisieren. Am 6. Januar 1981 hatte ich dann die traurige Ehre, seinem Begräbnis beizuwohnen. Als großer Stratege wird Karl Dönitz bei Freund und Feind jedenfalls noch lange in Erinnerung bleiben.

4. Kapitel

Karibische Kreuzfahrt

Um 20.30 Uhr waren wir am 7. Juni 1942 aus dem Hafen von Lorient ausgelaufen und hielten auf die offene See zu. Unser erster Ansteuerungspunkt für diesen Teil der Fahrt war Planquadrat DD 50. Sobald wir es erreicht hatten, öffnete der Kommandant das versiegelte Kuvert mit seinen weiteren Befehlen. Unser Auftrag lautete, in der westlichen Karibik zu patrouillieren und den Schiffsverkehr, der durch den Panamakanal kam, abzufangen. Eine allgemeine Vorfreude macht sich breit, als wir erfuhren, dass wir nicht nur den Atlantik überqueren, sondern auch in den amerikanischen Gewässern operieren würden, die in diesem Stadium des Krieges noch reiche Jagdgründe für ein U-Boot waren.

Aufgrund der Sommerstürme herrschte in der Biskaya eine ziemlich raue See vor, weshalb wir in den nächsten Tagen weite Teile der Strecke getaucht zurücklegten, damit Boot und Besatzung nicht unnötig davon in Mitleidenschaft gezogen wurden.

Am 11. Juni empfingen wir rasch hintereinander mehrere kurze Funktelegramme von *U 105,* einem unserer Schwesterboote aus Lorient. Kapitänleutnant Heinrich Schuch meldete, sein Boot sei von Flugzeugen angegriffen worden und befände sich in einer kritischen Lage; es sei leckgeschlagen und nicht mehr imstande zu tauchen. Dann verstummten die Funksprüche schlagartig. Aus dem Stabsquartier des FdU erreichte uns der Befehl, mit AK die zuletzt gemeldete Position von *U 105* anzusteuern, um Beistand zu leisten. Auf dem Weg dorthin kam jedoch die Anweisung, unseren vorherigen Kurs wiederaufzunehmen. Wir alle wussten, was dies vermutlich zu bedeuten hatte.

* * *

Als wir nach unserer Feindfahrt zum Stützpunkt zurückkehrten, war es eine große Erleichterung, zu erfahren, dass *U 105* doch nicht versenkt worden war, wie wir dies angenommen hatten. Das vermeintliche Schicksal unserer Kameraden hatte jeden von uns an diesem Junitag betroffen gemacht. Ich fühlte mich besonders elend, weil ich während meines ersten Monats in Lorient ursprünglich *U 105* zugeteilt worden war, und geriet ins Grübeln. Wenn ich nicht das Glück gehabt hätte, auf *U 505* versetzt zu werden, würde ich jetzt das nasse Grab mit meinen alten Freunden teilen. Natürlich, das Leben ging weiter und ich musste auf meiner Gefechtsstation in der Zentrale aufmerksam wie stets bleiben. Doch manches Mal, wenn außer dem monotonen Hämmern der Diesel alles ruhig war, verlor ich mich in Gedanken und stellte mir die einzelnen Gesichter der Kameraden vor, die eingeschlossen in ihrem stählernen Sarg auf dem Grunde der See lagen.

Bedauerlicherweise war das Glück, das *U 105* hatte, eher die Ausnahme als die Regel, und je länger dieser Krieg währte, umso mehr stieg die Zahl der Verluste an Menschen und Booten. Vielleicht war ich damals wirklich noch zu jung und idealistisch, um die Zeichen der Zeit richtig zu deuten, aber ich glaubte ehrlich daran, Deutschland würde letztlich gewinnen.

* * *

Die kommenden Wochen verliefen ruhig und wir konnten bei unserer Überquerung des Atlantiks die meiste Zeit über aufgetaucht marschieren. Die mir liebsten Momente verbrachte ich auf Brückenwache, vor allem während der Nächte, auch wenn diese verhältnismäßig kühl waren. Der leuchtende Sternenhimmel hatte es mir besonders angetan, denn das gesamte Universum schien sich mit dem sanften Wiegen unseres Bootes zu neigen und zu schwanken. Gegen Mitternacht erschien in der Regel Anton Kern, unser Smutje, mit einer dampfenden Kanne Mittelwächter auf der Brücke, einer Mischung aus sehr starkem Kaffee mit einem Schuss Rum. Den Pott musste Toni wie ein Falke bewachen, da das schmackhafte schwarze Gebräu bei jedermann, ob auf Wache oder nicht, sehr gefragt war.

Toni und ich hatten uns im Lauf der Zeit angefreundet. Mit Vergnügen erinnere ich mich an seinen ersten Versuch, für die Besatzung Tee zu kochen. Da das Lieblingsgetränk der meisten Deutschen Kaffee ist, war das Thema Tee bei seinem vierwöchigen Schnellkurs zum Koch an der U-Boot-Schule natürlich nicht einmal gestreift worden. Also nahm Toni für seinen Sud genauso viel Teeblätter, als ob er einen starken Kaffee brauen würde. Er kochte die Blätter, bis die Brühe schwarz wie altes Motorenöl war. Das bittere Gesöff, das er danach ausschenkte, war absolut ungenießbar. Kapitänleutnant Loewe, der wegen seiner holländischen Mutter von klein auf Teetrinker war, ließ es sich daraufhin nicht nehmen, unserem in dieser Hinsicht unbedarften Smut ein Privatissimum in Sachen Teezubereitung zu geben. Der gute Toni musste sich deswegen noch so manchen Flachs anhören.

Passend zu der ruhigen Wetterlage verlief unsere Fahrt über den Atlantik genauso ruhig. Gelegentlich leisteten uns Delphine Gesellschaft, die uns offenbar für einen neuen großen Spielgefährten hielten. Diesen eleganten Tieren bei ihren Luftsprüngen zuzusehen war eine Augenweide.

In den drei Wochen unseres bisher so friedlichen Marsches hatten wir allenfalls nur gelegentlich neutrale Schiffe gesichtet. Am 28. Juni änderte sich jedoch die Lage, denn wir machten einen schwer bewaffneten amerikanischen Frachter vom Typ *Robin Hood* mit annähernd 7000 Bruttoregistertonnen aus. Loewes Befehl »Auf Gefechtsstation!« ließ unsere Herzschläge mit den erhöhten Umdrehungen der Dieselmotoren wetteifern.

Ein Defekt an unserem Kreiselkompass bremste uns zunächst unverhofft, aber nach siebenstündiger Fahrt mit Höchstgeschwindigkeit hatten wir den Dampfer wieder eingeholt.

Punkt 18.00 Uhr ertönte das Signal zum Tauchen, gefolgt vom Brummen der von Siemens stammenden E-Motoren, als das Boot auf Sehrohrtiefe einsteuerte. Die nächste Stunde über waren wir damit beschäftigt, uns in eine optimale Angriffsposition zu bringen und dann den Frachter abzupassen.

Als es soweit war, gab Kommandant Loewe per Bordsprechanlage durch: »Wir greifen jetzt an. Rohr eins und zwei: Tiefeneinstellung drei Meter, Entfernung achthundert Meter. Torpedos los!«

Der Horchraum meldete umgehend den Lauf der Aale auf Kurs, die Sekunden tickten. Der erste Torpedo traf den Amerikaner direkt vor der Brücke und schickte eine gigantische Wassersäule in die Höhe. Augenblicke später detonierte sein »Zwillingsbruder« dahinter – ein perfekter Torpedofächer.

Der Frachter machte Anstalten, langsam mit dem Bug voran zu sinken. Rettungsboote wurden abgefiert, aber Loewe befahl dennoch, getaucht zu bleiben. Der Grund war klar, wie der Blick durch das Angriffssehrohr zeigte: Trotz der prekären Lage hielten die Bedienungen am großen vorderen Deckgeschütz und an der achteren Flak nach wie vor ihre Gefechtsstationen besetzt. Es ging mindestens noch eine Stunde, bevor die Männer schließlich ihre Posten räumten und in die Rettungsboote gingen.

Als die etwa einhundert Überlebenden sich hinreichend weit von ihrem Schiff entfernt hatten, feuerten wir einen weiteren Torpedo, diesmal auf vier Meter Tiefe eingestellt, ab. Er schlug nicht weit von derselben Stelle des ersten Torpedos ein, und der Frachter begann, nun rasch zu sinken. Die *Sea Thrush,* deren Namen wir erst nachträglich herausfanden, bot bei ihrem Untergang mit seiner Deckladung von mehr als zwanzig zweimotorigen Flugzeugen einen Anblick, der uns trotz all seiner Schrecklichkeit triumphieren ließ.

Den größeren Teil des folgenden Tages verbrachten wir damit, die leeren Torpedorohre mit Nachschub aus unseren Gestellen zu versorgen, ein schwieriger und anstrengender Vorgang, der die Mithilfe der halben Besatzung erforderte. Selbst jene, die daran nicht direkt beteiligt waren, waren davon betroffen, weil ihre Kojen hochgeklappt werden mussten, um Bewegungsfreiheit für das Hantieren mit den sieben Meter langen Aalen zu schaffen. Sie nutzen die Zeit ihrer »Vertreibung«, um aus Segeltuch einen kleinen Siegeswimpel für unseren fünften erzielten Erfolg zu fertigen.

Die Freiwächter, die dann in der Nacht die Kojen wieder bezogen, bekamen zunächst gar nicht mit, wie die Drehzahlen unserer Dieselmotoren hochgefahren wurden. Im hellen Mondlicht hatten wir ein großes, sehr schwer bewaffnetes Handelsschiff gesichtet. Da es ziemlich hohe Fahrt auf einem Zickzackkurs lief, brauchten wir etliche Stunden, bevor wir uns in eine für uns günstige Position manövrieren konnten und Loewe den Tauchbefehl für den Anlauf zum Torpedoschuss gab.

Kurz darauf verließen zwei Aale die vorderen Rohre und steuerten das 1200 Meter entfernte Ziel an, von denen einer voll das Heck traf und der Weiterfahrt des Schiffes ein abruptes Ende setzte. Was aber nichts daran änderte, dass die Kanoniere wie schon zuvor auch bei der *Sea Trush* ihre Gefechtsstationen unverändert weiterhin besetzt hielten, solange nicht alle anderen Mitglieder der Besatzung das Schiff verlassen hatten.

Sobald die Rettungsboote von dem Wrack frei waren, brachte Loewe unser Boot an die Wasseroberfläche, um den Überlebenden zu helfen. Die Männer in den Rettungsbooten duckten sich zunächst weg, weil sie annahmen, wir würden sie mit unseren Maschinengewehren im Wintergarten unter Beschuss nehmen. Als sie merkten, dass wir dergleichen nicht vorhatten, ruderten sie an unsere Bordwand heran, nervös zögerlich zwar, aber offensichtlich neugierig auf uns »grausame Nazi-U-Boot-Leute«.

Wir versorgten sie mit Erste-Hilfe-Material für die Verwundeten und gaben ihnen vor allem etwas von unserem kostbaren Frischwasservorrat ab. Wie wir in Erfahrung brachten, handelte es sich bei ihrem Schiff um die *Thomas McKean* mit 7191 Bruttoregistertonnen, die sich auf dem Weg von New York nach Trinidad befunden hatte.

Obwohl der Dampfer eine schwere Schlagseite nach Backbord entwickelt hatte, machte er keine Anstalten zu sinken. Um keinen weiteren Torpedo unnötig zu vergeuden, ordnete der Kommandant an, die *Thomas McKean* per Artilleriebeschuss in die Tiefe zu schicken. Dies gestaltete sich schwieriger als gedacht. Es bedurfte fast achtzig Granaten aus unserem großen 10,5-cm-Geschütz, ehe das brennende Schiff schließlich überrollte und versank. Als ehemaliger Artillerieoffizier hatte Loewe offensichtlich nicht damit gerechnet, dass der Aufwand dafür so groß sein würde. Den Freiwächtern wurde immerhin gestattet, sich aufs Oberdeck zu begeben, um zusehen zu können. Für die meisten von uns war dies faktisch das einzige Mal, dass wir zu direkten Augenzeugen der Versenkung eines Schiffes durch *U 505* wurden. Irgendjemand machte sogar noch ein Foto von der brennenden *Thomas McKean*.

Nachdem der Frachter unter die Wogen geglitten war, tauchten überraschenderweise einige der Flugzeuge, die festgezurrt die Deckladung der *Thomas McKean* gebildet hatten, wieder an der Wasseroberfläche auf. Loewe eröffnete persönlich mit unserer kleinen 2-cm-Flak das Feuer auf sie. Er erklärte, es gelte, aus Sicherheitsgründen möglichst keine verräterischen Spuren in Zusammenhang mit dem Schiffsuntergang zu hinterlassen. Allerdings konnten wir uns des Verdachtes nicht ganz erwehren, dass das vorangegangene Geschützfeuer dem »alten« Artillerieoffizier einen juckenden Zeigefinger verschafft hatte. Doch was sollte es? Sobald der Kommandant seinen Spaß gehabt hatte, begaben wir uns wieder unter Deck und verließen in bester Stimmung wegen des erzielten Erfolges den Schauplatz des Geschehens.

* * *

Den darauffolgenden Tag verbrachten wir weitgehend wie den vorhergehenden: Nachladen der vorderen Torpedorohre und Anfertigen eines weiteren Siegeswimpels. Gegen Abend beobachteten wir einen Kutter der Küstenwache, der sich dem Seegebiet näherte, in dem die *Thomas McKean* untergegangen war, offensichtlich um nach Überlebenden Ausschau zu halten. Loewe schlug um das Schiff einen großen Bogen.

Während der nächsten Woche kam es zu keinerlei Schiffssichtungen mehr. Die in den Gewässern nördlich von Puerto Rico herrschende Windflaute und die damit verbundene ruhige See wurden von der Besatzung zu ausgiebigen Decksaufenthalten an der frischen Luft ausgenutzt. Einige der Jungs übertrieben dabei freilich die Sonnenanbeterei und verwandelten sich in echte Rothäute.

Am 4. Juli 1942 liefen wir in die Karibische See ein, wo die Wassertemperatur mit 29 Grad Badewannencharakter hatte. Besonders tagsüber wurde es im Inneren des Bootes schier unerträglich heiß. Ich versuchte die Hitze zu ignorieren, indem ich einen Roman von John Knittel las, was aber nicht recht klappte, da das ständig tropfende Kondenswasser die Seiten derart durchnässte, dass sie sich kaum mehr umblättern ließen. Zu allem Überfluss begann auch noch das Wetter unangenehm rau zu werden. Als wir durch die Westhälfte der Karibik marschierten, bekamen wir es mit Seegang der Stärke sechs bis sieben zu tun, mit Wellenhöhen bis zu annähernd sieben Metern und -längen, die bis an einhundertfünfzig Meter heranreichten, und entsprechend wurde unser Boot mächtig durchgeschüttelt. Loewe funkte dem BdU-Stab, er werde näher an Südamerika heranfahren, um den Verkehr abzufangen, der durch den Panamakanal lief.

Als wir uns der kolumbianischen Küste näherten, nahmen die Aktivitäten von Patrouillenflugzeugen zwar dramatisch zu, ohne dass wir jedoch irgendwelche Handelsschiffe sichteten.

In der zweiten Juliwoche erfolgten die Tauchalarme in immer kürzeren Abständen, wodurch wir nicht einmal mehr hinreichend lange an der Wasseroberfläche bleiben konnten, um unsere Drucklufttanks anständig aufzuladen. Die ständigen Alarme nahmen die gesamte Besatzung hart mit, weil uns dadurch auch laufend Schlaf geraubt wurde. Einmal schreckte mich das Schrillen der Glocken sogar aus einem besonders süßen Traum, in dem Jeanette vorkam, hoch und holte mich unbarmherzig in die Realität an Bord zurück. Ich hätte schreien können.

Nicht einmal die Dunkelheit vermochte uns mehr wirklich vor den »Geiern« zu schützen, die permanent irgendwo über uns kreisten. Die warme See verursachte oft ein außerordentliches Phosphoreszieren und ließ unser Kielwasser derart aufschimmern, dass es meilenweit aus der Luft gesehen werden konnte.

Mit dem Auftauchen amerikanischer Seefernaufklärer Consolidated »Catalina« Flugboote verschlimmerte sich die Lage nochmals, da die Flugboote irgendwie die Fähigkeit besaßen, uns selbst ohne phosphoreszierende Wasserschleppe bei völliger Finsternis aufzuspüren. Die Geschwindigkeit und Genauigkeit, mit der die Flugzeuge dazu imstande waren, ließ uns vermuten, dass die Maschinen mit einem Bordradargerät ausgerüstet waren. Mehrere Male wurden wir mitten in der Nacht durch das plötzliche Aufleuchten eines starken Lichtkegels überrascht, der uns fast so hell wie die Mittagssonne erfasste.[9] Uns blieben dann noch Sekunden, um rasch zu tauchen, ehe die Catalinas zum Bombenwurf ansetzten. Nicht selten entgingen wir deren Wasserbomben nur verdammt knapp. Die permanenten Strapazen, denen wir ausgesetzt waren, begannen gesundheitliche Spuren bei uns zu hinterlassen, und auch die allgemeine Moral der Besatzung verschlechterte sich.

Am Nachmittag des 22. Juli kam es zu einer Begegnung, die weitreichende Konsequenzen haben sollte. Wir lagen vor einer kleinen Insel namens Courtown Cays, als ein großer dreimastiger Frachtsegler mit einem auf seinem Deck festgezurrten Luxusautomobil 30 Grad Steuerbord voraus gesichtet wurde. Der Schoner führte keine Flagge und lief einen scharfen Zickzackkurs. Das ungewöhnliche Schiff weckte Loewes Neugier, und er befahl das Besetzen der Gefechtsstationen.

Die Bedienung des Deckgeschützes benötigte keine halbe Minute, um die 10,5-cm-Kanone zu laden und feuerbereit zu machen, denn die erforderlichen Handgriffe waren den Männern schon längst in Fleisch und Blut übergegangen. Der Kommandant wies den Artillerieoffizier LtzS. Gottfried Stolzenburg an, einen Warnschuss vor den Bug des Segelschiffes zu setzen, um es zur Identifizierung zu stoppen. Ob die Geschützbedienung den Befehl missverstand oder ihn einfach nicht richtig befolgte, ist schwer zu sagen. Auf alle Fälle holte die erste Granate gleich den Großmast des Schiffes herunter. Wie ein riesiges Zelt drapierten Mast und dessen Segel den stattlichen Windjammer.

Trotz der Beschädigung machte das Schiff aber keine Anstalten anzuhalten. Loewe befahl, zwei weitere Warnschüsse abzufeuern, woraufhin der Frachtsegler die kolumbianische Flagge setzte, sich aber nach wie vor weigerte, beizudrehen. Der Kapitän konnte ja nicht wirklich allen Ernstes glauben, es würde ihm gelingen, einem Unterseeboot davonzulaufen? Wir brachten unser *U 505* in den Kurs des Schoners, woraufhin dieser erneut zu einem weiteren Fluchtversuch wendete. An Heck konnten wir dabei ablesen, dass es sich um die *Roamar* aus Cartagena handelte.

Loewes Gesicht war anzumerken, dass er sich mit einer schwierigen Frage abquälte. Nach einigen Augenblicken des Nachdenkens traf unser Kommandant eine Entscheidung, die er für den Rest seines Lebens gründlich bedauern sollte.

»Versenk' sie, Stolzenburg, aber mach' schnell.«

Der erste Schuss in den Rumpf des Schiffes reichte, um die Mannschaft zu veranlassen, das Schiff aufzugeben. Wir warteten, bis die auf Spanisch nahezu hysterisch schreienden Seeleute vom Schiff frei waren, dann eröffneten wir das Wirkungsschießen. Unser Deckgeschütz brauchte nur wenige Minuten, um aus dem 100-BRT-Schoner Kleinholz zu machen. Danach verließen wir sofort das Seegebiet, weil anzunehmen stand, dass es dem Segelschiff schon längst zuvor gelungen war, eine Meldung über unsere Anwesenheit zu funken.

Formal gesehen war unser Handeln, in einer erklärten Kriegszone gegen ein Schiff vorzugehen, das sich geweigert hatte, beizudrehen und die Inspektion seiner Ladung zu gestatten, nicht zu beanstanden. Dennoch war uns praktisch keine andere Wahl geblieben, als die *Roamar* als schwimmendes Beweisstück unserer Anwesenheit in dem Seeraum zu versenken.

Trotzdem konnte Loewe das Gefühl nicht abschütteln, einen kapitalen Bock geschossen zu haben. Der Kapitänleutnant, der bislang immer die Ruhe in Person gewesen war, begann schrecklich nervös und gequält zu wirken. In den folgenden Tagen verschlechterte sich seine körperliche Verfassung dramatisch und es schien fast so, als flüchte er sich förmlich ins Kranksein. Unser I Wo Herbert Nollau konnte nicht umhin, immer mehr die alltäglichen Pflichten des Kommandanten zu übernehmen.*

* * *

* Aufgrund seiner Leistungen während dieser Notsituation wurde Oberleutnant Nollau nach der Rückkehr von dieser Fahrt zum Kapitänleutnant befördert und erhielt das Kommando über ein eigenes Boot vom Typ IX C/40. *U 534* wurde am 5. Mai 1945 im Kattegatt nordwestlich von Helsingør von einen britischen »Liberator«-Bomber B 24 angegriffen und versenkt. Der Besatzung gelang es noch rechtzeitig, *U 534* vollzählig zu verlassen, wobei jedoch drei Mann vor Erschöpfung starben. 1993 wurde das Boot, das kein Kriegsgrab war, gehoben und befand sich mehrere Jahre lang als Exponat im Besitz des Warship Preservation Fund im englischen Birkenhead. Nach Schließung des Museums auf Grund von Insolvenz im Februar 2006 ging es im Juni 2007 an Merseytravel in Merseyside als Ausstellungsattraktion über.

Der Juli 1942 war geprägt von der erfolglosen Suche nach weiteren Schiffen, die uns vor der südamerikanischen Küste rauf und runter führte. Irgendwie argwöhnten wir, dass den Alliierten ständig unsere Position bekannt war und der Schiffsverkehr an uns vorbeigeleitet wurde. Wie sich nachträglich herausstellte, war unser Verdacht nicht unbegründet. Was wir zum damaligen Zeitpunkt nicht wussten, war, dass die Alliierten unsere Positionen nicht mehr nur durch Triangulation mit Hilfe der Funkpeilung ermittelten, weil es ihnen nämlich gelungen war, den streng geheimen Marinefunkschlüssel M für den Funkverkehr der deutschen U-Boote (Schlüsselbereich »Triton«) zu knacken, der mit der Chiffriermaschine »Enigma« verschlüsselt wurde. Daher konnten sie unsere geheimsten Funksprüche zwischen den U-Booten und der U-Boot-Führung entziffern und den Inhalt mitlesen.

Auch an Bord waren unsere Schwierigkeiten nicht weniger geworden. Kaleu Löwe war nach wie vor nur noch ein Schatten seiner selbst und Nollau blieb nichts anderes übrig, als auch weiterhin den Großteil der Pflichten des Kommandanten zu übernehmen. Zu allem Überfluss herrschte mit Stärke sieben ein außerordentlich hoher Seegang. *U 505* rollte dermaßen, dass buchstäblich alles an Bord festgezurrt werden musste, damit es nicht auf die Flurplatten geschleudert wurde. Die Wucht der Wellen war so stark, dass sogar die Verschlussklappe eines unserer vorderen Torpedorohre beschädigt wurde. Sämtliche Besatzungsmitglieder hatten ihre liebe Müh und Not, sich mit viel Anstrengung überhaupt auf den Beinen zu halten; und wer Pech hatte, konnte im Schlaf aus der Koje fallen. Zumindest ein Gutes hatte das schlechte Wetter: es hielt die alliierten Flugzeuge am Boden fest.

In der letzten Julinacht konnten wir eine dem Nordlicht ähnliche, aber weitaus seltenere Naturerscheinung beobachten: ein Elmsfeuer. Dieses elektrostatische Phänomen ließ den gesamten Turm und das Oberdeck für Minuten in einem geheimnisvollen bläulich-violetten Lichtschein erglühen.

Die alten, meist abergläubischen Seemannsgeschichten, die sich um Elmsfeuer ranken, bildeten jedenfalls hinreichend Gesprächsstoff.

Da sich Loewes Verfassung weiter verschlechterte, wurde allmählich klar, dass dahinter körperliche Ursachen und nicht allein nur das Mitgenommensein durch den Schoner-Zwischenfall stecken mussten. Am 1. August ging daher ein Funkspruch an die U-Boot-Führung, dass wir infolge des bedenklichen Gesundheitszustandes unseres Kommandanten den Rückmarsch zum Stützpunkt antraten. Unsere Sorge um das Leben von Kapitänleutnant Loewe war weitaus größer als unsere Enttäuschung, mit nur drei Siegeswimpeln zurückzukehren.

Am Nachmittag des 3. August wurden wir abrupt gezwungen, einem angreifenden Flugzeug durch Schnelltauchen noch im letzten Moment zu entkommen. Die Maschine stieß so dicht auf uns herab, dass wir das Dröhnen ihrer Motoren im Inneren des Unterseebootes während des Tauchvorgangs erschreckend laut hören konnten. Offensichtlich hatte die Brückenwache sich von dem Piloten überraschen lassen.

Zu unserem allgemeinen Erstaunen schleppte sich wenig später Kaleu Loewe mühsam, aber wenigstens mit etwas Farbe in dem Gesicht, aus seiner Kammer. Mit klarer und fester Stimme appellierte er völlig ruhig an die gesamte Mannschaft, niemals und zu keiner Sekunde die unbedingte Notwendigkeit äußerster Wachsamkeit zu vergessen. Auch wenn keine Bestrafungen ausgesprochen wurden, waren diese Worte Strafe genug für uns. Lediglich der Mann, dessen Unaufmerksamkeit auf Wache hauptsächlich für den verspäteten Alarm verantwortlich war, wurde vor der nächsten Feindfahrt auf ein anderes Boot versetzt, doch ohne, dass seine Papiere einen Tadel erhielten.

Ich schäme mich nicht, zuzugeben, dass auch mir die brenzlige Situation, die unser aller Tod hätte bedeuten können, mächtig in die Glieder gefahren war. Umso mehr erschien mir der dröhnende Klang unserer Dieselmotoren, der mich so oft schon genervt hatte, nun wie eine herrliche Begleitmusik auf dem Weg zurück zu unserem Stützpunkt. Ostwärts der Antillen trafen wir uns mit *U 463*, um unseren Dieselvorrat zu ergänzen. *U 463*, vom Typ XIV, kommandiert von Korvettenkapitän z. V. Leo Wolfbauer, einem österreichischen U-Boot-Veteranen des Ersten Weltkrieges, war kein Kampfboot, sondern ein Versorger, eine sogenannte Milchkuh. Zum Glück für uns war die See ruhig und es gab keine Schwierigkeiten, einen Schlauchanschluss zur Treibstoffübernahme herzustellen. Nachdem 25 Kubikmeter Diesel in unsere Tanks gepumpt worden waren, wünschten wir dem »edlen« Spender mit dem dicken Bauch ein herzliches Lebewohl. Miteinander waren wir erleichtert, dass während des Tankvorgangs kein Flugzeug aufgetaucht war, denn in dieser verwundbaren Verbindungssituation waren bereits mehrere U-Boote durch Luftangriffe versenkt worden. Leider wurde dann *U 463*, aufgetaucht fahrend, am 16. Mai 1943 von einem »Halifax«-Bomber in der Biskaya durch Wasserbomben mit der gesamten Besatzung von 57 Mann versenkt. Es versteht sich von selbst, dass wir von dieser Nachricht ganz besonders betroffen waren.

Bei den Azoren hatten wir ein weiteres Rendezvous, diesmal mit *U 214*, das sich auf dem Ausmarsch befand. Im Grunde genommen handelte es sich dabei um die Begegnung zweier einsamer streitender Wölfe, von denen der eine aus dem Kriegsrevier zurückkehrte, während der andere dorthin unterwegs war. Eine gewisse Situationskomik bestand darin, dass Kapitänleutnant Günther Reeder, der *U 214* befehligte, sich mit seinem schwerfälligen friesischen Dialekt als Erstes danach erkundigte, ob wir eventuell Tee übrig hätten, den wir entbehren könnten. Davon hatten wir wahrlich noch genug, denn trotz aller Versuche des Kommandanten, uns den Tee als Getränk schmackhaft zu machen, waren wir mehrheitlich doch lieber beim Kaffee geblieben. Die Trennung von zwei großen Büchsen Tee für Reeder war daher ein Leichtes. Nachdem die Offiziere gegenseitig noch ein bisschen neuesten Tratsch ausgetauscht hatten, wünschten wir einander viel Glück und setzten jeder für sich seinen Weg fort. Und wohl nicht nur ich fragte mich, ob dieses kleines »Teetreffen« mitten im Ozean mit den Männern von *U 214* das letzte Mal gewesen war, dass wir einander gesehen hatten.

Als wir uns der Biskaya näherten, nahm die Zahl der britischen Luftpatrouillen derart zu, dass wir gezwungen waren, die gesamte Länge des Golfes unter Wasser zu durchqueren und nur gelegentlich aufzutauchen, um das Boot zu durchlüften und die Batterien aufzuladen. Vertrackterweise begannen wir nun auch noch navigatorische Schwierigkeiten zu bekommen. Unser Kreiselkompass bereitete wieder einmal Probleme, wobei erschwerend hinzukam, dass gleichzeitig irgendwelche magnetischen Felder Deviationen an unserem Magnetkompass hervorriefen. Mit dem Sextanten ein Besteck zu nehmen, war wegen der permanenten Gefahr durch Flugzeuge auch nur sehr bedingt möglich, und manchmal ließ eine geschlossene Wolkendecke nicht einmal mehr dieses zu. Als Folge fuhren wir einen mehr oder weniger geschätzten Kurs, bei dem Abweichungen von dem eigentlich gewollten an bis zu fünf Grad nicht auszuschließen waren.

In der Nacht vom 24. August standen wir trotz allem dennoch dicht genug vor Lorient, um aufzutauchen und um einen Funkleitstrahl zu ersuchen, der uns den Rest des Weges führte. Das klappte, der Empfang war gut und wir waren imstande, unseren Kurs zu berichtigen. In der Morgenfrühe begegneten wir einer Anzahl französischer Fischerboote, die sofort ihre Navigationslichter einschalteten. Ob das als freundliche Begrüßung gemeint oder als Verrat unserer Position an die Briten gedacht war, ließ sich nicht sagen. Um auf Nummer sicher zu gehen, tauchten wir, bis wir weit außer Sicht waren.

Am Nachmittag stießen wir am Treffpunkt »Luci 2« auf unsere Geleitsicherungsboote. Innerhalb weniger Stunden lagen wir sicher vertäut im Hafen von Lorient an unserer Pier. Erneut begrüßten uns eine Militärkapelle und Korvettenkapitän

Victor Schütze, unser Flottillenchef. In der lärmenden Menge, die sich zu unserem Empfang eingefunden hatte, entdeckte ich Jeanettes strahlendes Gesicht. Sie sah hübscher aus denn je, und mein Herzschlag beschleunigte sich vor Freude.

Natürlich waren wir froh, mit heiler Haut zurück im Hafen zu sein. Doch irgendwie hielt sich, während wir angetreten auf dem Oberdeck standen, unsere Begeisterung in Grenzen, da wir auf dieser Feindfahrt schließlich nur zwei Versenkungen, die wirklich zählten, aufweisen konnten, und zudem beschäftigte uns die Sorge um unseren Kommandanten.

5. Kapitel

Ein neuer Kommandant

Die nächsten Tage verbrachten wir damit, *U 505* zu entladen und für die Verlegung in die schützende Bunkeranlage vorzubereiten. Sobald alles erledigt war, bekamen wir endlich Ausgang bewilligt. In Lorient hatte sich seit unserem letzten Aufenthalt äußerlich manches verändert. Durch die schweren Bombenangriffe der Briten boten das Hafengebiet und etliche andere Teile der Stadt ein Bild der Verwüstung. Seltsamerweise war das Vergnügungsviertel jedoch ziemlich unbeschadet davongekommen.

Die dort tätigen »Damen« freuten sich über den verstärkten Zulauf zahlender Kunden, zumal wenn diese auch noch Zigaretten oder Schokolade springenließen. Insgeheim versuchte ich natürlich nach wie vor zu glauben, dass Jeanette mich um meiner selbst liebte, doch ein paar zusätzliche Geschenke konnten dennoch nicht schaden. Jedenfalls war es wunderbar, wieder an Land zurück zu sein. Selbst die Kettenhunde schritten nicht gegen uns ein, wenn wir in Gruppen singend und grölend von Lokal zu Lokal torkelten, um noch einen und noch einen weiteren »zur Brust zu nehmen«. Ein Loch im Drahtzaun, der die Unterkünfte umgab, und das wir zufällig entdeckt hatten, machte es möglich, dass wir uns nächtens auch noch später als eigentlich erlaubt unbemerkt heimschleichen konnten. Klar, dass wir morgens nicht immer die Frischesten und Muntersten waren.

Die medizinische Diagnose bei unserem Kommandanten hatte ergeben, dass bei ihm eine schwere Blinddarmentzündung aufgetreten war; eine sofortige Operation rettete ihm das Leben.

Und noch etwas stellte sich heraus: Das quälende Empfinden, das Loewe seelisch so zugesetzt hatte, mit der Versenkung des Dreimastschoners einen kolossalen Fehler begangen zu haben, hatte ihn nicht getrogen. Der Eigner der *Roamer* war nämlich ein kolumbianischer Diplomat gewesen, und sein Land nahm den Vorfall zum Anlass, Deutschland den Krieg zu erklären! Unter militärischen Gesichtspunkten zeitigte die Kriegserklärung Kolumbiens in etwa den gleichen Effekt wie das Anbellen des Mondes durch einen Hund. Doch für Loewes Karriere war sie katastrophal: Er wurde als Kommandant von *U 505* abgelöst. Admiral Dönitz, der um die Qualitäten unseres Kommandanten wusste, arrangierte seine Versetzung in den BdU-Stab. Ein Posten, den wohl die meisten Marineoffiziere nur zu gern angetreten hätten, nicht jedoch Loewe. Wie schwer es ihm fiel, von Bord zu gehen, um an Land Dienst zu tun, merkten wir überdeutlich bei seiner Abschiedsansprache an uns alle. Viele von uns bekamen feuchte Augen, denn besonders für uns Jüngere war Axel-Olaf Loewe so etwas wie ein Vater gewesen, jemand auch, der uns die Überlebensregeln im U-Boot-Krieg nachhaltig beigebracht hatte.

* * *

Nachdem die erste Gruppe der Besatzung auf Urlaub gefahren war, kam unser neuer Kommandant an Bord: Kapitänleutnant Peter Zschech. Jung, stattlich und kultiviert, entsprach er äußerlich perfekt dem Bild der neuen Generation von U-Boot-Kommandanten, die das Reichspropagandaministerium bevorzugt herausstellte. Bei seinem vorherigen Kommando war er I WO auf *U 124* gewesen, dem berühmten »Edelweiß-Boot« von Johann (»Jochen«) Mohr, einem U-Boot-Ass[10]. Nach unserem ersten persönlichen Eindruck war er intelligent, selbstbewusst, aber ein wenig auf Distanz bedacht – wie ein Aristokrat. Es dauerte jedoch nicht lange bis wir herausfanden, dass hinter seiner Reserviertheit sich ein cholerisches Temperament verbarg. Seine unvermittelten Ausbrüche von Zorn und allgemeiner Launenhaftigkeit standen in scharfem Kontrast zu Loewes ruhiger Art und Weise der Führung.

Zudem erschien Zschech geradezu erpicht darauf zu sein, an den Feind zu kommen, und scheute dabei tatsächlich auch nicht davor zurück, seinen bisherigen Kommandanten als zu zaghaft zu kritisieren! Dies nahmen wir mit absoluter Skepsis auf, da Mohr nicht ohne Grund als einer unserer erfolgreichsten U-Boot-Kommandanten galt. Wir argwöhnten, dass Zschech unter »Halsschmerzen« litt, einem Symptom, das viele junge Offiziere hatten und das nur durch das Tragen des Ritterkreuzes um den Hals kuriert werden konnte.

Da Zschech erst vor Kurzem zum Kommandanten ernannt worden war, schrieben wir seine Äußerungen einem gewissen Überschwang zu. Trotz seiner Unerfahrenheit begleitete Zschech immerhin die ausgezeichnete Empfehlung, von *U 124* zu kommen, und vielleicht würden ja dessen Erfolge (mehr als 100.000 BRT versenkt) auf unser Boot abfärben.

Als Ersatz für unseren I WO, Herbert Nollau, der zur Übernahme seines eigenen Bootes abkommandiert wurde, kam Oberleutnant Thilo Bode an Bord, ein enger persönlicher Freund Zschechs und wie dieser Absolvent des Offiziersjahrgangs 36. An Arroganz ließ Bode es von Anfang an nicht mangeln. Sich seiner neuen Besatzung vorzustellen hielt er nicht für nötig, so wie er sich auch gegenüber den Mannschaftsdienstgraden nur mit deutlicher Geringschätzung verhielt. Nicht sonderlich geheuer war uns auch die Art seiner »Freundschaft«. Die beiden verbrachten lange Stunden in trauter Zweisamkeit und hielten zuweilen sogar in Anwesenheit der Besatzung Händchen.

Der einzige neue Offizier, über den wir absolut nicht rätseln mussten, war Oberleutnant Josef Hauser. Dieser großspurige Ingenieuroffizier mit dem Kindergesicht gab sich so, als ob er über ein U-Boot alles wüsste, aber es wurde ganz schnell offensichtlich, dass er von fast nichts eine wirkliche Ahnung hatte. Unser LI, Kapitänleutnant (Ing.) Fritz Förster, musste Hauser als Instrukteur erst einmal eine Art Grundeinweisung in dessen Aufgaben verpassen. Dessen ungeachtet, hätte es Hauser bei einem der ersten von ihm selbst geleiteten Schnelltauchmanöver beinahe geschafft, uns alle umzubringen, als er mit dem Bug von *U 505* Grundberührung mit dem Meeresboden bekam. Nur das rasche Eingreifen Försters bewahrte uns vor dem Schlimmsten.

Ich war Ohrenzeuge, als Förster dem neuen Ingenieuroffizier die Leviten las: »Dieses Unterseeboot ist nicht Ihr persönliches Spielzeug! Denken Sie stets daran, dass noch weitere neunundvierzig Menschen mit an Bord sind, die nach dieser Feindfahrt nach Hause zurückkehren wollen.«

Mir ist, als hätte ich daraufhin gemurmelt: »Amen, das war's!«

Unbestreitbar war, dass diese neue Art von Offizierstypen beim Gros der Besatzung nicht gut ankam. Als Vorgesetzte handelten sie, als sei Furcht vor ihnen eine bessere Motivation als Respekt. Es war der völlige Kontrast zu Loewes Führungsverhalten, für den auf einem Unterseeboot nicht primär der Rang zählte, sondern der Mann, der seine Aufgabe voll und ganz erfüllte!

Der alte Spruch von den neuen Besen, die besonders gut kehren, galt auch beim Militär. Jeder neue Kommandant versucht stets, in seiner Einheit »gewisse Veränderungen vorzunehmen«, um seine Autorität zu demonstrieren und dadurch zu festigen. Im Falle unserer drei neuen Offiziere waren wir jedoch der Ansicht, dass sie im Begriff standen, dabei zu weit zu gehen. Selbst unsere gestandenen »alten Hasen« Förster und Stolzenburg teilten diese Meinung. Kommandant Zschech und seine Freunde Bode und Hauser schienen alle Ratschläge unserer bewährten Offiziere als Einmischung persönlich übelzunehmen. Besonders Förster, obwohl als Leitender Ingenieur vom Rang her sogar dienstälter als Kapitänleutnant Zschech, war ihnen ein Dorn im Auge. Doch auf Grund von Försters unverzichtbar großem technischem Erfahrungsschatz ließen sie ihn schließlich in Ruhe.

Im Vergleich zu dem, was uns restlichen Besatzungsmitgliedern zugemutet wurde, war das alles aber noch harmlos. Zschech verordnete uns eine Infanteriekampfausbildung. An uns wurden nagelneue Mehrladekarabiner 98k von Mauser ausgegeben und wir sofort entsprechend intensiv gedrillt. Vor allem das nach jeder Übungseinheit angesagte ständige Waffenreinigen weckte nicht gerade Begeisterung und das ebenso permanent erforderliche Säubern unserer total verdreckten Uniformen auch nicht. Wir fragten uns alle, was zum Teufel dies Ganze eigentlich mit dem Dienst auf einem Unterseeboot zu tun hatte, und immer mehr von uns begannen insgeheim über unseren neuen Kommandanten zu murren.

* * *

Während wir im Schlamm Infanteristen spielten, wurde *U 505* überholt und auch modifiziert. Um die Notwendigkeit von Treibstoffergänzungen in See durch die »Milchkühe« zu verringern, wurde die Tankkapazität für die Aufnahme von Diesel erhöht. Die Anregung für diesen Umbau stammte übrigens noch von unserem alten Kommandanten, Kapitänleutnant Loewe. Weitaus wichtiger aber war, dass wir mit einem der ersten Funkmessbeobachtungsgeräte, dem neuen FuMB 1 »Metox«, ausgerüstet wurden. Diese Frühwarnanlage besaß einen an ein Kreuz erinnernden Masten, dessen Rahmen mit einigen Lagen Metalldraht umwickelt war. Das System diente dazu, feindliche Schiffe oder Flugzeuge, die mit Radar ausgerüstet waren, durch Ortung der vom Radargerät ausgestrahlten Radiowellen auszumachen und ihnen dadurch entkommen zu können. Mit dem Metox verband sich die Erwartung, unliebsame und vor allem tödliche Überraschungen durch Luftangriffe zu verhindern. Seinen Spitznamen »Biskaya-Kreuz« verdankte dann dieser Radardetektor sehr schnell der entscheidenden Bedeutung, die ihm beim gefährlichen Durchqueren der Biskaya zuteil wurde.

Ende September waren die Arbeiten auf unserem Boot beendet. Einhergehend mit dem Kommandantenwechsel war *U 505* auch ein neues Wappen verpasst worden. Loewes Streitaxt schwingender Löwe am Turm hatte den olympischen »Ringen« als Emblem weichen müssen, das versinnbildlichte, dass Zschech der Crew 36 (benannt nach dem Olympiajahr) der Marineschule angehörte – wie etwa auch der erste Kommandant von *U 995*, Kapitänleutnant Walter Köhntopp, der ebenfalls dieses Symbol wählte. Immerhin gestattete Zschech als Zugeständnis, dass wir wenigstens die Streitaxt aus Loewes Wappen quasi als Zeichen der Kontinuität beibehalten durften.

Anfang Oktober begann die übliche Knochenarbeit des Verstauens von Munition und Vorräten im Boot. Die Stimmung innerhalb der Besatzung war ziemlich gemischt. Was Loewes Nachfolger Zschech betraf, waren die Meinungen darüber geteilt, ob er der richtige Mann war. Doch den Makel, der sich seit dem Zwischenfall mit dem kolumbianischen Schoner mit *U 505* und uns verband, wollten wir gleichfalls vergessen machen. Kapitän zur See Eberhard Godt, der Chef von BdU op. bei Admiral Dönitz, hatte einen Eintrag in unser KTB vorgenommen, der nichts an Deutlichkeit zu wünschen übrigließ: »Infolge Krankheit des Kommandanten vorzeitiger Abbruch der Feindfahrt. Durch Stoppen des Verkehrs in dem Seegebiet wenig Angriffsmöglichkeiten gegeben. Versenkung des kolumbianischen Segelschiffes hätte besser unterlassen werden sollen. Keine weiteren Bemerkungen.« Neuer Kommandant hin oder her, wir waren entschlossen, uns auf dieser nächsten Feindfahrt zu rehabilitieren.

Punkt 18.00 Uhr am 4. Oktober 1942 brachen wir auf. Unsere Fahrt aus dem Hafen von Lorient gestaltete sich aber etwas anders als beim letzten Mal. Alle für den Bordbetrieb nicht unabkömmlichen Besatzungsangehörigen mussten sich auf dem Oberdeck aufhalten, bis wir den Wellenbrecher passiert hatten. Eine rote Boje im Fahrwasser markierte jene Stelle, an der wenige Wochen zuvor ein zurückkehrendes U-Boot auf eine Mine aufgelaufen war, die in der Nacht zuvor von einem feindlichen Flugzeug platziert worden war. Das Boot sank direkt vor den Augen der entsetzten Zuschauer, die zur Verabschiedung erschienen waren. Lediglich zwei Angehörige der Besatzung überlebten, obwohl die Wassertiefe am Ort des Geschehens nur etwa zehn Meter betrug. Der enorme Detonationsdruck hatte vielen der Männer das Rückgrat gebrochen. Dieser Vorfall hatte zur Folge, dass für alle ein- und auslaufenden Boote nunmehr die Anweisung galt, alle Mann, so nicht anderweitig benötigt, hätten sich, mit Schwimmwesten versehen, auf dem Oberdeck einzufinden – und zwar kniend. Eine Vorsichtsmaßnahme, die Wirbelsäulenverletzungen vermeiden helfen sollte.

Als Zentralegast hatte ich ohnehin fast immer die Pflicht, während derartiger Fahrten im Hafenbereich meine Position im Inneren des Unterseebootes besetzt zu halten. Meine innere Einstellung entsprach dabei – wie auch sonst – der eines völligen Fatalisten. Mein damaliger Standpunkt war, so glaube ich zumindest nachträglich, unter jungen Seeleuten allgemein verbreitet – vielleicht besonders verstärkt bei jenen, die ihren hochgefährlichen Dienst in der U-Boot-Waffe versahen. Wir verbrachten keine Zeit damit, darüber nachzudenken, was mit uns geschehen könnte. Der Tod konnte uns heute oder morgen ereilen oder auch erst am Ende eines langen Lebens kommen. Was immer das Schicksal für mich vorgesehen haben mochte, ich würde es, wenn es so weit war, annehmen. »C'est la vie!«, pflegen die Franzosen zu sagen, ein mir durchaus sympathischer Ausspruch.

* * *

Es war noch nicht einmal eine knappe Stunde vergangen, seit wir den Hafen von Lorient verlassen hatten, als wir einen Vorgeschmack dessen erhielten, was uns sonst noch so auf See unter Kapitänleutnant Zschech erwarten würde. Wie üblich waren zur Ausreise Turm und Brücke mit Blumen geschmückt worden. Brauch war auch, dass die Brückenwache damit begann, die Blumen über Bord zu werfen, bevor das Land außer Sicht kam, da ansonsten Unglück drohte. Als Zschech das sah, brüllte er, sofort damit aufzuhören. Unserem I WO, der versuchte, zu einer Erklärung dieser Tradition anzusetzen, schnitt der Kommandant mit hochrotem Kopf zornig das Wort ab.

»Ihr Loewe ist nicht mehr der Kommandant dieses Bootes!«, fauchte er Stolzenburg an. »Dies ist mein Boot und ich bin der Einzige, der von jetzt an hier die Befehle gibt. Ich wünsche, dass dies jeder begreift!«

Stolzenburg und seine Männer waren ob dieses Ausbruchs völlig perplex und verlegen. Nicht im Entferntesten hatten sie daran gedacht, Zschechs Autorität in irgendeiner Weise in Frage zu stellen. Für sie war einfach nicht nachvollziehbar, warum der Kommandant so reagiert hatte. Was blieb, war ein unausgesprochener Sarkasmus.

Hoffentlich würde sich Zschech für den Feind als genauso unangenehm erweisen wie für seine eigene Besatzung.

Wir setzten unsere Fahrt nach Westen fort und kämpften uns durch eine schwere, rollende Dünung unseren Weg voran. In der Nacht des 6. Oktober bewährte sich erstmalig das neue Funkmessbeobachtungsgerät »Metox«, indem es uns vor einer anfliegenden alliierten Maschine warnte. Wir tauchten ab, noch bevor der »Bussard« überhaupt in Sicht kam. In der darauffolgenden Nacht erreichte uns ein FT der U-Boot-Führung und setzte uns über unseren vorläufigen Bestimmungsort in Kenntnis: Planquadrat ED 99. Erneut sollten wir wieder in der Karibik operieren, doch diesmal vor der Küste von Trinidad.

Am Morgen fiel unser Backborddiesel aus. Während wir getaucht den Reparaturvorgang abwarteten, meldete unser Horchfunker eine Detonation und schwache Propellergeräusche im Westen. Zschech entschloss sich zu einem Rundblick und brachte *U 505* auf Sehrohrtiefe. Durchs Periskop war nichts zu sehen, doch ging dafür wenige Minuten später der Funkspruch eines anderen U-Bootes ein, das in annähernd fünfzig Seemeilen Entfernung einen kleinen alliierten Geleitzug meldete. Wir empfanden es als ausgemachtes Pech, nicht sofort dorthin wie »dreimal Wahnsinnige« losrauschen zu können, weil einer unserer Motoren ausgefallen war! Unsere Enttäuschung verstärkte sich noch, als unser Horchfunker weitere Detonationen meldete. Uns sei das Glück wegen der Sache mit den Blumen abhanden gekommen, meinte sogar einer, obwohl ich bezweifelte, dass jemand tatsächlich diesen Aberglauben ernst nahm.

Die nächsten Stunden wurden von dem Bemühen bestimmt, diesen verdammten Diesel wieder zum Laufen zu bringen. Da die Motoren gerade erst überholt worden waren, wurde darüber spekuliert, ob es sich um einen hundsgewöhnlichen Defekt handelte, wie er immer mal wieder vorkommen kann, oder ob dahinter nicht doch Sabotage durch einen der Mechaniker auf der Werft in Lorient steckte. Wir versuchten, uns dahingehend selbst zu beruhigen, dass dies jedenfalls kein böses Omen sei.

Als am 11. Oktober die Morgendämmerung anbrach, sichteten wir im Westen Segel. Wir gingen auf Sehrohrtiefe und schlichen uns heran. Auf dem Deck des Schiffes, offensichtlich ein Portugiese, stapelte sich eine Ladung Korkbälle für Fischnetze. Eingedenk der *ROAMAR*-Geschichte ließen wir das Segelschiff unbehelligt weiterziehen und verzichteten darauf, die Ladung auf Konterbande zu untersuchen.

Gegen Ende der zweiten Woche hatten wir den Golf von Biskaya als Gefahrenzone hinter uns und machten uns an die eigentliche Atlantiküberquerung. Dank unseres zuverlässigen »Metox«-Gerätes verlief das Ganze für uns weitaus entspannter als in früheren Tagen.

Am Morgen des 15. bekam ich als Zentralegast die unangenehme Aufgabe zugeteilt, vergammelte Kartoffeln aus den Proviantsäcken auszusortieren, die nach wie vor noch aus

Platzgründen in der Zentrale gelagert werden mussten. Der Modergestank der schwarzen breiigen Knollen ergab zusammen mit den Dieseldämpfen und dem Geruch des Bilgenwassers eine höllische Duftnote, die ich nie vergessen werde. Aber noch widerwärtiger war der schleimige Kartoffelmatsch, der Hände und Arme bis zu den Ellbogen hinauf überzog.

Als ich diese ekelhafte Tätigkeit endlich hinter mich gebracht hatte, gelüstete es mich nach einer Zigarette, um irgendwie den scheußlichen Geruch wieder aus der Nase zu bekommen. Auf der Brücke zündete ich mir eine »Jan Maat« an, die einzige Marke, die uns an Bord zur Verfügung stand und vor dem Krieg »Gold Dollar« geheißen hatte. Das war zwar ein scheußliches Kraut, aber aus unerfindlichen Gründen die einzige Sorte, deren Tabak nach einigen Wochen auf See überhaupt noch nach irgendetwas schmeckte, was man von den besseren Marken-Zigaretten nicht behaupten konnte. Dessen ungeachtet, schmeckte die Jan Maat nach meinem Dafürhalten ziemlich grässlich. Was schlimmer war, der Gestank verfaulter Kartoffeln oder der Jan-Maat-Geschmack, gehörte zu den Fragen, auf die ich keine rechte Antwort wusste.

Dass wir uns überhaupt mit derart unwichtigen Dingen wie Blumen oder dem Geschmack von Zigaretten auseinandersetzten, lag ganz einfach daran, dass es in den langen Pausen zwischen den Angriffen auf einem U-Boot sonst nicht sehr viel gab, womit man sich beschäftigen konnte. Wenn fünfzig Männer, vom Rest der Welt isoliert, in einer langen Sardinenbüchse eingesperrt sind, werden aus Lappalien fast automatisch Bedeutsamkeiten. An sich belanglose Geschichten machten die Runde, wurden immer und immer wieder neu erzählt und dabei jedes Mal noch ein bisschen mehr ausgeschmückt. Doch egal, worum es sich auch handeln mochte – sobald die Alarmglocken schrillten, zählte nur noch, was wirklich wichtig war.

Am 20. Oktober ging ein Funkspruch ein, der bei Kapitänleutnant Zschech garantiert innerlich Befriedigung auslöste, aber für die Besatzung verheerend war: Unser Leitender Ingenieur, Kapitänleutnant Förster, sollte in See auf ein anderes U-Boot übersteigen. Zschech war damit den letzten der früheren Offiziere unseres Exkommandanten Loewe losgeworden. Zwei Tage später kam es kurz nach Sonnenuntergang zum Treffen mit *U 514*, um die Übernahme durchzuführen. Als es hieß, Abschied von unserem »alten« LI zu nehmen, hatten wir Mühe, uns gegenüber Zschechs Offiziersclique nicht anmerken zu lassen, wie bewegt und zugleich betroffen wir waren. Mit *U 514* entschwand auch der Mann, der nach Zschechs Dafürhalten ihm gegenüber nicht bedingungslos an seine Führungsautorität geglaubt hatte.

Nach Försters Weggang ließen Zschech und sein I WO, Thilo Bode, ihre Muskeln als Vorgesetzte erst so richtig spielen. Gegen die permanenten Übungen, die abgehalten wurden, gab es im Prinzip auch nichts einzuwenden. Aufgaben aus dem Effeff zu beherrschen erhöhte nun einmal die Überlebenschancen im U-Boot-Krieg. Doch selbst wenn wir die uns gestellten Aufgaben in neuen Rekordzeiten bewältigten, anerkennende Worte für unsere Tüchtigkeit gab es nie. Dafür aber neue Schikanen.

Mir wurde beispielsweise die »Ehre« zuteil, den Offizieren in ihrer Messe aufwarten zu dürfen. So wie die Herrschaften sich aufführten, hätte man meinen können, sie speisten in Paris in einem noblen Restaurant, hielten sich aber für zu fein, das beanstandete Gericht in die Küche zurückgehen zu lassen. Als Servierender musste man sich ständig die höhnisch-arroganten Beschwerden über das, was auf die Teller kam, anhören und durfte nichts sagen, ausgenommen »Jawohl, Herr Soundso«. Und wehe demjenigen, der nicht aufmerksam stramm genug dastand, während sie ihre Mahlzeiten zu sich nahmen! Das galt als ernstes Vergehen, das entsprechend geahndet werden musste, und so fand ich mich nicht nur einmal in den Eingeweiden des Bootes wieder, um die Bilge zu reinigen.

* * *

Als der Oktober sich seinem Ende zuneigte, trafen wir in unserem Einsatzraum vor der südamerikanischen Küste ein. Unser Auftrag lautete, im Schlangenkanal, der schmalen Meeresstraße zwischen Trinidad und der Küste Venezuelas, nach Möglichkeit speziell Tanker aufzubringen. Doch die ließen sich nicht blicken und wir hatten nur mit der dort herrschenden Hitze zu kämpfen. Die einer Sauna gleichenden Bedingungen im Bootsinneren und die ständigen Schikanen der Offiziere führten zu einer explosiven Stimmung an Bord. Nichtigkeiten genügten, dass Männer sich in die Haare gerieten und auch schon mal die Fäuste fliegen ließen. Üblicherweise war das aber immer schnell vorbei, endete in einem befreienden Gelächter über die eigene Idiotie, man vertrug sich wieder und beschloss, diese kleine Kampfeinlage einfach zu vergessen. Echte Kampfeinsätze hingegen blieben aus. Im Gegensatz zu allen Erwartungen begegneten wir jedoch keinem Schiffsverkehr, der den Kanal passierte. Tagelang hockten wir in unserer stählernen Röhre rum und warteten auf Ziele, die nicht kamen.

Ich vertrieb mir die Zeit damit, heimlich unseren neuernannten Leitenden Ingenieur Hauser dabei zu beobachten, wie er sich in der Offiziersmesse zurechtmachte. Der »Waschbär«,wie wir ihn getauft hatten, konnte Ewigkeiten vor dem Spiegel verbringen, um in dem Bemühen, wie ein echter Seebär auszusehen, an seinem mickrigen Bart rumzumachen und dann theatralische Posen einzuüben, von denen er vermutlich annahm, sie würden seine Autorität steigern. Natürlich war ihm nicht bewusst, dass er vom Zentraleluk aus beobachtet werden konnte.

Groß Respekt hatten wir vor diesem Burschen allerdings nicht, zumal er fachlich im Vergleich zum guten »alten« Förster entschieden viel weniger auf dem Kasten hatte. Doch echt nervtötend war sein Barttick. Wer vom technischen Personal die »Frechheit« besaß, sich einen richtigen Bart wachsen zu lassen, der besser aussah, als der seine, hatte fortan Probleme.

Dem »Waschbär« beliebte es, solche Leute für den kleinsten Verstoß gegen was auch immer durch Abzug von Tagen für den nächsten Urlaub zu bestrafen.

Doch neben Zschech selbst blieb dennoch unser I WO Thilo Bode die größte Pestbeule an Bord. Er war ein durch und durch unangenehmer Charakter mit der Veranlagung, jeden, so sehr es nur irgendwo ging, herunterzuputzen und als faul und unfähig darzustellen. Was uns betraf, so hielten wir ihn eher für denjenigen, der unfähig war. Seine bevorzugte Bestrafung gegenüber uns bestand darin, uns zusätzliche Wachdienste aufzubrummen, etwa weil jemand während der Arbeit leise vor sich hin gesummt hatte.

Dem I WO verdankte auch ich so manche bleibende Erinnerung. Einmal, es war nach Mitternacht und ich versuchte, während meiner sechsstündigen Freiwache eine Mütze Schlaf zu bekommen, wurde ich wachgerüttelt und bekam gesagt, ich hätte mich unverzüglich bei Bode auf der Brücke zu melden. Ich brauchte keine Minute, um in die Klamotten zu springen und den Niedergang zur Brücke hinaufzuhechten, wobei ich mich fieberhaft fragte, welcher technische Notfall wohl eingetreten sein mochte, der meine sofortige Anwesenheit erforderlich machte.

Ich nahm Haltung vor Bode an und meldete: »Maschinengefreiter Göbeler wie befohlen zur Stelle.«

»Göbeler, bring' uns etwas Kaffee – und BEEILUNG!«

Ich glaubte meinen Ohren nicht trauen zu können. Wegen solch eines Kinkerlitzchens einen Freiwächter seines wohlverdienten Schlafes zu berauben, das hätte es unter Loewe nie und nimmer gegeben. Dennoch stand selbstverständlich außer Frage, dass ich zu gehorchen hatte. Also flitzte ich runter in die Kombüse, wo mein Freund Toni mit seinem sechsten Sinn für die Launen unserer neuen Offiziere bereits Wasser auf dem Herd aufgesetzt und am Kochen hatte. Meine Rückkehr auf die Brücke mit einer heißen Tasse frischen Kaffees und Tassen erfolgte daher in Rekordzeit. Ich meldete mich zurück und begann mit dem Ausschenken, wobei der I WO, wie es sich gehörte, als Erster bedient wurde. Als alle versorgt waren, trat ich wieder den Rückweg über die Leiter in die Zentrale an. Urplötzlich verspürte ich einen höllisch brennenden Schmerz, der sich auf meinem Kopf ausbreitete. Bode hatte seinen heißen Kaffee auf mich runtergekippt und schrie: »Ich sagte frischen Kaffee, wie kannst du es wagen, mir dieses stinkende Bilgenwasser vorzusetzen. Sorg gefälligst sofort für richtigen Kaffee!«

»Jawohl, Herr Oberleutnant!«

In der Kombüse war Toni, der jedes Wort mitgehört hatte, bereits dabei, neuerlich Kaffee aufzubrühen. »Lass dich bloß von dem nicht provozieren«, flüsterte mir Toni warnend zu. »Der wartet doch nur drauf, dir was anzuhängen und dich deswegen bestrafen zu können.«

Von oben brüllte Bode bereits ungeduldig herunter, wo denn endlich sein Kaffee bliebe.

»Hier, bring' dem Arschloch sein Zeug«, sagte Toni und schenkte mir eine neue Tasse voll.

Mit der rechten Hand an Holm der Leiter, in der linken die Tasse balancierend, turnte ich wieder zur Brücke hinauf. Mein Verhängnis war, dass mir dabei ein wenig Kaffee aus der Tasse herausschwappte. Für Bode Grund genug zu einem neuerlichen Wutausbruch.

»Ich habe nicht nur eine neue, sondern auch eine v o l l e Tasse erwartet! Also das Ganze gefälligst noch mal, wenn ich bitten darf, und zwar zack, zack!« Mit schreckensweit aufgerissenen Augen verfolgten die restlichen Angehörigen der Wache fassungslos, was da gerade ablief. In der Kombüse legte mir Toni beruhigend den Arm um die Schulter und wisperte mir zu: »Das kriegen wir schon, Hans. Nimm einfach einen Mundvoll Kaffee mit auf den Weg nach oben bis du an den letzten Sprossen des Niedergangs bist. Damit füllst du dann die Tasse wieder bis zum Rand auf. Du wirst sehen, das klappt, und der Heini wird den frischen Kaffee mögen!«

Wie gesagt – so getan. Bode zeigte sich zufrieden, merkte aber dennoch an: »Warum nicht gleich so, Göbeler!«

Aus Angst, vor Lachen gleich losprusten zu müssen, machte ich, dass ich wieder von der Brücke kam.

* * *

Schiffsziele für uns hatten wir noch immer keine gefunden, dafür aber in der ansonsten leeren Weite des Ozeans einige nette Bekanntschaften gemacht. Mit Delphinen etwa, die wie naseweise Kinder begeistert unser Boot umkreisten und uns die Kunst ihrer eleganten Sprünge aus dem Wasser vorführten. Eine Flugdemonstration der besonderen Art bekamen wir auch von einem Schwarm fliegender Fische geboten. Zu Hunderten sprangen die kleinen »Heringe« mit den außergewöhnlich großen Brustflossen bis zu fünf Metern Höhe aus ihrem nassen Element und segelten dann über die blaugrünen Wellen, bis sie nach fünfzig oder sogar noch mehr Metern wieder ins Wasser eintauchten.

In Anbetracht des von Zschech verordneten ständigen Ausbildungsdrills mit allen möglichen Übungen, waren das wenigstens Momente, die unsere Stimmung zumindest kurzfristig aufzuhellen vermochten.

Eine schon eher kuriose Unterbrechung der üblichen Routine verdankten wir unserem Funkmaaten, der zugleich auch als Sanitäter an Bord fungierte. Eines schönen Nachmittags tauchte er mit einer Liste und einem großen Vergrößerungsglas bewaffnet bei uns in der Zentrale auf. Er war auf der Jagd nach jenen kleinen Biestern, die wir »Luftwaffen-Antilopen« nannten. Einen nach dem anderen rief er mit dem Namen auf und wir ließen unsere Hosen herunter, damit er mit scharfem Blick auch unter der Gürtellinie nach den winzigen »Trampern« Ausschau halten konnte, die sich nach dem Lorient-Aufenthalt eventuell mit an Bord geschlichen hatten. Trotz unserer spärlichen Gelegenheiten, ein Bad im Meer zu nehmen, war die

Mehrheit »sauber«. Die armen Kameraden, bei denen der Sani jedoch fündig wurde, bekamen nicht nur die entsprechenden Mittelchen verpasst, sondern auch jede Menge Spott und Witzchen von uns darüber zu hören. Wesentlich ernster war, dass in besonderem Maße das Maschinenraumpersonal und die Besatzungsangehörigen ständig den Dieseldämpfen ausgesetzt waren und bereits Kaninchenaugen bekamen. Trotz dieser unübersehbaren Symptome blieb Zschech eisern dabei, dass nicht mehr als zwei Männern gleichzeitig gestattet war, oben auf dem Turm frische Luft zu schnappen.

An Allerheiligen erhielten wir von der U-Boot-Führung die Weisung, über Barbados nach Trinidad zu verlegen. Damit verband sich die Hoffnung, in diesem neuen Operationsgebiet auf mehr Schiffsverkehr zu stoßen, den wir ins Visier nehmen konnten. Doch Bekanntschaft machten wir zunächst ausschließlich mit Luftverkehr. Vorgewarnt durch unser Metox wurden wir wiederholt zum Tauchen gezwungen.

Am 7. November signalisierte ein plötzliches Hochfahren der Dieselmotoren von *U 505*, dass sich etwas tat. Es war ein erregendes Gefühl, unser Boot zu spüren, wie es wieder Höchstfahrt lief. Der Bug hob sich über die Kämme der langen, rollenden Wogen, um dann hinunter in die tiefen Täler zu krachen. Das gesteigerte Verlangen der Diesel nach Luft machte sich in einer kühlen Brise bemerkbar, die sich durch die gesamte Länge des Bootes zog. Das Zusammenwirken von ohrenbetäubendem Motorenlärm, heftigem Stampfen des Bugs und des plötzlichen Frischluftschwalls hatte eine elektrisierende Wirkung auf uns: Wir waren endlich wieder auf der Jagd!

Alfred Reinig, unser Obersteuermann, stieg auf die Brücke, um mit seinem Sextanten zur Bestimmung unserer Position ein Besteck zu nehmen. Ich begleitete ihn, um die Namen der verschiedenen Sterne sowie die Minuten und Sekunden, die er als Messung ansagte, für seine Berechnung unseres Standorts zu notieren.

Es verging fast eine Stunde, in der wir mit AK unterwegs

waren, ehe der Befehl zum Beziehen der Gefechtsstationen kam. Und es dauerte beinahe nochmal so lange, bis die Befehle erteilt wurden, die Torpedorohre feuerbereit zu machen.

»Ziel in Position neunzig Grad, Fahrt elf Knoten, Entfernung fünfzehnhundert Meter. Torpedos feuerbereit. – Rohr eins und zwei fertig! – LOS!«

Die Stoppuhr tickte die Sekunden der Laufzeit der Aale herunter, während wir alle gespannt den Atem anhielten. Die Zeit verrann – doch nichts erfolgte. Durch das Luk zum Turm vermochte ich Zschechs hochrot angelaufenen Kopf zu sehen. Die Worte, die der Kommandant wutentbrannt ausstieß, konnte ich zwar nicht genau verstehen, aber was sie besagten, erschloss sich mir auch so: Die Torpedos waren Fehlschüsse gewesen. Zschech hatte mit seiner Einschätzung der Geschwindigkeit des Ziels völlig danebengelegen.

Der Liberty-Frachter[11] hatte den Abstand zu uns inzwischen wieder vergrößert und uns blieb als letzte Chance, Treffer zu erzielen, es mit Fernschüssen zu versuchen. Um genau 04.00 Uhr wurden aus Rohr drei und vier die nächsten zwei schwarzen Aale auf den Weg geschickt. Aus dem Funkschapp meldete der Horcher den störungsfreien Lauf der Torpedos, die bei einer Schussentfernung von zweitausend Meter über hundertfünfzig Sekunden brauchen würden, um diese Strecke zurückzulegen. Nach zwei Minuten 38 dann die erste Detonation, der kurz darauf die zweite folgte. Der eine Torpedo hatte das Schiff direkt mittschiffs getroffen, und eine riesige Wassersäule schoss wie ein Geysir bis zur Höhe der Aufbauten empor. Der Einschlag des anderen erfolgte zwischen Brücke und Schornstein: ein perfekter Fächer.

Trotz des Dunkels der Nacht hatten wir keine Explosionsblitze ausmachen können, als die Sprengladungen der Torpedos hochgegangen waren. Im Schein der Lampen, die das Schiffsdeck erhellten, konnten wir jedoch mit unseren Wachtsgläsern erkennen, wie Rettungsboote gefiert wurden. Der Bug des Schiffes senkte sich rasch und ließ das Heck hoch in die

Luft ragen. In Minutenschnelle vollzog sich das Drama des Untergangs.*

Obwohl der Frachter vor seinem Ende keine Funksprüche mehr hatte absetzen können, befahl Zschech, sofort den Schauplatz des Geschehens zu verlassen. Ich fand das erschütternd. Unter unserem vorherigen Kommandanten hätte es das nie und nimmer gegeben, dass wir uns nicht um etwaige Schiffbrüchige gekümmert hätten. Für Kapitänleutnant Loewe war es selbstverständlich, dass wir taten, was wir konnten, um den Kriegs- und allgemeinen Anstandsregeln zu entsprechen. Was Zschech betraf, hatte ich das Gefühl, dass wir wie die herzlosen Jäger handelten, als welche die deutsche U-Boot-Waffe von der gegnerischen Propaganda beschrieben wurde. Wenn Schiffbrüchige, Seeleute wie wir, im Wasser trieben, dann war es letztlich gleichgültig, unter welcher Flagge sie zuvor unterwegs gewesen waren. Humanitäre Hilfe zu leisten, solange das eigene Überleben dadurch nicht gefährdet wurde – warum denn auch nicht? Nicht alle aus unserer Besatzung stimmten mit mir völlig darin überein und brachten vor, dass es die Briten ja auch unterlassen hätten, deutschen Seeleuten nach der Versenkung ihrer Schiffe im Nordatlantik beizustehen[12]. Nach dem Motto *wie du mir, so ich dir* zu handeln sei ja daher wohl nur recht und billig. Doch über diese Brücke mochte ich nicht gehen. Den Glauben, dass es uns möglich sein musste, in diesem Krieg ehrenvoller zu kämpfen als die Briten, wollte ich mir nicht nehmen lassen. Und die Mehrheit meiner Kameraden an Bord teilte diese Auffassung. Doch mit dieser Meinung mussten wir gegenüber Kapitänleutnant

---

* Erst Jahre nach dem Krieg fand ich heraus, dass es sich bei dem von *U 505* versenkten Schiff um die *Ocean Justice*, einen 7137 Bruttoregistertonnen großen Liberty-Frachter, gehandelt hatte. Der erst 1942 gebaute Dampfer war bei seiner Torpedierung unterwegs von Karachi über Durban nach Trinidad und New York. Er hatte 56 Mann als Besatzung an Bord, und alle wurden gerettet.

Zschech hinterm Berg halten, denn wir wussten, wie allergisch er reagieren konnte, wenn er mit unserem alten Kommandanten verglichen wurde.

6. Kapitel

Flight Sergeant Sillcock

Die folgende Nacht verbrachten wir mit dem Nachladen der vorderen vier Torpedorohre, infolge der Enge an Bord ein stets schwieriger Vorgang. Die meterlangen, tonnenschweren Geschosse mit einem Durchmesser von 53,3 cm mussten mit Flaschenzügen, an Ketten und Schienen hängend, aus ihren Lagergestellen emporgehoben und nach vorn in die Ausstoßrohre geschoben werden. Das ging etwas leichter vonstatten, wenn der Bug beim Laden abwärts zeigte. Folglich trimmten wir das Boot entsprechend, um die Schwerkraft zur Unterstützung zu nutzen. Durch die Schrägneigung hatten es die Freiwächter in ihren Kojen nicht gerade gemütlich, und den Männern, die sonst im vorderen Torpedoraum schliefen, standen nicht einmal diese zur Verfügung, weil sie hochgeklappt worden waren, um den Torpedos nicht im Weg zu sein.

Am folgenden Nachmittag sichtete die Brückenwache im Osten eine Rauchwolke. Wir setzten sofort zur Verfolgung an, wobei wir aber immer wieder wegen Luftalarmen behindert wurden. Unsere Anwesenheit in diesem Gebiet muss dem Gegner bekannt gewesen sein, denn den wüst zackenden Frachter umkreisten fortwährend Luftpatrouillen. Als die »Bussarde« nach Sonnenuntergang zu ihrem Stützpunkt zurückkehrten, hieß es für uns: Jetzt oder nie. Wir schossen einen Fächer aus zwei Torpedos, aber der »Zack«, den das Schiff im für uns genau falschen Augenblick unternahm, ließ beide Aale ins Leere laufen und unsere vermeintliche Beute entkam mit mehr als zwölf Knoten Fahrt in der Dunkelheit.

Als Nachtarbeit folgte das Nachladen der beiden leeren Torpedorohre; auch ein defektes Ventil in einer Backbord-Tauchzelle, durch das ein nicht ungefährliches Leck entstanden war, musste repariert werden. Und als ob das nicht schon als Beschäftigung gereicht hätte, wurden wir von neuerlichen Luftalarmen wiederholt zum Tauchen gezwungen. Es war ganz offensichtlich, dass die Leistungsfähigkeit des Bordradars der gegnerischen Maschinen ausreichte, uns des traditionellen Schutzes der Nacht zu berauben. Für uns ergab sich als Konsequenz, Metox hin oder her, dass wir, sobald wir aufgetaucht fuhren, generell genötigt waren, Zickzackkurse zu steuern, um die Möglichkeit eines überraschenden Bombentreffers aus der Luft zu verringern. »Herumzuhampeln« wie ein furchtsamer kleiner Frachter war zwar lästig, aber Vorsicht war als Devise nun mal die »Mutter in der Porzellankiste« und allemal besser, als hinterher als Opfer bedauert zu werden.

Was wir damals nicht wirklich in vollem Umfang bereits zu erkennen vermochten, war, dass der Verlauf des Krieges im Atlantik eine entscheidende Wendung genommen hatte – gegen unsere U-Boote. Ursächlich dafür war in erster Linie der immense Aufbau der gegnerischen Luftstreitkräfte, der unsere bisherige Taktik fast völlig unwirksam werden ließ. Vorbei waren die Tage, da wir hauptsächlich über Wasser manövrieren konnten und nur tauchen mussten, um einen Angriff durchzuführen oder um uns von dannen zu machen. Das Metox-Gerät warnte uns zuvor meist noch rechtzeitig genug, um den meisten Luftangriffen zu entgehen, aber sobald wir unter Wasser gezwungen wurden, reichte unsere Geschwindigkeit nicht mehr aus, schnellen Begleitschiffen zu entkommen. Indem uns die Alliierten nötigten, weitestgehend getaucht zu bleiben, hatten sie unsere U-Boote zu einer Art langsam sich bewegender Minensperre umfunktioniert, die ihren eigenen Schiffen nur dann gefährlich werden konnten, wenn diese zufällig unseren Weg kreuzten. Da es den Alliierten jedoch möglich war, unsere U-Boot-Aufstellungen zu ermitteln, war es ihnen ein Leichtes, ihre Geleitzüge um uns herumzuleiten. Und sobald die Konvois in Sicherheit waren, konnten sich deren Bomber und Zerstörer mit allen zur Verfügung stehenden Mitteln unserer annehmen.

Hinzu kam, dass, wovon niemand etwas wusste, das Verschlüsselungssystem unserer Chiffriermaschine Enigma, über das der Funkverkehr zwischen den Einsatzbooten und der U-Boot-Führung lief, von den Briten geknackt worden war, die dadurch alles mithören konnten.

In Kenntnis des Inhaltes unserer Operationsbefehle und in Verbindung mit der eigenen zunehmenden militärischen Stärke fiel es den Alliierten nicht sonderlich schwer, bei der Schlacht im Atlantik allmählich von der Defensive in die Offensive gegen uns überzugehen.

Auch wenn wir damals natürlich nicht die Möglichkeiten zu einer derartigen Lagebeurteilung hatten, so spiegeln unsere Erfahrungen auf *U 505* die strategische Situation wider. Infolge der intensiven und nicht nachlassenden Luftaktivität über uns entschloss sich Kapitänleutnant Zschech, dieses Seegebiet so rasch wie möglich zu verlassen, sobald die Reparatur an unserer Tauchzelle abgeschlossen war. Nur kamen wir nicht weit. Fast jedes Mal, wenn wir auftauchten, um unsere Diesel einzusetzen, löste das Metox Alarm aus und signalisierte ein mit Bordradar ausgestattetes Feindflugzeug, was für uns regelmäßig ab in den Keller bedeutete. So segensreich das FuMB in Hinblick auf unliebsame Überraschungen auch im Prinzip sein mochte, so hatte es dennoch das technische Manko, die Entfernung zu den jeweiligen Radarimpulsen nicht messen zu können. Zu unterscheiden, ob es sich um ein Flugzeug, das in weiter Entfernung an uns vorbei seine Himmelsbahn zog, oder ob es sich dabei um eine Maschine im Angriffsflug auf *U 505* handelte, war nicht möglich. Folglich zwang uns jeder feindliche Radarkontakt zum Schnelltauchen. Die ständigen Alarme setzten uns allen nicht nur körperlich und mental zu, sondern hinderten uns auch daran, mal eine vollständige

Durchlüftung unseres Bootes vorzunehmen und dessen Batterien ordentlich aufzuladen.

Am 9. November, um exakt zu sein, versah ich mit knurrendem Magen meinen Wachdienst in der Zentrale, weil mich einer dieser ewigen Luftalarme der Chance beraubt hatte, zuvor noch einen Happen zu Abend zu essen. Punkt Mitternacht turnte Alfred Reinig, unser Obersteuermann, durch das Zentraleschott, kam zu meiner Station, griff sich meine Hand und schüttelte sie heftig. »Gratuliere, Hans! Mensch, Junge, du bist jetzt neunzehn!«

»Jawohl, Herr Obersteuermann«, stammelte ich, da ich meinen Geburtstag total verschwitzt hatte.

»Na, komm schon, Kleiner, hör auf, mich so förmlich anzureden. Wir sind in den vergangenen zwölf Monaten ein gutes Gespann gewesen. Und außerdem, wer weiß schon vorherzusagen, was ein Jahr weiter aus uns geworden sein mag.«

Mit einem breiten Lächeln klopfte mir Alfred auf die Schulter und kehrte wieder zu seiner Koje zurück.

Ich wünschte, er hätte mich nicht an meinen Geburtstag erinnert, denn Heimweh kam mit einem Male in mir auf. Obwohl ich kalendarisch ein Jahr älter geworden war, fühlte ich mich in diesem Augenblick kindlicher und einsamer als je zuvor. Es verlangte mich danach, zu schreien, zu lachen und zu weinen, alles gleichzeitig.

Dass sich im Laufe des Tages im ganzen Boot herumsprach, dass ich Geburtstag hatte, war mir zwar nicht recht, war aber auch nicht zu vermeiden. Und so ließ ich eben die Glückwünsche über mich ergehen. Von unseren Offizieren bekam ich als Geburtstagsgeschenk die Erlaubnis, eine Stunde lang auf der Brücke Wache zu gehen, um frische Luft zu schöpfen.

Mein Freund Toni entdeckte per Zufall eine Flasche Bier, die »irrtümlich« zwischen die Kombüsenvorräte des Bootes geraten war. Den Inhalt teilten wir uns brüderlich. Gute Freunde zu haben war ein schönes Gefühl, aber die Worte des Obersteuermanns wollten mir einfach nicht aus dem Kopf: »Wer weiß schon vorherzusagen, was ein Jahr weiter aus uns geworden sein mag.«

* * *

Der ununterbrochene Kreislauf des Auftauchens, um die Batterien aufzuladen, und dann anschließend sofort wieder abzutauchen, um einem Angriff aus der Luft zu entgehen, setzte sich den ganzen nächsten Tag über fort. Zschech unternahm den verzweifelten Versuch, mit aller Energie, welche unsere 2 x 62 Batteriezellen den E-Motoren liefern konnten, unsere fliegenden Peiniger in der Luft unter Wasser mit der möglichen Höchstgeschwindigkeit von etwas mehr als sieben Knoten abzuschütteln. Gegen Mittag war die Lage im Luftraum so, dass wir unbehelligt aufzutauchen vermochten. Im Westen befand sich die Küste von Trinidad zum Greifen nah und es war fast so, als könne man den Geruch tropischer Blüten tatsächlich wahrnehmen. Über uns verbarg eine dichte geschlossene Wolkenschicht die Sonne und spendete angenehm kühlend Schatten, und das türkisfarbene Wasser plätscherte sanft gegen den Bootskörper.

Stolzenburg, der II WO, stand mit dem Kommandanten auf der Brücke und machte sich dennoch Sorgen. Nachdem am Vortag ein regelrechter Schwarm feindlicher Flugzeuge unterwegs gewesen war, traute er dem momentanen Frieden nicht. Und auch die niedrig hängende dunkelgraue Wolkendecke war überhaupt nicht nach seinem Geschmack. Derartige Wetterbedingungen hatte Kapitänleutnant Loewe als geradezu »ideal für Luftangriffe« zu bezeichnet gepflegt. Auch Zschech, welcher derzeit noch miesepetriger als sonst gestimmt war, konnte sich einfach nicht länger zurückhalten. Eine innere Stimme sagte ihm, dass Gefahr im Anzug war.

»Herr Kaleu, darf ich mir den Vorschlag erlauben, die Brückenwache zu verdoppeln, um uns gegen einen überraschenden Luftangriff zu wappnen?«

Zschech drehte sich zu seinem Wachoffizier um und blickte ihn mit einem affektierten Lächeln von oben bis unten nur geringschätzig an. »Es besteht überhaupt kein Grund, nervös zu werden, Stolzenburg, denn das Metox wird uns rechtzeitig vor jedem Flugzeug warnen.«

Trotz des unverhüllten Hohns in Zschechs Stimme gab Stolzenburg jedoch nicht klein bei: »Herr Kaleu, sollten wir nicht wenigstens das Boot so weit heruntertrimmen, dass ein Alarmtauchen in schnellstmöglicher Weise durchgeführt werden kann? Kapitänleutnant Loewe …«

Weiter kam er nicht mehr, denn bereits die bloße Erwähnung des Namens unseres früheren Kommandanten hatte gereicht, um bei Zschech sofort einen seiner berüchtigten Wutanfälle auszulösen. Fast kreischend stauchte er den II WO zusammen und empfahl ihm, sich ein für allemal gefälligst hinter die Ohren zu schreiben, dass e r jetzt der Kommandant wäre und Loewe längst weg vom Fenster sei. Sichtlich mit sich und der Demonstration seiner Autorität gegenüber einem Untergebenen zufrieden, stolzierte Zschech von der Brücke und kehrte in seine Kammer zurück. Binnen Minuten machten sämtliche Details über Zschechs Auftritt die Runde durchs Boot. Ich hatte in der Zentrale Wache und konzentrierte mich bei der Erledigung meiner Aufgaben besonders darauf, keinerlei Aufmerksamkeit auf mich zu lenken. Denn immer, wenn Zschech Anwandlungen hatte, seine Autorität zur Schau zu stellen, trachteten seine ihm ergebenen Offiziere danach, es ihrem Herrn und Meister auch in dieser Hinsicht gleichzutun.

Alles blieb bis um 15.14 Uhr ruhig, als plötzlich die Sirene zum Besetzen der Fla-Geschütze zu heulen begann. Fast gleichzeitig schrillte jedoch auch das Alarmsignal zum Schnelltauchen. Wir blickten einander ob dieser Widersprüchlichkeit ratlos an. Wie konnten die Deckgeschütze bemannt werden, wenn gleichzeitig getaucht werden sollte?

Nur einige Herzschläge später entband uns das unmissverständliche Dröhnen von Flugzeugmotoren, das unseren Bootskörper zum Mitschwingen brachte, von der Klärung dieser Frage. Unwillkürlich zog ich den Kopf ein, denn wenn wir die

Maschine trotz des Hämmerns unserer eigenen Diesel so deutlich hören konnten, musste sie verdammt nah schon an uns dran sein. Eine ohrenbetäubende Detonation folgte, die uns von den Füßen riss. Es war, als hätte die mächtige Faust eines Riesen *U 505* ins Wasser geschmettert.

Sekundenbruchteile später schlossen sich drei weitere Donnerschläge an. Diesmal schleuderten die Druckwellen den stählernen Bootskörper nach oben und jeder, der nach der ersten Detonation noch stand, flog durch die Luft.

Ein Maat, der auf der Brücke Wache ging, wurde durch die Gewalt der ersten Bombe durch das Turmluk nach unten geschleudert. Durch die zweite Serie der Explosionen rollte der blutende Körper des bewusstlosen Mannes zum Zentraleluk, und schlug, den Kopf voran, direkt vor mir auf den Flurplatten auf.

Im Bootsinneren herrschte pures Chaos. Die Lichter waren ausgegangen und die Luft war von dichtem, beißendem Rauch erfüllt. Als die Notbeleuchtung schließlich ansprang, enthüllte sie das Bild eines Infernos. Den Schreien aus der achteren Abteilung des Bootes war zu entnehmen, dass es einen großen Riss im Druckkörper gegeben hatte. In dickem Schwall ergoss sich die einströmende See ins Boot, füllte die Dieselbilge und überflutete den Maschinenraum. Irgendjemand meldete, der Tiefenmesser zeige an, das Gewicht des Wassers zöge das Boot nach unten. Mit anderen Worten: Wir standen davor, zu sinken!

Ich vermag nicht wirklich auch nur annähernd zu beschreiben, was in diesen hektischen Momenten im Bootsinneren alles vor sich ging, geschweige denn meine damit verbundenen Gefühle darzustellen. Beseelt war ich zunächst von einem schier unwiderstehlichen Fluchtdrang: Nichts wie raus aus diesem stählernen Sarg. Egal wie, notfalls kriechend, Hauptsache den Widergang zum Turm hinauf zu erklimmen, um an die Wasseroberfläche zu gelangen. Doch gleichzeitig hielt mich etwas davor zurück, diesem natürlichen Bedürfnis in mir nachzugeben. Das »Warum« rückblickend zu begründen ist schwer möglich. Vielleicht war es meine Ausbildung, der beruflichen

Stolz, es zum U-Boot-Fahrer gebracht zu haben, oder einfach auch nur die unterschwellige Furcht, als Feigling zu gelten. Wie auch immer – auch unter meinen Kameraden machte sich, trotz unserer verzweifelten Lage, eine eiserne Entschlossenheit breit, um unser Boot zu kämpfen und es zu retten. Niemand von uns verließ seinen Posten.

Doch nicht jeder war so gewillt wie wir, alles für den Erhalt von *U 505* zu tun. Kapitänleutnant Zschech rannte wie ein blindes Huhn durch die Zentrale und den Niedergang zur Brücke hinauf. Was er dort sah, muss ihm wirklich in die Glieder gefahren sein, weil er kurz danach von oben den Befehl zum Verlassen des Bootes in die Zentrale herunterschrie.

Doch als die Order zur Aufgabe des Schiffes die nächste Abteilung erreichte, stürmte der Dieselobermaschinist Otto Fricke wie ein wild gewordener Bulle in die Zentrale und brüllte zornig zu Zschech hinauf: »Herr Kaleu, Sie können tun, was Sie wollen, aber das technische Personal bleibt an Bord, um das Boot schwimmfähig zu halten!«

Voller Verachtung den Kopf schüttelnd, wandte sich Fricke ab und eilte in sein »Revier« zurück, um die Lecksicherungsmaßnahmen zu leiten.

Der Ausdruck in Zschechs Gesicht wechselte von Furcht in Verwirrung und dann allmählich zu Verlegenheit. »Gut, dann tun Sie, was Sie können«, murmelte er, lange, nachdem der Obermaschinist in seine Abteilung zurückgekehrt war.

Binnen Minuten hatte das technische Personal das Leck im Bootskörper mit einer Gummiplane verstopft und gegen den Wasserdruck mit einem langen Vierkantenholz abgestützt. Glücklicherweise funktionierte die Hauptlenzpumpe noch, wodurch verhindert werden konnte, dass das Wasser, trotz einiger anderer, aber kleinerer Lecks weiter stieg. Durch eine Umleitung der Luftzufuhr für den Steuerbord-Dieselmotor gelang es Fricke, den erstickenden Rauch aus dem Bootsinneren abzusaugen.

Nachdem die unmittelbare Gefahr abgewendet war, konnten wir eine Inspektion der Oberseite des Bootes vornehmen. Unseren Augen bot sich ein grauenerregender Anblick, und es wurde verständlich, warum Zschech den Befehl zum Verlassen des Bootes gegeben hatte: Bei dem überraschenden Luftangriff war unser *U 505* fast in zwei Teile gesprengt worden! Die hölzernen Planken des Oberdecks achteraus des Turms sahen aus, als ob eine Planierraupe über sie hinweggepflügt wäre. Die größte Schadstelle bildete ein riesiges Loch, das fast über die gesamte Oberseite des Bootskörpers klaffte und den Blick freigab auf ein wüstes Durcheinander aus Rohren und Leitungen. Das Fla-Geschütz war durch die Gewalt der Explosionen vollständig über Bord gefegt worden und seine Befestigungsbolzen waren sauber wie mit einem Rasiermesser abgeschoren. Etwa die Hälfte der Stahlplatten an der Seite des Turms fehlte entweder ganz oder hing nur noch locker herum und klapperte im Gleichklang mit dem sanften Wellengang. Eine Wasserbombe (oder Sprengbombe, in diesem Punkt waren wir uns nicht sicher) war auf den druckfesten Oberdeckbehältern detoniert, die der Lagerung der Reservetorpedos dienten, wobei einer der Torpedos fast völlig zerstört worden war. Wäre dessen Gefechtskopf hochgegangen, hätte keiner von uns überlebt.

Trotz der gewaltigen Schäden am Turm waren Leutnant Stolzenburg und die beiden anderen Männer, die mit ihm Wache gehabt hatten, noch am Leben. Sie lagen bewusstlos auf dem Brückendeck, blutend und vom Seewasser durchnässt. Stolzenburg war schwer verwundet und wies mehrere Verletzungen durch Granatsplitter an Kopf und Rücken auf.

Des Rätsels Lösung, warum wir keinen weiteren Bombenangriff über uns hatten ergehen lassen müssen, schwamm auf dem Wasser. Nur dreißig Meter vor unserem Steuerbordbug trieb in der Dünung das Wrack eines großen feindlichen Flugzeuges. Auf den Überresten einer der Tragflächen lag leblos der verstümmelte Körper eines Besatzungsmitgliedes der Maschine. Als sie wenig später sank, nahm sie den Toten mit sich.

Der leichte Bomber war offenkundig durch die Detonationen der eigenen Wasserbomben zerstört worden! Um über unser Glück oder das Pech des anderen groß nachzudenken, blieb keine Zeit, denn wir hatten alle Hände voll zu tun, um unser Boot schwimmfähig zu halten.

Erst viele Jahre später fand ich mehr über diesen Angriff auf uns heraus. Gaylord Kelshalls ausgezeichnetem Buch *U-Boot-Krieg in der Karibik 1942–1945* entnahm ich, dass es sich bei der Maschine, die diesen Angriff auf uns geflogen war, um eine Lockheed Hudson mit dem Kennzeichen PZ/L gehandelt hatte, eine der zweimotorigen Aufklärungs- und Bombenflugzeuge des britischen Küstenkommandos, die von Edinburgh-Airfield auf Trinidad aus operierten und U-Jagdeinsätze flogen. Der Pilot des Flugzeuges war Flight Sergeant Ronald Sillcock gewesen, ein australischer Flugveteran, der als einer der besten U-Boot-Jäger der 53. Squadron der RAF galt.

Sillcock und seine vier Mann Besatzung waren bereits in den Wochen zuvor erfolgreich gegen zwei deutsche U-Boote vorgegangen. Bei einem dieser Angriffe wurde *U 155* (Kptlt. Piening) vor der Küste von Martinique schwer beschädigt. Und nur wenige Tage später demonstrierte Sillcock erneut seine Präzision beim Bombenabwurf, als er *U 173* (OblzS. Schweichel) angriff und beinahe versenkte. Sillcock wurde nachgesagt, er habe noch nie ein Ziel verfehlt, weil er die technischen Abwurfmöglichkeiten der Hudson zur fächerförmigen Verteilung der Wasserbomben optimal zu nutzen verstand.

Hinzu kam eine von ihm selbst entwickelte Taktik, die in raffinierter Weise auf unserem zunehmenden Vertrauen in das FuMB Metox beruhte. Zunächst patrouillierte Sillcock nur mit dem eingeschalteten ASV-Suchradar seiner Lockheed Hudson. Hatte er ein U-Boot erfasst, bestimmte er dessen genaue Position, griff aber nicht an. Indem er dies in zeitlichen Abständen mehrfach wiederholte, lullte er die U-Boot-Besatzung in ein trügerisches Sicherheitsgefühl ein, indem er sie glauben machte, ihr Metox sei hundertprozentig verlässlich und würde sie vor jedem herannahenden Flugzeug warnen.

Sobald die Wetterverhältnisse, etwa in Form einer Wolkendecke, die menschlichen Erkennungsmöglichkeiten des Ausgucks beeinträchtigten, nahm Sillcock die U-Boot-Ortung ohne Radarbenutzung vor. Sobald seine Beobachter das Ziel optisch erfasst hatten, schaltete Sillcock die Motoren auf Segelstellung und glitt wie ein gigantischer Falke geräuschlos auf sein Ziel zu. Erst in letzter Minute brachte er seine Motoren wieder auf Volllast, warf seine Bombenladung ab und zog die Maschine hoch.

In unserem Falle hatte Sillcock das Pech gehabt, dass sein an sich perfekter Plan nur deshalb nicht aufging, weil der direkte Treffer auf unserem Achterdeck die Wucht der Wasserbombendetonation aufwärts lenkte und sein Flugzeug in Stücke riss. Dieser ausgebuffte Pilot und U-Boot-Jäger wurde, wenn man so will, letztlich das Opfer seines eigenen Könnens.

* * *

Während unserer Reparaturbemühungen an *U 505* stießen wir auf mehrere auf unserem Deck verstreute Stücke hellgelben Duraluminiums, dass von Sillcocks Maschine stammte. Unser Dieselobermaschinist benutzte die Schrottteile, um daraus kleine Streitäxte (das Wappen unseres Bootes seit den Tagen Kapitänleutnant Loewes), zu fertigen, die er an uns verschenkte und die wir an unseren Bordmützen befestigten. Seit unserem schicksalhaften Zusammentreffen mit Sillcocks PZIL hatte ich zweimal im Jahr kurz hintereinander Geburtstag: zum einen am 9. November, dem Datum, an dem ich in Bottendorf das Licht der Welt erblickte, und zum anderen gleich nochmals am 10. November, jenem, an dem wir auf so wunderbare Weise dem Tod nur haarscharf entgangen waren.

Die kleine gelbe Streitaxt aus dem Aluminium Sillcocks Flugzeug besitze ich noch heute; ich habe sie als Glücksbringer und zur Erinnerung aufgehoben.

7. Kapitel

Der lange Weg nach Hause

Mit dem nur notdürftig mit einer Gummiplane verschlossenen Loch im Bootskörper von *U 505*, waren wir natürlich außerstande zu tauchen, um gegebenenfalls einem weiteren Luftangriff zu entgehen. Hinzu kam, dass wir ziemlich wehrlos waren. Nachdem unsere 3,7-cm-Flak über Bord gerissen worden war, stand uns zur Luftabwehr nur noch ein kümmerliches 2-Geschütz zur Verfügung. Ungünstig für uns war auch, dass die See völlig ruhig war und es keine weißen Schaumkappen gab, die halfen, unser Kielwasser zu verbergen. Zu allem Überfluss schleppten wir zudem noch eine gewaltige Ölfahne, die aus einem geborstenen Tauchbunker stammte, hinter uns her. Das war besonders gefährlich, denn anhand dieser Spur war es für feindliche Flugzeuge leichter, uns zu verfolgen und aufzuspüren – wie Jagdhunde den Schweiß des Wildes.

Zum Glück für uns hatte Sillcock vor seinem Angriff Funkstille gewahrt, um seine Anwesenheit im Luftraum über uns nicht zu verraten, und anschließend hatte er keine Möglichkeit mehr gehabt, Verbindung zu seinem Stützpunkt aufzunehmen. Dies verbesserte wenigstens unsere Chance, aus diesem Gebiet unbemerkt zu verschwinden, bevor die Briten weitere Patrouillen dorthin entsandten. Auch das Wetter spielte in Form der nach wie vor dichten Wolken mit. König Neptun wachte offensichtlich über unser verwundetes Boot und verhinderte, dass es vom Gegner gesichtet wurde.

Zunächst trachteten wir einfach nur danach, so schnell und

so weit wegzukommen, wie dies mit dem einen uns noch verbliebenen Dieselmotor überhaupt möglich war.

Die vordringlichste aller Reparaturarbeiten war, das Loch in unserem Druckkörper wenigstens einigermaßen stabil abzudichten. Die dafür benötigten Stahlplatten waren nicht das Problem; wir konnten sie uns von dem zerstörten Deck und dem Turm besorgen. Mit einem Schweißbrenner wurden die lockeren Teile von ihren letzten noch vorhandenen Befestigungen abgetrennt, danach erhitzt und mit Holzhämmern in die annähernd richtigen Formen gebracht. Mittels der Energie, die einer der als Generator wirkenden E-Motoren lieferte, konnten wir anschließend die Stahlflicken per Lichtbogentechnik auf den beschädigten Druckkörper aufbringen.

Trotz unserer Versuche, auch den beschädigten Tauchbunker provisorisch zu reparieren, zogen wir weiterhin eine breite, regenbogenfarbene Ölfahne hinter uns her.

Nach Beseitigung des Großteils der Decktrümmer stellten wir fest, dass der Druckkörper mit seiner speziellen Stahllegierung zwar stellenweise tief eingebeult, aber ansonsten weitgehend intakt geblieben war. Zumindest theoretisch bedeutete dies die Möglichkeit, eventuell doch wieder tauchen zu können. Doch ehe das überhaupt ernsthaft in Betracht gezogen werden konnte, galt es Dutzende von beschädigten Wasser- und Luftleitungen auszubessern oder zu ersetzen, zahlreiche klemmende Flut- und Entlüftungsventile wieder funktionsfähig zu machen. Trotzdem packten wir jede Aufgabe, die sich uns stellte, mit einer aus der Verzweiflung heraus geborenen Entschlossenheit an. Mit jedem behobenen Problem wuchs der Optimismus, dass wir imstande sein könnten, doch noch nach Hause zurückzukehren.

Wir schufteten Tag und Nacht wie Pferde, um unser Boot wieder hinzubekommen. Der Mangel an geeignetem Werkzeug erschwerte das Arbeiten zusätzlich, machte es noch härter und zermürbender.

Als am 11. November die Morgendämmerung anbrach,

fühlte sich der Leitende Ingenieur zuversichtlich genug, um Zschech zu melden, dass wir ein sehr flaches Prüfungstauchen versuchen könnten.

Der Dieselmotor wurde abgeschaltet und wir kamen zum Stillstand. Die plötzlich einsetzende Stille wirkte wie eine zusätzliche Betonung des Ernstes unserer Lage und vervielfachte unsere Besorgnisse. Wir wussten alle, was auf dem Spiel stand: Sollte eine der Platten nicht halten oder eines der Ventile versagen, konnte das bedeuten, dass wir für immer und ewig in die Tiefe gingen.

Das Signal zum Tauchen ertönte und schreckte uns mit seiner ungewohnten Lautstärke auf. Die Spannung wurde qualvoll, als wir das langsame Gluckern des in die Tauchzellen strömenden Wassers hörten. Immer nur fünfzig Liter wurden gleichzeitig eingelassen und füllten nach und nach die Zellen, wobei jede Gewichtszunahme unser Boot ein Stück tiefer absenkte.

Nach einer Zeitspanne, die uns wie eine Ewigkeit erschien, kam die sehnlichst erwartete Meldung: »Turmluk ist unter Wasser.«

Wir hatten es geschafft! Es gab zwar noch einige kleine Leckagen im Bereich des Backborddiesels und rund um unsere eher amateurhaft angegangenen Reparaturstellen, aber alles Wesentliche hielt. Wir jubelten, als seien wir auf dem Fußballplatz und unsere Mannschaft hätte gerade das entscheidende Tor erzielt.

Doch das Prüfungstauchen war noch nicht beendet. Wir befanden uns technisch unter Wasser, waren aber von der Oberfläche nur eine Handbreit entfernt, zu wenig, um nicht von jedem Aufklärer, das über uns hinwegflog, entdeckt zu werden. Um den Marsch über den Atlantik zu überleben, besonders auf der stark überwachten Strecke durch den Golf von Biskaya, mussten wir mindestens eine Tauchtiefe von fünfunddreißig Metern erreichen können. Der Kommandant befahl, tiefer zu gehen und dabei scharf auf Lecks zu achten.

Es dauerte wiederum Minuten, bis wir auf Sehrohrtiefe angekommen waren. Das vordere Periskop hatte dank der Abschirmung durch das achtere relativ wenig von dem Detonationsdruck der Bomben abbekommen und war daher noch teilweise funktionsfähig. Zschech benutzte es, um einen Blick zum Heck hin zu werfen. *U 505* verlor immer noch erheblich an Öl, aber zumindest stiegen ansonsten keine beunruhigend großen Luftblasen irgendwo auf.

Die E-Motoren begannen zu summen, und das Boot fing an, langsam vorwärts zu kriechen. Als wir weiter an Tiefe gewannen, kam von einigen der Platten ein Knarren und Ächzen. Wir Zentralegasten tauschten sorgenvolle Blicke aus, aber niemand sagte ein Wort. Die Nadel unseres ebenfalls etwas lädierten Tiefenmessers vibrierte, beruhigte sich aber allmählich, als wir uns der Fünfunddreißig-Meter-Marke näherten und uns auf flachem Bug einpendelten. Eine grenzenlose Erleichterung machte sich breit und so manche Freudenträne wurde heimlich weggewischt.

Womit wir in unserer Hochstimmung nicht gerechnet hatten, obwohl es eigentlich zu erwarten gewesen war, war Zschechs schneller Rückfall in die alte Launenhaftigkeit. Ihm, der sich für einen großartig befähigten Kommandanten hielt, setzte zu, dass er nur mit einem einzigen Siegeswimpel am Sehrohr von seiner ersten Feindfahrt zurückkehren würde. Der I WO war wiederum stinksauer, weil er durch den Ausfall des armen Stolzenburg mehr Brückenwachen zu gehen hatte. Dass die Befindlichkeiten der beiden Herren Offiziere für uns Mannschaften nicht folgenlos sein würden, konnten wir uns an fünf Fingern abzählen. Weil wir es aber geschafft hatten, *U 505* gerettet und nicht verlassen zu haben, blieben wir dennoch stolz auf uns selbst, auch wenn dies unser Kommandant nicht war.

Während der Tageslichtstunden blieben wir unter Wasser und fuhren auf unserer neuen Höchsttauchtiefe von vierzig Metern.

Kurz nach Mitternacht tauchten wir auf und setzten ein FT an die U-Boot-Führung ab, beschrieben unsere Lage, ersuchten um schnellstmögliche ärztliche Hilfe für unsere verwundeten Kameraden und übermittelten zudem eine Aufstellung darüber, was wir sonst noch dringend benötigten. Einige Stunden später kam die Rückmeldung aus dem Stabsquartier von Dönitz. Leider, so wurde uns mitgeteilt, gäbe es derzeit kaum U-Boote, die mit einem Arzt an Bord in der Karibik operierten. Das uns am nächsten stehenden *U 163* (KKpt. Engelmann) könne uns auch nicht helfen, weil es selbst gerade bei einem Luftangriff schwer beschädigt worden sei. Die »Milchkuh«, der Versorger *U 462* (Kptlt. d. R. Vowe), komme wegen der intensiven Luftaktivität in diesem Seegebiet ebenfalls nicht in Frage. Stattdessen wurden wir von der U-Boot-Führung angewiesen Planquadrat[13] EE 6689 für ein Treffen mit *U 154* (KKpt. Schuch) anzusteuern.

Darüber hinaus bekamen wir auch noch einige medizinische Ratschläge hinsichtlich der Versorgung unserer Verwundeten übermittelt: Empfohlen wurde unter anderem, sie kühl zu halten und für eine gute Verpflegung zu sorgen. Beides lag allerdings jenseits unserer Möglichkeiten.

Am 13. November kam es um 18.20 Uhr zum Rendezvous mit *U 154*. Unser Schwesterboot hatte nicht nur keinen Arzt an Bord, sondern es war ihm auch nicht möglich, uns mit Ersatzteilen für den kaputten Dieselmotor zu versorgen. Was wir erhielten, waren zwanzig Ampullen Morphium, die unseren Verwundeten zumindest für eine Weile Erleichterung verschafften. Als eine Stunde später Schuchs Boot in der Dunkelheit aus unserer Sicht entschwand, waren wir erneut allein auf uns selbst gestellt.

Und Sonderaufgaben gab es mehr noch als genug. Die körperlich anstrengendste Tätigkeit, die ich zusätzlich zugewiesen bekam, war meine Mitwirkung bei der Beseitigung der beschädigten Reservetorpedos auf dem Oberdeck, die zudem nicht ungefährlich war, da jeder der Gefechtskörper dreihundert Kilogramm Sprengstoff enthielt. Diese langen, unhandlichen Monster mussten eines nach dem anderen mit Flaschenzügen aus den Behältern gehievt und dann über Bord ins Wasser befördert werden.

In Anbetracht des fortgesetzt schikanösen Verhaltens von Zschech und seinem Busenfreund Bode[14] hatten wir den Eindruck, gleich vierfach den Widrigkeiten ausgesetzt zu sein: den Briten, der See, den Malaisen von *U 505* und unseren eigenen Offizieren. Vielleicht war es ja das, was die Mannschaft in ganz besonderer Weise zusammenschweißte und anspornte. In dem Vertrauen zu uns selbst und dem, was jeder Einzelne zu leisten wusste, gingen wir die Dinge nach dem Motto an: »Alles kleine Fische!« Mit Überheblichkeit hatte das nichts zu tun, denn für uns hieß das nichts anderes, als dass alle Härten, die uns widerfuhren, im größeren Geschehen bedeutungslos waren: »Darum hört auf zu träumen, Jungs, und lasst uns zurück an die Arbeit gehen; denn nur so bringen wir dieses Boot nach Hause!«

* * *

Am 14. November tauchten wir kurz nach Mitternacht auf und übermittelten ein weiteres FT an die U-Boot-Führung. Einige Minuten später fingen wir zufällig einen Funkspruch von *U 154* an unseren Stab auf. Korvettenkapitän Schuch meldete, dass er nach dem Treffen mit uns zwei Frachter in diesem Seegebiet versenkt habe.

Die Erfolge von *U 154* stachelten Zschech derart an, dass er sich entschloss zu versuchen, unserem einen Siegeswimpel am Seerohr weitere hinzuzufügen, ehe wir zum Stützpunkt zurückkehrten. Als wir erfuhren, er plane, bei Tage in den Hafen von Trinidad einzudringen, waren wir fassungslos. Selbst mit einem völlig intakten U-Boot wäre ein solches Unterfangen mehr als nur tollkühn gewesen, eine nicht zu verantwortende Herausforderung des Schicksals. Bei dem Zustand, in dem sich *U 505* befand, war ein solches Vorgehen jedoch gleichbedeutend mit Selbstmord.

Trotzdem befolgten wir die Befehle des Kommandanten ohne Zögern und steuerten einen Kurs, der auf den direkten Schifffahrtsweg zur Hafeneinfahrt von Trinidad führte. Auf dem Weg dorthin sichteten die Ausgucks auf der Brücke mit ihren großen Doppelgläsern eine Rauchwolke, die mit hoher Fahrt einen Zickzackkurs auf uns zusteuerte.

Mit einer Reparaturgruppe befand ich mich gerade auf dem Oberdeck, als von Zschech der Befehl kam: »Einsteigen! Auf Gefechtsstationen!« In Windeseile rafften wir unser Werkzeug zusammen, hasteten zum Luk und sprangen zu unseren Gefechtsstationen hinunter.

Bei dem nahenden Ziel handelte es sich um einen ganz schön großen Frachter. Wir nahmen Aufstellung zum Angriff ein und schossen auf mittlere Entfernung zwei Torpedos, die allerdings beide den Dampfer in weitem Abstand verfehlten, da unser Kommandant wieder einmal die Geschwindigkeit des Ziels falsch eingeschätzt hatte. Zschechs Gesicht lief – ob vor Enttäuschung oder Ärger, war schwer zu sagen – rot an. Erwartungsgemäß machte er jemand anderen zum Sündenbock für den Fehler, den einzig und allein er begangen hatte. Der I WO pflichtete seinem Busenfreund natürlich auch noch voll und ganz bei. Es war kaum zum Aushalten.

Dass wir dem Gegner mit diesem missglückten Angriff auf unsere Anwesenheit aufmerksam gemacht hatten und er umgehend sämtliche verfügbaren Flugzeuge auf uns ansetzen würde, war so sicher wie das Amen in der Kirche. Uns blieb nur noch die Möglichkeit, auf Gegenkurs zu gehen und uns aus dem Staub zu machen. Nur knapp entkamen wir fünf aufeinanderfolgenden Luftangriffen und es grenzte fast schon an ein Wunder, dass wir aus diesen flachen Gewässern lebend rauskamen. Zum Glück für uns begann das Wetter nach Sonnenuntergang rau zu werden, sodass die feindlichen Maschinen am Boden festgehalten wurden.

Sobald wir sicher auf offener See waren, wollten wir mit dem Diesel an Fahrgeschwindigkeit zulegen. Doch die großen anrollenden Wellen, die gegen unsere beschädigte Backbordseite krachten, machten uns einen Strich durch die Rechnung. Eine riesige Woge schlug einen der noch vorhandenen Oberdeckbehälter für die Torpedos los. Mit jedem Schwall schwang er hin und her und schlug gegen den Auspuff des Dieselmotors. Da der Kasten noch einen scharfen Torpedo enthielt, wären wir, wenn dieser hochging, im Nu erledigt gewesen. Alle Freiwächter wurden eingesetzt, um den losen Behälter festzuzurren. Aber die sich immer stärker noch emportürmenden Wellen griffen nach den Befestigungsleinen, mit denen wir den Behälter gesichert hatten. Jedes Mal, wenn eines dieser Taue brach, schlug er noch etwas weiter aus und richtete erst recht Schaden an, wenn er wieder binnenbords schwang.

Unsere unaufhörlich gemurmelten Flüche und Verwünschungen galten Zschech. Wäre der nicht in seiner ehrgeizigen Besessenheit auf die Wahnsinnsidee mit dem Abstecher in Richtung des Hafens von Trinidad gekommen, dann wäre uns dieser elende Sturm erspart geblieben.

Da die Verladeschienen unter dem Torpedo verbogen waren, blieb uns nichts anderes übrig, als mit Muskelkraft das anderthalb Tonnen schwere Trumm herauszuheben und über Bord zu werfen. Es war eine fürchterliche Plackerei, die sich über Stunden hinzog, bis wir das verdammte Ding endlich loswurden.

Danach stolperten wir wie Schlafwandler total erschöpft nur noch in unsere Kojen.

Gegen Mitternacht erreichte *U 505* ein Funkspruch der U-Boot-Führung mit der Anweisung, uns zu einem Treffen mit zwei anderen unserer Boote ins Planquadrat EH 6555* zu begeben. Zschech wiederum übermittelte seinerseits eine detaillierte Beschreibung vom Zustand des Bootes. Der vollständige Katalog über die erlittenen Schäden war ziemlich lang.

---

* Im Mittelatlantik auf Höhe der Kapverdischen Inseln gelegen.

Wenige Stunden später erhielten wir vom Stab den offiziellen Befehl, die Feindfahrt abzubrechen und nach dem Treffen mit den Schwesterbooten zum Stützpunkt zurückzukehren. Wir Besatzungsangehörige waren darüber sehr erleichtert, nahmen wir doch an, dass Zschechs Trachten, auf Teufel komm raus ein weiteres feindliches Schiff zu versenken, ein Riegel vorgeschoben worden war.

Bei Tageslicht gingen die Arbeiten zur Beseitigung der Schäden auf dem Oberdeck weiter, wobei wir uns wegen der stürmischen See erneut mit Sicherungsleinen an die Reling festlaschten.

So ungefähr alle zwanzig Minuten ließ Zschech sich auf der Brücke blicken und suchte aufgeregt mit seinem Glas den Horizont ab.

Mir schwante, dass er immer noch verzweifelt nach einem Schiff Ausschau hielt, welches er vor unserer Rückkehr nach Loirent zu den Fischen schicken konnte.

Aber nicht nur mir blieb dieser Kommandant menschlich ein Rätsel. Was wir alle miteinander überhaupt nicht verstehen, geschweige denn nachvollziehen konnten, war, dass es ihn nicht die Bohne zu interessieren schien, wie es unseren Verwundeten erging. Stolzenburg hustete jedes Mal Blut, wenn wir tauchten, was darauf hindeutete, dass zusätzlich zu den äußeren Verletzungen auch seine Lunge von den Bombensplittern was abbekommen haben musste.

Oder der Maat, der mir bei seinem Sturz durch das Zentraleluk bewusstlos vor die Füße gefallen war. Sein Zustand war nicht minder besorgniserregend.

Für ihn hatte die ganze Feindfahrt von Anbeginn an unter einem unglücklichen Stern gestanden. Für einen U-Boot-Fahrer war er, als er zu uns gekommen war, mit einem Alter von Ende zwanzig bereits etwas betagt. Zwar hatte er einen bequemen Posten im Flottillenstab innegehabt, aber es verlangte ihn nach einer der unter Marinesoldaten begehrtesten Auszeichnungen, dem U-Boot-Kriegsabzeichen, was ihn als Dienstfreiwilligen an Bord eines Frontbootes führte. Den goldbronzierten Lorbeerkranz mit einem stilisierten U-Boot vom Typ VII C im Mittelteil gab es für Offiziere, Unteroffiziere und Mannschaften, die sich auf zwei oder mehr Feindfahrten bewährt hatten. Die Aussicht, die Plakette irgendwann auf der linken Brustseite tragen zu dürfen, machte ihm Zschech aber schon früh zunichte. Er kam in die Zentrale gestürmt, stieß mit dem Maat zusammen und brachte ihn aus dem Gleichgewicht. Haltsuchend, um nicht zu Fall zu kommen, klammerte der Ärmste sich ausgerechnet an das Hemd des Kommandanten. Zschech stieß ihn ärgerlich von sich weg, woraufhin der Mann auf den Tisch des Steuermanns knallte, wobei eine Lampe zu Bruch ging.

Mit dem zischenden Geräusch einer Schlange fuhr Zschech herum und bestrafte den Maat wegen seiner Tollpatschigkeit auf der Stelle mit fünf Tagen verschärften Arrests. Der damit verbundene Vermerk in der Personalakte über ungehöriges Verhalten gegenüber einem Vorgesetzten ließ die Träume des Maats von einem U-Boot-Kriegsabzeichen wie eine Seifenblase platzen.

* * *

Am Morgen des 22. November trafen wir uns mit *U 68* und dem Versorger *U 462*. In nicht allzu weiter Entfernung befand sich auch noch *U 332*, um gegebenenfalls in der heiklen Phase der Treibstoffübernahme Flakschutz bei einem Luftangriff geben zu können.

U 68 verfügte allerdings kaum über Ersatzteile, die es uns abtreten konnte. Besser »bedient« wurden wir von dem *U 462* unter Kptlt. d. R. Bruno Vowe. Von seinem »Dicken« bekamen wir Werkzeuge, neuen Proviant und Treibstoff. Während wir die Ausrüstung unterbrachten und das Dieselöl umgepumpt wurde, kam der Arzt der »Milchkuh« zu uns an Bord und untersuchte die Verwundeten. Stolzenburg wurde auf Grund seines schlimmen Zustandes zur weiteren medizinischen Betreuung auf *U 462* gebracht. Als Ersatz für ihn wechselte Leutnant Knocke als neuer II WO zu uns über.

Ich war mit dazu eingeteilt worden, den frischen Proviant in den dazu vorgesehenen Behältnissen zu verstauen. Die Gelegenheit, dabei die eine oder andere Salami sowie ein paar Knackwürste abzuzweigen und in irgendwelchen abseitigen Winkeln der Zentrale direkt unter den Nasen der Offiziere zu verstecken, war günstig. Toni, der als Smutje die Einlagerung der Lebensmittel zu überwachen hatte, bekam das natürlich mit, signalisierte aber durch verschwörerisches Augenzwinkern Zustimmung. Wie mir mein Freund dann hinterher verriet, hatte er auch selbst ein bisschen was abgestaubt, darunter mehrere Büchsen Gänseleberpastete und Trüffeln, die für die Offiziersmesse gedacht waren.

Nachdem die Versorgung durch die »Milchkuh« abgeschlossen war, wurde an die U-Boot-Führung ein FT übermittelt, das besagte, dass wir den Rückmarsch antraten. Die Aussicht, in weniger als drei Wochen, so nichts dazwischenkam, Lorient zu erreichen, sorgte unter der Besatzung für allgemeine Erleichterung.

Doch schon am nächsten Tag sichtete Zschech die Mastspitzen eines Frachters Steuerbord voraus und befahl sofort, die Verfolgung aufzunehmen. Die Leistung des uns einzig noch zur Verfügung stehenden Dieselmotors reichte aber nicht aus, um das Schiff einzuholen.

Ein unerwarteter Kurswechsel des Dampfers brachte ihn jedoch in unseren Schussbereich. Zschech befahl einen Angriff auf Sehrohrtiefe, aber unsere leckenden Tauchzellen sollten es nicht zulassen, eine gleichbleibende Tiefe beizubehalten. Typisch Zschech – er machte wutentbrannt den LI zum Schuldigen für alles. Wir anderen in der Zentrale vermochten darüber nur innerlich und unsichtbar den Kopf über unseren Kommandanten zu schütteln. Der ließ jedoch die Jagd auf das Schiff unter Wasser fortsetzen, bis unsere Batterien gefährlich leer waren. Erst dann geruhte Zschech zu befehlen, von den Gefechtsstationen wegzutreten.

In der folgenden Nacht stießen wir zufällig auf einen weiteren Frachter von etwa 6000 BRT. Zschech schoss zwei Torpedos auf große Entfernung, aber beide liefen fehl, was aber diesmal nicht an ihm lag. Unsere Torpedomechaniker waren der Ansicht, der empfindliche Steuerungsmechanismus der Waffen habe durch die von Sillcocks Wasserbomben hervorgerufenen schweren Erschütterungen einen Knacks abbekommen. Weitere Aale abzufeuern, hielten sie deshalb nicht nur für Verschwendung, sondern sogar für gefährlich.

Ihre Meinung kümmerte Zschech keinen Deut. Einzig und allein auf das Erzielen eines weiteren Erfolges fixiert, befahl er, mit dem Dieselmotor auf die höchste Fahrtstufe zu gehen, um für einen weiteren Schuss in Position zu kommen. Die Laute, welche die gemarterte Maschine dabei von sich gab, klangen, als sei ein auftretender Kolbenfresser bei ihr nicht mehr fern. Entsprechende Warnhinweise der Mechaniker und die Empfehlung, die Drehzahl wenigstens etwas herunterzufahren, schlug Zschech gleichfalls in den Wind. Ob unser Diesel den Geist aufgab und wir mitten im Atlantik hilflos »strandeten« war unserem Kommandanten gleichgültig. Er wollte nur zum Schuss kommen!

Das Ergebnis war wegen der defekten Torpedolenkung der erwartete und erneute Schlag ins Wasser.

Was aber Zschech mitnichten davon abhielt, einen weiteren Versuch zu starten. Die Entfernung zum rasch entschwindenden Ziel betrug mittlerweile knapp viertausend Meter und lag damit im äußersten Reichweitenbereich unseres Torpedos. Als Loewe unser Kommandant war, hatte er selten einen Aal aus Distanzen von über fünfzehnhundert Metern auf ein Ziel abgefeuert.

Übermüdet, wie ich mittlerweile durch den ständigen Mangel an Schlaf war, erging ich mich in Tagträumereien an Melvilles wahnsinningen Kapitän Ahab aus *Moby Dick*, dessen Besessenheit, den weißen Wal zu erlegen, ihn und sein Schiff schließlich vernichtete. Mit meinen Gedanken war ich meilenweit entfernt im Indischen Ozean, als mich ein lauter, metallischer Schlag an die Seite unseres Bootskörpers unsanft in die Gegenwart zurückholte. Der zuletzt abgeschossene Torpedo hatte, bedingt durch die Fehlfunktion seiner Steuerung, einen Kreis geschlagen, war zu uns zurückgekehrt und hatte die Bordwand gestreift! Einige Minuten später kündete eine Detonation in der Tiefe vom Ende des anschließenden Grundgängers. Der schier unglaubliche Massel, den wir dabei gehabt hatten, veranlasste selbst Zschech, die von vornherein aussichtslose Jagd mit unseren defekten Torpedos nun endgültig einzustellen. Schmollend zog er sich in seine Kammer zurück.

Keiner von uns mochte sich ausdenken, was passiert wäre, wenn uns unser eigener Torpedo als Irrläufer nicht in einem derart stumpfen Winkel getroffen hätte, der dessen Zündmechanismus eben nicht auszulösen vermochte.

Erleichtert fuhren wir fort, unseren Kurs ostwärts nach Lorient abzustecken. Zu diesem Zeitpunkt des Krieges hatten die Alliierten noch nicht das »schwarze Loch« über dem mittleren Atlantik mit Hilfe ihrer Flugzeugträger geschlossen, sodass wir trotz nur eines Motors imstande waren, über Wasser einigermaßen zügig voranzukommen.

Am Nachmittag des 30. November trafen wir uns noch mit Kapitänleutnant Stieblers *U 461*, einem weiteren Versorgungs-U-Boot. Als besonders wichtiges Ersatzteil für den Marsch über die mittlerweile sogenannte Selbstmordstrecke der Biskaya konnten wir ein neues Antennenkreuz für unser FuMB Metox in Empfang nehmen. Und als »Draufgabe« gab es noch zum Rücktransport nach Lorient einen armen Tropf, der sich auf dem Stützpunkt bei einer der liederlichen Damen eine saftige Geschlechtskrankheit eingefangen hatte. Hoch infektiös, wie der unglückliche Bursche war, mussten wir ihn auf ärztliche Anweisung in Quarantäne nehmen. Was hieß, er wurde im vorderen Abort bis zu unserer Ankunft in Frankreich eingesperrt.

Am 3. Dezember durchquerten wir eine Kaltfront, die einen dramatischen Temperatursturz im Inneren des Bootes verursachte. Da wir noch an die karibische Hitze gewöhnt waren, empfanden wir das als besonders krass, denn das auf uns heruntertropfende Kondenswasser schien eiskalt zu sein. Am schlimmsten betroffen waren davon die Kameraden, die in den oberen Kojen schliefen.

Der Kalender zeigte den 7. Dezember, als es zum ersten Mal wieder zu einem Metox-Alarm kam, der uns vor feindlichen Radarimpulsen warnte, was aber nicht verwunderlich war, da wir uns dem Eingang zum Golf von Biskaya näherten. Ab da blieben wir im Hinblick auf die Annäherung feindlicher Schiffe oder Flugzeuge in voller Alarmbereitschaft, zumal es nun galt, die Flugroute der britischen Maschinen zu passieren, die Pendelpatrouillen zwischen Gibraltar im Süden und Kap Land's End/England im Norden flogen – für U-Boote die berüchtigte »Selbstmordstrecke«.

Tags darauf funkten wir den Stützpunkt an, um unsere Geleitsicherung in den Hafen anzufordern. Erwartet wurden wir an dem vereinbarten Treffpunkt in 36 Stunden.

Auf dem letzten Stück nach Lorient bekamen wir einige navigatorische Probleme, weil auch unser Funkpeiler ausfiel. Obersteuermann Reinigs Versuche, unsere Position mit dem Sextanten zu bestimmen, scheiterten an der dicken grauen Wolkendecke. Prompt tauchte Zschech, der sich ansonsten nur noch ganz selten blicken ließ, in der Zentrale auf und machte dem Obersteuermann wegen unserer ganzen Probleme eine Szene. Mittlerweile waren wir gegenüber Zschechs irrationalen Ausbrüchen bereits derart abgestumpft, dass deswegen niemand mehr auch nur eine Augenbraue hob. Zudem waren wir Lorient schon viel zu nahe, als dass noch irgendetwas unsere Laune hätte verderben können.

Das Wetter verschlechterte sich, als wir uns der Küste der Bretagne näherten. Ab und an brachten riesige Wellen eisige Sturzbäche, die über den Turm des Bootes hereinbrachen und durch das Luk in die Zentrale drangen. Für uns Zentralegasten war es kein Vergnügen, stundenlang auf einem Fleck zu sitzen und regelmäßig einen kalten Schwall Seewasser abzubekommen, das ekelhaft in den Augen brannte; waren wir einigermaßen wieder abgetrocknet, verursachten die Salzrückstände überall Juckreiz. Wir verfluchten das scheußliche Winterwetter, aber die Aussicht, schon in Bälde an Land endlich mal wieder heiß duschen zu können, erleichterte es uns, diese letzten Unannehmlichkeiten auch noch zu ertragen.

8. Kapitel

Terror von oben

Wir trafen uns mit der Geleitsicherung wie geplant am 12. Dezember genau um 08.00 Uhr. Uns überraschten Größe und Stärke des Sicherungsverbandes und vor allem die vielen Fla-Waffen, die dessen Schiffe führten.

Zweieinhalb Stunden später trafen wir an der Pier ein, wo uns die übliche Militärkapelle und eine Menge Zuschauer erwarteten, die nicht schlecht staunten, als sie realisierten, welche schweren Schäden *U 505* aufwies. Vor der Menge stand der Flottillenstab, schwenkte seine Mützen und gab für alle mit drei Hurras für *U 505* den Ton an.

Sobald unser Boot am Dock festgemacht hatte, traten wir auf der schmalen Pier in Reih und Glied an. Zschech trat vor die Front der angetretenen Besatzung und meldete grüßend dem Flottillenchef: »*U 505* meldet sich von Feindfahrt zurück.«

Korvettenkapitän Schütze lächelte breit und erklärte: »Ich bin froh, dass Sie es nach Hause geschafft haben. Heil Besatzung von *U 505*!«

Wir schrien im Chor zurück: »Heil, Herr Käpt'n!«

Zschech drehte sich zu uns um, sichtlich darüber vergrätzt, dass sich der Flottillenchef bei der Besatzung und nicht eigens bei ihm als Kommandanten bedankt hatte. Mit vor Zorn glitzernden Augen entließ er uns, die Worte zischend wie eine Schlange.

Zschechs gekränktes Ehrgefühl war uns gleichgültig, als wir wieder zurück aufs Boot kletterten, um unsere Seesäcke zu holen. Die Kameraden, die als Wache an Bord bleiben mussten, schauten uns traurig hinterher, aber da sie bald von der Flottillenreserve abgelöst werden würden, hielt unser Mitleid sich in Grenzen. Die meisten stürmten im Laufschritt in Richtung der Unterkünfte, um ja nur möglichst schnell unter eine heiße Dusche zu kommen. Ich bummelte hinterher, um nach Jeanette Ausschau zu halten, die anscheinend aber nicht gekommen war.

Am späten Nachmittag versammelte sich unsere Besatzung im großen Speisesaal zum traditionellen Bankett mit dem Flottillenstab. Ganz so opulent wie erwartet ging es dabei aber nicht zu, da auch die Kriegsmarine wegen der Lebensmittelknappheit gezwungen war, kürzer zu treten. An Wein, Bier und französischem Cognac fehlte es auf dem weiß eingedeckten Tischen aber wahrlich nicht.

Das Festmahl war relativ schnell vorüber und die Verteilung der Post begann. Selten nur enthielten die Briefe Erfreuliches, meist waren es traurige Schilderungen von den Bombenangriffen auf unsere Städte oder Benachrichtigungen darüber, dass ein Bruder, Onkel oder Freund im Krieg gefallen war.

Manche von uns gingen deshalb dazu über, ihren Kummer in Alkohol zu ersäufen, während andere einfach nur so drauflospichelten, weil sie endlich mal wieder die Gelegenheit dazu hatten. Nach einer Weile begann irgendwer ein altes Shanty anzustimmen, dem schon bald deftigeres Liedgut folgte.

Der Flottillenstab erfasste die Stimmung der Besatzung und zog sich frühzeitig zurück, einige unserer Offiziere gingen danach ebenfalls. Für die Übrigen sollte es jedoch noch ein langer Saufabend werden. Als es auf Mitternacht zuging, waren mehrere Kameraden bereits »hinüber«, hatten Arme und Kopf auf den Tisch gelegt und schnarchten vor sich hin. Von den Sängern vermochten manche die Texte nur noch zu lallen.

Ein Grüppchen aus Leuten, die noch nicht ganz so betrunken waren, aber natürlich auch schon einen »Fröhlichen« sitzen hatten, verfiel auf die glorreiche Idee, den beiden Maaten ihre infanteristischen Drillübungen an Bord von *U 505* heimzuzahlen. Vor der Wasch- und Toilettenanlage befanden sich im Flur des 2. Stockes etliche große Wassertonnen und mehrere mit Sand gefüllte Jutesäcke, die der Brandbekämpfung dienen sollten, falls das Gebäude bei einem Bombenangriff getroffen wurde und Feuer ausbrach. Zwei der Sandsäcke waren schnell geleert, und dann hieß es nur noch, hinter einer Ecke des Sanitärbereichs versteckt zu warten. Denn irgendwann würden die beiden schon »müssen«.

Der erste Maat spannte uns nicht lange auf die Folter, bis er die Treppe raufkam. Mit vereinten Kräften warfen wir uns auf ihn und er bekam einen Sack über den Kopf gestülpt, den wir unten herum um seine Knie mit einem Tau fest zuschnürten. Er trat zwar wie ein wildes Tier um sich, aber das nützte ihm nichts. Da ihm von außen auch noch der Mund zugehalten wurde, hörte seine unterdrückten kläglichen Hilferufe wegen des übrigen Lärms unten im Speisesaal ohnehin niemand.

Keine fünf Minuten später stolperte der zweite Maat in unsere Falle, dem es genauso erging. Anschließend hievten wir die beiden »Säcke«, Füße voran, in die vollen Wasserfässer. Was die an Flüchen und Verwünschungen so von sich gaben, war nicht ohne.

Wir kehrten erst gar nicht mehr zum Fest zurück, sondern rannten lachend wie Schulkinder nach einem gelungenen Streich den Weg zurück zu unseren Unterkünften.

Etwa eine halbe Stunde verging, bis der Offizier vom Dienst auf seiner Runde bei den »Wassermännern« vorbeikam und sie befreite. Und dann dauerte es nicht mehr lange, bis der OVD und die beiden Maate, die durch die Wässerung etwas nüchterner geworden waren, sich auf den Weg zu unserer Stube machten. Die Maate hatten ja in ihren Tonnen genügend Zeit gehabt, darüber nachzudenken, wer wohl die Übeltäter sein mochten.

Die Tür flog auf und der Strahl einer Taschenlampe leuchtete jedes unserer Betten einzeln ab, in denen natürlich nun schlafende Unschuldsengel lagen.

Der OVD gab ein leises glucksendes Lachen von sich, das der Anerkennung unserer schauspielerischen Leistung galt, und wandte sich dann an die Maaten: »Hört zu, ihr beiden! Ihr macht jetzt keinen Ärger und verschwindet auf eure Stuben. Und macht keinen Lärm, wenn ich bitten darf, damit ihr die schlafenden Männer nicht aufweckt. Verstanden?«

Die Maaten standen stramm und erwiderten einstimmig: »Jawohl, Herr Oberleutnant!«

Als die Schritte der drei auf dem Korridor verklungen waren, bebte der Raum vor Gelächter. Dass der OVD fortan einen großen Stein bei uns im Brett hatte, war klar. Ekelhaft früh schrillte am nächsten Morgen auf unserem Korridor die Pfeife des jungen Bootsmannsmaaten[15] vom Flottillenpersonal, der von Stube zu Stube ging und versuchte, die Besatzung wach zu bekommen. Als er durch unsere Tür hereinspaziert kam, empfing ihn ein Hagel aus Schuhen und Kissen, garniert mit deftigen Flüchen. Er verschwand sofort wieder wie ein geölter Blitz.

Natürlich wussten wir genau, dass wir uns nicht zu viel herausnehmen durften. Obwohl wir alle einen mächtigen Kater hatten, quälten wir uns aus unseren Betten und versuchten mit eiskaltem Duschen wieder nüchtern zu werden. Als der Bootsmannsmaat erneut angerauscht kam, diesmal mit seinem Chef, waren wir angezogen und bereit zum Morgenappell.

Nach dem Frühstück traten wir zur Befehlsausgabe an. Zschech teilte uns mit, dass die Hälfte von uns wie üblich auf Urlaub fahren würde. Für die anderen wurde wieder einmal weitere Infanterieausbildung angekündigt, »damit kein Moos auf dem Rücken wächst«, wie er sich ausdrückte. Den nächtlichen Vorfall mit den Maaten erwähnte er mit keinem Wort, vermutlich weil der OVD es nicht für angebracht gehalten hatte, ihn über diesen Schabernack zu informieren, und die Maaten wohlweislich ihm gegenüber den Mund gehalten hatten.

Zu denen, die von uns zur Mitwirkung an den Reparaturarbeiten an *U 505* eingeteilt wurden, zählte auch ich. Unser U-Boot befand sich noch in einer Nassbox eines Bunkers, umgeben von mehreren kleinen Leichtern. An Bord befanden sich der Flottilleningenieur sowie etliche Werftmitarbeiter, die ausschwärmten, um eine ausführliche Bestandsaufnahme der Schäden vorzunehmen. Aus dem von ihnen später verfassten Abschlussbericht ging hervor, dass *U 505* das am schwersten beschädigte Boot war, das es bis dato aus eigener Kraft geschafft hatte, noch den Stützpunkt zu erreichen. Zumindest in dieser Hinsicht wurde es auch im Verlauf des weiteren Krieges nicht mehr übertroffen. Als der entsprechende Bericht beim BdU-Stab einging, richtete der »Löwe« sogar ein persönliches Anerkennungsschreiben an die Bootsbesatzung, weil diese es geschafft hatte, *U 505* dennoch »heimzubringen«.

Doch zunächst einmal standen wir auf dem Oberdeck unseres Bootes und wunderten uns, wie es dort zuging. Irgendwo dröhnte ziemlich scheppernd ein Grammophon, auf dem Marschmusik abgespielt wurde, während jede Menge uns unbekannter Leute eifrig herumwuselten.

Da wir noch unter den Folgen des nächtlichen Gelages litten, machten wir uns erst einmal dünne, indem wir uns einige Werkzeuge griffen und damit unter den Flurplatten der Bilge verschwanden. Mit den ebenfalls mitgenommenen Putzlappen polsterten wir in dem Wirrwarr von Rohren und Ventilen gemütliche kleine Ruheplätze aus. Die Aufgabe des »Klopfers«, der herumhämmerte und Flüche brüllte, um oben den Eindruck zu erwecken, wir wären tüchtig zugange, wechselte im Turnus, während wir anderen einfach nur vor uns hin dösten. Abgesehen von dem Gestank, hatten wir, wonach uns verlangte.

Irgendwann nach Stunden schrie irgendjemand zu uns herunter, dass wir uns auf dem Oberdeck einfinden sollten. Als wir oben in unseren vom Bilgenschmutz verdreckten Arbeitsanzügen und – entsprechend auch riechend – antanzten, verzog der Maat, der uns herbeizitiert hatte, angewidert das Gesicht. Seiner Anweisung, aus uns erst einmal wieder anständige Menschen zu machen, kamen wir mit Freuden nach und schauten, dass wir zurück in die Unterkünfte kamen.

Als die anderen Kameraden Dienstschluss hatten, staunten sie nicht schlecht, uns bereits geduscht, geschniegelt und gebügelt zu sehen. Für die noch anstehende Zeremonie hatten wir uns nämlich bereits in Schale geworfen.

* * *

In unseren schnieken blauen Marineuniformen traten wir in einem großen Quadrat vor unseren Barackenunterkünften an. Dann begann Zschech mit den namentlichen Aufrufen. Der Betreffende trat vor und erhielt aus der Hand unseres Kommandanten das Eiserne Kreuz II. Klasse. Mehr war unter Zschech, für Mannschaftsdienstgrade nicht drin. Ihm selbst war das EK I als Jochen Mohrs I WO verliehen worden und Nicht-Offiziere wollte er keinesfalls mit sich gleichgestellt wissen.

Anschließend erfolgte die Verleihung des unter Marinesoldaten weitaus begehrteren U-Boot-Kriegsabzeichens. Zu denen, die es samt einer von Dönitz unterzeichneten Urkunde in Empfang nehmen durften, zählte auch ich. Auf die Anerkennung, mich auf zwei Fahrten gegen den Feind bewährt zu haben, war ich natürlich mächtig stolz.*

Es waren schon erhebende Momente, doch wurden sie durch Zschechs Stellvertreter leider getrübt. Keine zwei Minuten später, nachdem er sein U-Boot-Kriegsabzeichen erhalten hatte, wurde ein E-Maschinengast vor den I WO zitiert und für sein äußeres Erscheinungsbild scharf gerügt.

»Mann, Sie sehen aus wie ein Vagabund!«, schrie Bode. »Sie verdienen es nicht, auf einem U-Boot zu sein. Ich sollte Ihnen das Abzeichen von der Brust reißen!«

---

* Diejenigen von uns, die beides mit sich führten, bekamen die Auszeichnungen und Urkunden von den Souvenirjägern unter den amerikanischen Seeleuten, die uns anderthalb Jahre später aufbrachten, wieder abgenommen. Mir blieb das erspart, da ich die mir so kostbaren Originale per Feldpost an meine Eltern geschickt hatte.

Zum Glück stand dieser erfahrene Techniker – der mehr über die elektrische Anlage des Bootes wusste als irgendjemand sonst aus der Besatzung – in strammer Haltung da, ohne auch nur ein Wort zu sagen oder mit der Wimper zu zucken. Bode verlor die Lust, ihn zu einer unbotmäßigen Reaktion anzustacheln, und ließ ihn wieder ins Glied zurücktreten. Angeekelt und fassungslos verfolgten wir diesen sinnlosen Ausbruch des I WO, der die ganze feierliche Stimmung mit einem Schlag zunichte machte.

Nichts als Geringschätzung empfanden wir auch für Zschech, der einfach nur dagestanden war und mit lächelnder Billigung die Szene beobachtet hatte, die sein »Schoßhund« aufführte. Ich musste erneut an den armen Maaten denken, der zu mir in die Zentrale gestürzt war. Eigentlich hätte er auch bei uns sein sollen, um als Verwundeter das U-Boot-Kriegsabzeichen schon nach nur einer Feindfahrt zu empfangen. Von Tag zu Tag mehr trauerten wir Kapitänleutnant Loewe hinterher. Bei unserem alten Kommandanten hätte es so etwas nicht gegeben.

* * *

Zur Feier des Tages erhielten wir Ausgang bis 22.00 Uhr bewilligt. Den Zapfenstreich einzuhalten hatten wir aber von vornherein nicht vor, da wir einen Weg ausfindig gemacht hatten, zu jeder Zeit unbemerkt zurück in den Stützpunkt zu schleichen. Doch bevor wir loszogen, mussten unsere Kojen so präpariert werden, dass es aussah, als lägen wir schlafend darin. Unter Verwendung eines Stahlhelms und einiger Bündel zusammengerollter Kleidungsstücke war es nicht schwer, Gebilde zu formen, die unter der Bettdecke menschlichen Körpern glichen. Als dies erledigt war, stopften wir uns ordentlich Geld in die Hosentaschen und brachen vor Unternehmungslust strotzend auf.

Auf unserem Weg ins Zentrum von Lorient registrierten wir erschüttert die zahlreichen neu hinzugekommenen Verwüstungen, die von den britischen Bombern der Stadt zugefügt worden waren. Merkwürdigerweise war jedoch das Vergnügungsviertel weit weniger in Mitleidenschaft gezogen worden und alles war noch mehr oder weniger so, wie wir es in Erinnerung hatten: die leichten Mädchen, die in farbenfrohen Kleidern auf Kundenfang aus waren, die Musik, die aus den Bars drang, die Zweierstreifen der Feldgendarmen, die auf den Straßen patrouillierten. Noch musterten uns die »Kettenhunde« nur gelangweilt, als wir an ihnen vorbeigingen, obwohl sie genauso wie wir wussten, dass im Laufe der Nacht Scharmützel mit uns nicht ausbleiben würden. Das gehörte einfach mit dazu, wenn eine Besatzung nach langer Zeit auf See erstmalig wieder Landgang hatte und sich entsprechend austoben wollte. Doch zunächst gelüstete es uns nach etwas zu trinken und weiblicher Gesellschaft. Entsprechend der jeweils bevorzugten Etablissements teilten wir uns in kleine Gruppen auf, nachdem wir für den frühen Abend einen gemeinsamen Treffpunkt vereinbart hatten.

Ich konnte es kaum erwarten, Jeannette wiederzusehen. An ihrer angestammten »Wirkungsstätte« wurde ich von Madame als alter Freund des Hauses namentlich und herzlich begrüßt. Ehe ich mich recht versah, hatte ich bereits ein Glas Cognac in der Hand und ein hübsches Mädchen auf dem Schoß.

Als ich mich jedoch nach Jeannette erkundigte, bekam ich von der Puffmutter mitgeteilt, das Mädchen arbeite nicht mehr bei ihr. Es sei eines Tages einfach nicht mehr gekommen und habe anscheinend auch die Stadt verlassen. Ich war durch die Nachricht wie betäubt, schob die andere »Schöne« von mir und begann zu trinken. Je mehr Alkohol ich runterkippte, umso verbitterter wurde ich. Wie hatte Jeannette mir das bloß antun können, einfach abzuhauen, ohne ein Wort für mich zu hinterlassen. Was war ich nur für ein Narr gewesen, mich so über ihre Gefühle zu mir zu täuschen?

Irgendwann fand ich dann Trost in den Armen einer anderen jungen Prostituierten, die sich viel Mühe gab, besonders nett zu mir zu sein, um mir über meinen Kummer hinwegzuhelfen.

Die Nachmittagssonne stand schon tief im Westen, als meine Kameraden und ich gemeinsam wieder aus dem Puff hinaus auf die Straße wankten. Als wenig später die Luftschutzsirenen begannen loszuheulen, ließ uns das, betrunken, wie wir waren, völlig ungerührt. Wir hielten uns für unverwundbar. Sillcocks Lockheed hatte es nicht vermocht, uns aus nächster Nähe ins Jenseits zu bomben. Was sollten da schon seine hoch am Himmel herumschwirrenden Kollegen groß anrichten können?

Selbst als die Flakbatterien des Marinestützpunktes das Feuer auf die anfliegenden britischen Bomber eröffneten, fühlten wir uns nicht veranlasst, einen Schutzraum aufzusuchen. In unserem benebelten Zustand faszinierte uns allenfalls das Geschehen als solches, das aber irgendwie weit entfernt und unrealistisch zu sein schien – wie die Kriegsbilder der Wochenschau, die es im Kino zu sehen gab.

Erst als wir auf einen großen Platz in der Stadtmitte kamen, wurden wir aus unserer Selbstgefälligkeit gerissen. Auf dem Dach eines der angrenzenden sechsgeschossigen Gebäude begann eine leichte Flak loszuballern. Wenn ein derartiges Geschütz, das nur über eine relativ begrenzte Reichweite verfügte, das Feuer eröffnete, dann mussten die feindlichen Bomber schon verdammt nahe sein. Plötzlich ging selbst uns auf, was da für ein Bombenteppich direkt auf uns zurollte.

Wir rannten los zum Eingang des unterirdischen Luftschutzbunkers, der sich in der Platzmitte befand. Die zwanzig, dreißig Treppenstufen, die in die Tiefe führten, stolperten wir mehr hinunter, als dass wir liefen. Unten angelangt, mussten wir feststellen, dass das große Stahltor bereits fest verschlossen war. Wir waren zu spät gekommen! Es gab nichts für uns, was wir tun konnten, außer uns in die Ecken des Treppenschachtes zu kauern und unser Schicksal zu erwarten.

Die Welle der detonierenden Bomben kam immer näher,

man spürte förmlich die Erde beben. Verzweifelt machte ich mich so klein, wie es überhaupt nur ging, um möglichst nicht von Splittern getroffen zu werden. Die Anspannung des bangenden Wartens war fast nicht zum Aushalten.

Dann krachten vier oder fünf Bomben ohrenbetäubend quasi über uns. Ich hatte das Gefühl, meine Trommelfelle seien geplatzt. Eingehüllt in Rauch und Staub, konnten wir eine ganze Weile überhaupt nichts mehr erkennen. Immerhin explodierten die nächsten Bomben schon weiter von uns entfernt. Wir waren noch einmal unbeschadet davongekommen. Als wir einigermaßen wieder sehen konnten, trommelten wir mit den Fäusten gegen die Bunkertür, um Einlass zu finden. Doch niemand von innen machte uns auf.

Wir beschlossen, in dem Haus, auf dessen Dach sich die Flak befand, Schutz zu suchen, darauf hoffend, dass das Geschütz die Bombenpiloten dazu veranlasste, einen Bogen um das Gebäude zu fliegen. Viel Zeit, um dorthin zu gelangen, würde uns nicht bleiben, ehe die nächste Bombergruppe eintraf. Nachdem wir bis drei gezählt hatten, hasteten wir die Treppenstufen vom Schutzraum hinauf und rannten los, was das Zeug hielt.

Zwischen den Trümmern der zerstörten Häuser am Rande des Platzes irrten einige wenige Überlebende völlig verstört und hilflos umher, manche aus Nase und Ohren blutend.

Die Eingangstür zu dem Gebäude, in das wir wollten, war durch die Druckwelle einer detonierenden Bombe aus ihren Angeln geschmettert worden, sodass wir keine Schwierigkeiten hatten, ins Innere zu gelangen. Da wir uns mit Flugzeugabwehrkanonen auskannten, entschieden wir, uns zu der Geschützbedienung hinaufzubegeben, statt zitternd im Erdgeschoss Unterschlupf zu suchen. Vielleicht konnten wir uns da oben ja irgendwie nützlich machen.

Wir hatten noch nicht einmal das dritte Stockwerk erreicht, als wir das unverkennbare Brummen schwerer Bomber über uns vernahmen, unter das sich in schnellem Rhythmus der hellere Klang der Flak auf dem Dach mischte. Ehe wir noch ein

Wort wechseln konnten, erbebte das gesamte Gebäude, von einer Bombe getroffen, in seinen Grundfesten. Eine Wolke aus Rauch und Staub quoll durch das Treppenhaus. Über herumliegende Brocken des Wandverputzes und irgendwelche Holzteile bahnten wir uns den Weg nach oben, um den Kanonieren zu Hilfe zu kommen. Der Anblick, der sich uns auf dem Dach bot, war schlimm. Die Wirkung der Bombe hatte sich auf die kleine Flakstellung verheerend ausgewirkt. Ein leises, gequältes Stöhnen lenkte unsere Aufmerksamkeit auf den einzigen Mann, der schwer verletzt überlebt hatte. Von den anderen Kanonieren fehlte jede Spur; sie mussten durch die Gewalt der Detonation in Stücke gerissen oder vom Dach des Gebäudes geschleudert worden sein.

So behutsam wie möglich, trugen Willi und ich den Verwundeten die Treppe hinunter. Als wir das Erdgeschoss erreichten, ließ mein Kamerad plötzlich die Beine des Mannes abrupt runterplumpsen. Ich brauchte eine Sekunde, um zu begreifen, was in ihn gefahren war. Mit schreckerfüllten Augen starrte Willi auf die größte Bombe, die auch ich je in meinem Leben gesehen hatte. Es war ein gigantisches Monster, dessen Hinterteil aus einem Trümmerhaufen herausragte. Auch mir gefror bei diesem Anblick sofort das Blut in den Adern, denn uns war bekannt, dass die Briten oft auch Bomben abwarfen, die zunächst wie Blindgänger aussahen, aber in Wirklichkeit Zeitzünder hatten, die so eingestellt waren, dass die Dinger erst später explodierten, wenn Feuerwehrleute und Rettungskräfte in den Trümmern nach Überlebenden suchten. Darauf wollten Willi und ich es nicht ankommen lassen und so transportierten wir unseren Verwundeten so rasch es nur ging in die relative Sicherheit des großen Platzes; in der nicht ganz unbegründeten Annahme, dass sich im großen Luftschutzbunker Sanitätspersonal befand, begaben wir uns auf den Weg dorthin zurück und lieferten den Kanonier zur weiteren medizinischen Versorgung ab.

Dann machten wir uns auf den Heimweg zu unseren Unterkünften. Lorient machte einen gespenstischen Eindruck. Tiefe Krater hatten die Straßen wie mit Pockennarben übersäht, und vielerorts brannten Häuser, Krankenwagen rasten durch die Gegend, die Feuerwehr war total überfordert.

Als die Luftschutzsirenen Entwarnung gaben, strömten schlagartig total verängstigte Menschenmassen auf die Straßen. Manche Leute zogen Leiterwagen hinter sich her, auf denen sie ihr wichtigstes Hab und Gut verstaut hatten, andere schleppten mit Bindfaden umschnürte große Koffer oder trugen schwere Rucksäcke auf dem Rücken. Ab und an waren auch mit Leuten und Zeug überladene Pferdewagen zu sehen. Die Feldgendarmen versuchten verzweifelt, Ordnung in den einsetzenden Flüchtlingsstrom der Zivilbevölkerung zu bringen.

Irgendwann erreichten auch wir unser Marinearsenal. Überrascht stellten wir fest, dass der U-Boot-Stützpunkt von dem Bombenangriff ausgespart geblieben war. Einen rechten Reim konnte ich mir darauf nicht machen. Möglicherweise mochte das an unserer schweren Flak gelegen haben.

Als die Besatzungsmitglieder von *U 505* schließlich so nach und nach in unseren Wohnbaracken eingetrudelt waren, herrschte allgemein große Erleichterung darüber, dass niemand von uns bei dem Bombenangriff in der Stadt hatte ins Gras beißen müssen. Die nächsten Stunden verbrachten wir bei viel Schnaps und Cognac damit, uns gegenseitig unsere Erlebnisse zu erzählen. Zugedröhnt, wie wir am Ende waren, kamen wir zu dem Fazit, alles in allem einen guten ersten Tag im Hafen gehabt zu haben: Wir hatten herrlich gesoffen, Spaß mit den Mädchen gehabt und waren dem sonstigen Schlamassel unbeschadet entronnen.

In dieser Nacht schlief ich jedenfalls tief und fest. Am nächsten Morgen konnte die Hälfte unserer Besatzung ihren Urlaub antreten. Für den restlichen Teil von uns stand die allseits »beliebte« Infanterieausbildung auf dem Dienstplan. Weitere Bombenbesuche blieben tagsüber aus, und den Abend verbrachten wir natürlich wieder in der Innenstadt von Lorient, wo der Betrieb im Rotlichtviertel weiterlief, als ob es keinen Luftangriff vierundzwanzig Stunden zuvor gegeben hätte. Irgendwie kam es auch uns vor, als schien das alles, was passiert war, nur noch ein fernes Geschichtsereignis gewesen zu sein.

Da die Sicherheits- und Kontrollmaßnahmen verschärft worden waren, kehrten wir an diesem Abend alle pünktlich in die Unterkünfte zurück. Es war schon nach Mitternacht, als mich das ohrenbetäubende Geheul der Luftschutzsirenen aus dem Schlaf riss. Unmittelbar darauf eröffneten die Flakbatterien des Stützpunktes ein heftiges Sperrfeuer. Auf unserer Stube machte jedoch niemand Anstalten, die warme Koje zu verlassen, lediglich der eine oder andere zog sich das Kopfkissen über die Ohren, um das Sirenengeheul dadurch zu dämpfen.

Einen Augenblick später hetzte die Barackenwache den Korridor entlang und schrie gellend: »Alle Mann runter in Bunker eins! Beeilung, Besatzung U fünfhundertfünf, raus, raus!«

Noch hatten wir uns nicht vom Fleck gerührt. Das fünfminütige Schweigen unserer Geschütze, das den ersten Salven folgte, schien unser Gefühl zu rechtfertigen, uns drohe unmittelbar keine wirkliche Gefahr. Diese irrige Annahme korrigierten drei oder vier Bomben, die rechts neben unseren Baracken einschlugen und die Unterkünfte erbeben ließen. Wie von der Tarantel gestochen sprangen wir aus unseren Betten, schnappten uns unsere Sachen und sausten los.

Als wir Richtung Treppenhaus rannten, traf krachend eine Bombe die Ecke des Gebäudes. Die Lichter gingen prompt aus, Staubwolken quollen auf und machten das Atmen schwer. Die Treppe, die wir benutzen wollten, um aus dem Bau rauszukommen, gab es nicht mehr. Kurz entschlossen warfen wir unsere Seesäcke als Sprungpolster nach unten und sprangen hinterher. Infolge der ringsum brennenden Gebäude war es draußen hell wie am Tag. So schnell uns unsere Beine trugen, liefen wir zum Bunkereingang. Der Mann am Stahltor des Bunkers schrie uns mit lauter Stimme entgegen:

»Beeilung ihr Arschlöcher! Wir machen jetzt dicht!«

Als wir am nächsten Morgen den Bunker wieder verlassen durften, war von dem gesamten Unterkunftskomplex nur noch ein rauchender Trümmerhaufen übrig. Busse brachten uns und die anderen U-Boot-Besatzungen zum »Lager Lemp«[16], einer ehemaligen Einrichtung für genesende Verwundete und etwa acht Kilometer ostwärts von Lorient gelegen. Den Rest des Vormittags verbrachten wir damit, uns in den neuen Quartieren einzurichten. Anschließend sollten wir uns dann, zu Überholungsarbeiten auf *U 505* einfinden.

* * *

Unser Boot war mittlerweile verlegt worden und befand sich jetzt aufgelegt in einer Reparaturbox der Kéroman-Bunker im Süden der Stadt. Da der regelmäßige Zubringerdienst auf dem Wasser nur zu den U-Boot-Bunkern erfolgte, beschlossen mein Kamerad Willi und ich, zu Fuß dorthin zu gehen. Unser Weg führte uns durch Lorient beziehungsweise dem, was davon noch übrig war.

Wir waren etwa einen halben Kilometer von den Bunkern entfernt, als die Flak, ohne dass es eine Vorwarnung durch die Luftschutzsirenen gegeben hatte, plötzlich das Feuer auf einen anfliegenden Bomberverband eröffnete, der direkt auf uns zuhielt.

Ganz in unserer Nähe, keine fünfzig Meter entfernt, befand sich ein alter französischer Friedhof, umgeben von einer hohen Steinmauer, in die einer der vorangegangenen Luftangriffe ein großes Loch gesprengt hatte. Ohne dass zwischen uns ein Wort fiel, sprinteten wir durch die Bresche auf den Friedhof. Nach einer raschen Musterung der Örtlichkeit sprangen wir in einen Bombenkrater, um darin zusätzlichen Schutz zu finden.

Um uns herum begannen Bomben zu fallen, Willi und ich pressten uns instinktiv an die Seite eines Steinsargs, der durch die Bombe, die den Krater geschaffen hatte, teilweise freigelegt worden war. Auch der Sargdeckel hatte sich etwas verschoben. Obwohl es uns gruselte, warfen wir einen Blick ins Innere und starrten in die leeren Augenhöhlen eines Totenschädels. Den Überresten der dunklen Uniform nach zu urteilen, war der Mann offensichtlich ein Marineoffizier gewesen. Aus einer kleinen, auf dem Sargdeckel angebrachten Messingtafel ging hervor, dass es sich dabei um einen französischen Fregattenkapitän handelte.

Schaudernd duckten wir uns wieder neben unseren schweigsamen Nachbarn, beseelt von eigenen Todesahnungen, die sich nicht unterdrücken ließen. Nach einiger Zeit, die uns wie eine Ewigkeit vorkam, bewegten sich die Bombeneinschläge fort von unserer näheren Umgebung.

»Bloß raus aus dem Loch hier!«, sagte Willi und wir rannten wie von Furien gehetzt zu den U-Boot-Bunkern, deren siebeneinhalb Meter dicke Betondecken uns das beglückende Gefühl vermittelten, es geschafft zu haben und vorerst einmal wirklich in Sicherheit zu sein.

Auch unsere Kameraden waren sehr erleichtert, uns gesund und munter wiederzusehen, hatten sie doch das Schlimmste befürchtet, nachdem ein Teil des Bombenhagels auch entlang unserer Route niedergegangen war.

In dieser Nacht schliefen wir an Bord von *U 505,* aber in den kommenden Wochen sollte das »Lager Lemp«, in dem die Besatzungen der 2. und der 10. U-Flottille untergebracht waren, unsere neue Heimat werden. Wir waren darüber nicht sonderlich glücklich und die gleichfalls in diesem Raum stationierten Heeressoldaten noch weniger, da es in unserer Nähe nur die kleine Gemeinde Pont-Scorff gab. Die paar vorhandenen Kneipen und Bistros »gehörten« schon bald dem Heer nicht mehr allein. Hinzu kam, dass die wenigen einschlägigen Mademoiselles von Pont-Scorff uns U-Boot-Männer den Infanteristen klar vorzogen, was daran lag, dass wir mehr Geld in den Taschen hatten, weil wir auf See unseren Sold ja nicht ausgeben konnten.

Anfänglich kam es deswegen zu etlichen Reibereien und Auseinandersetzungen zwischen Heeres- und Marineangehörigen, aber mit der Zeit legte sich das und es entwickelten sich sogar zum Teil freundschaftliche Beziehungen. Verglichen mit uns waren die Heeressoldaten arm dran, da sie ohne die Sondervergünstigungen auskommen mussten, die den U-Boot-Fahrern von der Kriegsmarine gewährt wurden. Einladungen zu uns ins U-Boot-Heim, um dort mit uns lecker zu essen und Wein und Cognac zu trinken, waren äußerst gefragt, und wir verbrachten dort in der Tat viele erfreuliche Abende mit den Kameraden vom Heer.

9. Kapitel

Endlich Urlaub

Während unserer ersten Nacht im »Lager Lemp« froren wir wie die Schneider, weil noch kein Ersatz für unsere Wolldecken da war, die beim Angriff auf Lorient samt unseren dortigen Unterkünften in Flammen aufgegangen waren. Am Morgen ging es auf unser Boot zurück, wo Notfall-Drill angesetzt war, etwa das Hinabschlittern der Niedergänge nur unter Benutzen der Handläufe. Uns störte das nicht, weil wir wussten, dass auf einem Unterseeboot die Einsparung von Sekunden für das Erreichen der Gefechtsstationen den Unterschied zwischen Leben und Tod bedeuten konnte.

Bei unserer Rückreise ins »Lager Lemp« stellten wir fest, dass damit begonnen worden war, das gesamte Areal zu tarnen. Die Maßnahmen erstreckten sich sogar auf einen nahen kleinen Teich, um zu verhindern, dass die britischen Piloten ihn als Orientierungshilfe benutzten. An die Wirksamkeit dieser Mittel zu glauben fiel schwer, weil davon ausgegangen werden konnte, dass es nur eine Frage der Zeit war, bis die französische Résistance die genauen Positionsangaben des Lagers an das Bomberkommando der RAF übermittelt haben würde. Schlimmer war, dass überhaupt keine unterirdischen Schutzräume gegen Luftangriffe existierten. Was es gab, waren lediglich einige flache, kleine Splittergräben, und das war's dann auch schon. Wir begannen, uns zu fragen, was eigentlich gefährlicher war: eine Feindfahrt in See oder ein relativ »geruhsamer« Landaufenthalt.

Als das Jahr 1942 sich so langsam seinem Ende zuneigte, liefen die Hauptreparaturen an unserem Boot an. Nachdem die Werftarbeiter alle beschädigten Sektionen des Bootskörpers und des Turms entfernt hatten, wirkte unser armes *U 505* fast wie eines jener Schnittmodelle, die wir während unserer Ausbildung kennengelernt hatten. Uns als Besatzung stimmte zuversichtlich, dass unser Boot nach den Reparaturen durch zusätzliche Modifizierungen besser als je zuvor sein sollte. Und bis es so weit war, würde unser sonstiger Dienst nicht gerade schwer sein.

Wenn sich die Gelegenheit dazu ergab, besuchte ich neuerdings gern das ein Stück weit von der Küste entfernt gelegene Städtchen Hennebont. Es war ein hübscher, kleiner Ort, von seinem Charme her durchaus mit dem Lorient von einst vergleichbar, nur dass es dort nicht vor Seeleuten wimmelte. Unterwegs galt es, gut aufzupassen, da die französische Widerstandsbewegung zuweilen entlang der Straße danach trachtete, aufzulauern. Um dem zu entgehen, marschierten wir oftmals, wenn wir nur zu zweit oder zu dritt waren, sicherheitshalber querfeldein.

Ein bemerkenswertes Ereignis um Weihnachten herum bildete der hohe Besuch unseres Bootes durch Generalfeldmarschall Erwin Rommel, den »Wüstenfuchs«, und Generalmajor Adolf Galland, den »Kanaljäger«, ein Fliegerass, das im Alter von dreißig Jahren 1941 der bis dahin jüngste General der deutschen Wehrmacht geworden war. Zusammen mit ihm führte Rommel eine Inspektion der Verteidigungsmaßnahmen an der französischen Atlantikküste durch. Zu ihrem großen Gefolge gehörten Vertreter aller Teilstreitkräfte und Waffengattungen sowie der Waffen-SS. Fast alle der Offiziere waren Ritterkreuzträger. Die Kommentare, die Rommel bei der Besichtigung von *U 505* von sich gab, bekam ich zwar nicht mit, sah aber, wie er in Anbetracht der Schäden, die das Boot erlitten hatte, mehrfach nur ungläubig den Kopf schüttelte. Zum Schluss wünschte er uns allen für die Zukunft viel Glück und entschwand wieder mit seiner Entourage. Nicht nur ich war von dieser Begegnung mit zweien unserer legendären Kriegshelden zutiefst beeindruckt.

* * *

Einige Tage später kam es während meines nächtlichen Wachdienstes auf *U 505* zu einer sonderbaren Begebenheit. Ich befand mich auf dem Oberdeck, als ich Schritte nahen hörte, die aus Richtung Pier kamen. Der Mann hatte die Uniform eines Kapitänleutnants der Kriegsmarine an. Er betrat die Laufplanke und versuchte in lässiger Selbstverständlichkeit an Bord zu kommen. Da mir dieser Offizier gänzlich fremd war, erging an ihn vorschriftsmäßig die Aufforderung: »Halt! Parole?«

Der Unbekannte bedachte mich mit einem arrogant-verächtlichen Blick und versuchte, an mir vorbeizugehen. Ich konnte nicht umhin, sofort meine Maschinenpistole, eine MP 40, zu entsichern und deren Lauf direkt auf seine Brust zu richten. »Stehenbleiben oder ich schieße!«

Der Mann hob zwar unverzüglich die Hände hoch, brüllte mich aber gleichzeitig an: »Sind Sie verrückt? Sehen Sie etwa nicht, dass Sie einen Offizier vor sich haben?«

Unbeeindruckt von diesem Wutanfall rief ich den Unteroffizier der Wache herbei, der diesen seltsamen Besucher höflich, aber bestimmt bat, uns seinen Truppenausweis vorzuzeigen. Als der Mann sich weigerte, nahmen wir ihn ohne großes Federlesen in Gewahrsam. Zwanzig Minuten später erschien der von uns verständigte OvD auf der Bildfläche, um sich des Falls anzunehmen. Eine von ihm veranlasste Leibesvisitation durch uns förderte bei dem angeblichen Kapitänleutnant eine versteckte Minikamera zutage. Der Spion wurde anschließend einem für ihn sehr unangenehmen Schicksal zugeführt.

* * *

Der Verfasser Hans-Jacob Göbeler 1942 als Matrose
in der blauen Uniform der Kriegsmarine.

Hans Göbeler in der feldgrauen Marineuniform 1941 während der infanteristischen Grundausbildung bei der Kriegsmarine.

Die Koje auf *U 505*, die Hans Göbeler mit einem weiteren Angehörigen der Besatzung teilte.

Kapitänleutnant Axel-Olaf Loewe (Crew 28), der erste Kommandant von *U 505*, den die Besatzung mochte. Er trägt die Bluse des grauen U-Boot-Päckchens, wie dies in See üblich war.

Das Setzen der Kriegsflagge (rechts im Bild) und des Kommandantenwimpels (links) während der Zeremonie der Indienststellung am 26. August 1941 in Hamburg. Somit ist das U-Boot als Kriegsschiff völkerrechtlich anerkannt. Links auf dem »Wintergarten« der salutierende Kommandant, Kptlt. Axel-Olaf Loewe, während rechts die auf dem Achterschiff angetretene Besatzung mit den salutierenden Offizieren (alle in Paradeuniform mit Schärpe) in der ersten Reihe zu sehen ist. Dazwischen befindet sich das 3,7-cm-Geschütz. In seiner Ansprache sagte Loewe: »Es wird ein hartes Leben werden – gebt euch hierbei keinen Illusionen hin. Doch mit einer Besatzung von guter Disziplin werden wir unsere Erfolge haben.« (National Archives)

Dieses unscharfe Foto zeigt ein Rettungsboot des 7191 BRT großen Frachters *Thomas McKean*, der sich auf seiner Jungfernreise von New York nach Trinidad befunden hatte, als ihn *U 505* versenkte.

Dieses bemerkenswerte Foto entstand am 29. Juni 1942 an Bord von *U 505* während einer Feindfahrt in der Karibik. Es zeigt die *Thomas McKean*, einen neuen 7191 BRT großen Frachter, der in wenigen hundert Meter Entfernung nach Artilleriebeschuss durch das U-Boot brannte. Der Frachter gehörte zu den sogenannten Liberty-Schiffen, die der Reeder und Werftbesitzer Henry J. Kayser in Sektionsbauweise fertigen ließ, um die Bauzeiten zu verkürzen.

Ein lächelnder Hans Göbeler im U-Boot-Päckchen mit dem U-Kriegsabzeichen auf der linken Brusttasche – glücklich wieder an Land zu sein.

Kapitänleutnant Peter Zschech, der zweite Kommandant von *U 505*, als Kommandant erkennbar am weißen Mützenbezug. (National Archives)

U 505 läuft unter dem Kommando von Kptlt. Peter Zschech aus Lorient aus. Das frühere Emblem des Bootes – die Streitaxt – ist an der Backbordseite des Turms unterhalb des Spritzwasserabweisers zu erkennen. Zschech beließ es als Zeichen der Kontinuität zwischen den beiden Kommandanten an Ort und Stelle.

Der Hitze entronnen. Während die Brückenwache den Horizont absucht, erholt sich eine Handvoll Angehöriger der Besatzung von *U 505* an Oberdeck, dankbar für die Möglichkeit, der drückenden Hitze im Inneren des Bootes zu entkommen. Der Verfasser Hans Göbeler steht in der Mitte der vorderen Reihe. U-Jagdgruppen, sogenannte *Hunter-Killer-Groups*, sollten diesen entspannenden Tagen an Deck bald ein Ende bereiten.

Dieses Foto zeigt die fast verhängnisvollen Schäden, die *U 505* erlitt, als ein »Hudson«-Bomber der *53. Squadron* der RAF aus Trinidad am 10. November 1942 aus den tiefhängenden Wolken herabstieß und Wasserbomben warf. Eine der Bomben traf direkt das 3,7-cm-Geschütz auf dem Achterdeck des U-Bootes. Die Wucht der Detonation brachte den tieffliegenden Bomber zum Absturz und tötete seine gesamte Besatzung. Er versank in der Nähe von *U 505*. (National Archives)

Das Achterschiff von *U 505*: In der Mitte das klaffende Loch mit dem Sockel, auf dem die 3,7-cm-Flak gestanden hatte, die über Bord gerissen wurde. Die robuste Einzellafette absorbierte die tödliche Gewalt der Detonation, die sonst *U 505* versenkt hätte. Das Innere der weggerissenen Außenverkleidung lässt die Oberdecksbehälter für die Reservetorpedos erkennen, von denen einer mit dem Torpedo zerstört wurde. Zum Glück blieb der Gefechtskopf unbeschädigt. Die Besatzung arbeitete unermüdlich, um das U-Boot so weit instand zu setzen, dass es für den Rückmarsch in flache Tiefen tauchen konnte. (National Archives)

LtzS. Gottfried Stolzenburg, II WO auf *U 505*, wurde auf der Brücke fast getötet, als Sillcocks »Hudson« herabschoß und ihre Wasserbomben warf. Die Verletzungen Stolzenburgs an Kopf, Rippen und Lunge erforderten seine Überführung auf ein Versorgungs-U-Boot, wo ihn ein Arzt einer lebensrettenden Operation unterzog. Das Foto zeigt, wie ihn ein Kamerad auf einem Schlauchboot versorgt, das ihn an Bord von *U 462* vom Typ XIV bringt.

Oblt. z. S. der Reserve Harald Lange, der dritte und letzte Kommandant von *U 505*. Der 40-jährige frühere Handelsschiffsoffizier war zuvor auf Vorpostenbooten und als I WO auf *U 180* gefahren. Lange stellte die Moral an Bord von *U 505* wieder her und war bei seiner Besatzung beliebt, konnte aber das Aufbringen des U-Bootes nicht verhindern. (National Archives)

Harald Lange und sein Führungspersonal Ende 1943 vor dem Auslaufen zu ihrer ersten Feindfahrt aus Lorient. Von links nach rechts: LtzS. d. R. Kurt Brey (II WO), Stabsobermaschinist Willi Schmidt, OblztS. Paul Meyer (I WO), Bootsmann und Seemännische Nr. 1 Heinz Möller, OblztS. d. R. Harald Lange (Kommandant), Obersteuermann Alfred Reinig (III WO), Marineoberassistenzarzt Dr. med. Friedrich-Wilhelm Rosenmeyer (Bordarzt im Range eines OblztS.), Obermaschinist Otto Fricke und Oblt.(Ing.) Josef Hauser (Leitender Ingenieur).

Harald Lange mit den Offizieren von *U 505*. Von links nach rechts: LtzS. d. R. Kurt Brey, OblztS. Paul Meyer, OblztS. d. R. Harald Lange, Marineoberassistenzarzt Dr. med. Friedrich-Wilhelm Rosenmeyer und Oblt.(Ing.) Josef Hauser.

Die PUOs (Portepee Unteroffiziere) von *U 505*. Von l. n. r., gestaffelt nach dem Dienstalter: Bootsmann Heinz Möller, Obermaschinist Otto Fricke, Stabsobermaschinist Willi Schmidt und Obersteuermann Alfred Reinig. (Museum of Science and Industry, Chicago)

U 505 läuft am 2. Januar 1944 in Brest ein, dem Stützpunkt der 4. T-Flottille. Auf dem Oberdeck sind die glücklichen 34 Überlebenden des gesunkenen Torpedobootes *T 25* versammelt, die von *U 505* gerettet wurden und vom Flottillenchef begrüßt werden. (National Archives)

Otto Dietz, der lebenslange, gute Freund Hans Göbelers von *U 505*.

U 505 in amerikanischer Hand: Zwei Bergungskommandos arbeiten am Nachmittag des 4. Juni 1944 daran, das aufgebrachte U-Boot schwimmfähig zu halten. Im Inneren des Bootes wurden herbeigeschaffte Bilgenpumpen mit Benzinantrieb eingesetzt, um das Wasser aus dem Boot zu bekommen. Das Heck befand sich vollständig unter Wasser und nur ein Teil des Bugs und der obere Teil des Turms waren noch trocken.

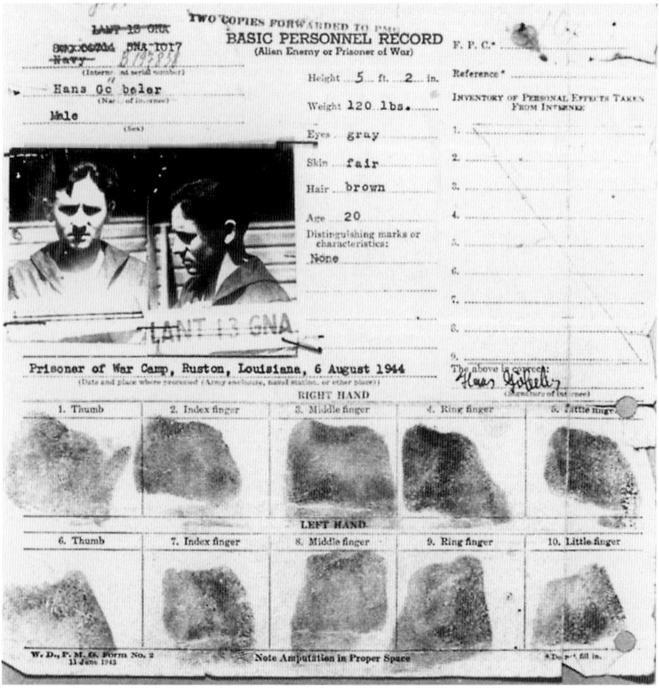

TWO COPIES FORWARDED TO PMG
LANT 13 GNA
BNA-1017
Navy
(Internment serial number)
Hans Göbeler
(Name of internee)
Male
(Sex)

BASIC PERSONNEL RECORD
(Alien Enemy or Prisoner of War)

Height 5 ft. 2 in.
Weight 120 lbs.
Eyes gray
Skin fair
Hair brown
Age 20
Distinguishing marks or characteristics:
None

F. P. C.*
Reference*
INVENTORY OF PERSONAL EFFECTS TAKEN FROM INTERNEE
1.
2.
3.
4.
5.
6.
7.
8.
9.
The above is correct:
Hans Göbeler
(Signature of internee)

LANT 13 GNA

Prisoner of War Camp, Ruston, Louisiana, 6 August 1944
(Date and place where processed (Army enclosure, naval station, or other place))

RIGHT HAND

1. Thumb	2. Index finger	3. Middle finger	4. Ring finger	5. Little finger

LEFT HAND

6. Thumb	7. Index finger	8. Middle finger	9. Ring finger	10. Little finger

W. D., P. M. G. Form No. 2
11 June 1943
Note Amputation in Proper Space
*Do not fill in.

Hans Göbelers Personalkarte als Kriegsgefangener.

U 505 im Schlepp der *Pauline L. Moran* 1954 auf dem Wege nach Chicago ins *Museum of Science and Industry*.

Axel-Olaf Loewe, der erste Kommandant von *U 505*, stattet 1957 seinem alten Boot einen offiziellen Besuch ab. Rechts: Museumsdirektor Lenox Lohr. (*Museum of Sience and Industry*, Chicago)

Der Autor Hans Göbeler spielte eine Schlüsselrolle, um die früheren Gegner zusammenzubringen. 1982 kamen ehemalige Angehörige der Kampfgruppe der USS *Guadalcanal* und Besatzungsangehörige von *U 505* zu einem Wiedersehenstreffen zusammen. Die deutschen Besatzungsangehörigen sitzen in der ersten Reihe. Ganz links im Bild sitzt Hans Göbeler (mit Gehstock) und noch weiter links sitzt Earl Trosino, der Leitende Ingenieur der *USS Guadalcanal*, der erfolgreich das Bergungskommando führte.

Hans Göbeler steht hier in den 1990er Jahren noch einmal an Deck seines geliebten *U 505*. Das Boot befindet sich noch außerhalb des Museums. Oben am Turm führt es als Wappen die Muschel, darunter (auf Höhe von Göbelers Kopf) das Wappen der 2. U-Flottille in Lorient.

Die Luftangriffe auf Lorient nahmen in dieser Zeit ständig zu, sowohl an Häufigkeit wie auch an Intensität. Bis zum Januar 1943 hatte das Gros der Zivilbevölkerung seine Habseligkeiten gepackt und die Stadt verlassen. Dies war natürlich der Hauptzweck dieser Bombardements. Da der Feind wusste, dass er mit seinen Waffen unseren U-Boot-Bunkern nichts anzuhaben vermochte, legte er es darauf an, die für die Deutschen tätigen zivilen Arbeitskräfte auszuschalten.

Auch wir im »Lager Lemp« waren natürlich von den nächtlichen Heimsuchungen der britischen Bomber betroffen, da wir uns in die Splittergräben zu begeben hatten, auch wenn diese im Ernstfall nur wenig Schutz geboten hätten. Immerhin hatten wir dort eine Art Logenplätze, was das Schauspiel am Himmel betraf. Es war schon faszinierend, zu beobachten, wie sich die Lichtkegel unserer Scheinwerfer wie gigantische Finger bei der Suche nach Zielen in der Dunkelheit am Himmel kreuzten. Einige Male konnten wir verfolgen, wie es war, wenn einer der großen Bomber erfasst wurde. Gleich danach liefen die Strahlen mehrerer Scheinwerfer über dem hilflosen Ziel zusammen, unentrinnbar in einem Spinnennetz aus Licht gefangen. Und dann war es nur noch eine Frage der Zeit, bis eines der schweren Flak-Geschütze einen Treffer landete und die Maschine brennend der Erde entgegenstürzte. Manchmal waren wir sogar imstande, den gelborangenen Feuerball zu sehen, der entstand, als das Flugzeug auf dem Boden aufschlug.

Auch die Luftangriffe auf die aus dem Hafen aus- oder in ihn einlaufenden U-Boote wurden immer schwerer. Unsere Geleitsicherungen, die im Herbst 1940 noch aus ein oder zwei kleinen Minensuchern bestanden hatten, umfassten mittlerweile eine Anzahl größerer und schwerer bestückter Schiffe. An der Kampfmoral der U-Boot-Waffe hatte dies jedoch nichts zu ändern gewusst.

* * *

Die drei Urlaubswochen für die erste Hälfte der Besatzung waren rum, und nun kamen wir anderen nach deren Rückkehr an die Reihe. Ich konnte es kaum erwarten, mich meinen Eltern in der dunkelblauen Marineuniform mit dem U-Boot-Kriegsabzeichen an der Brust präsentieren zu können, als ich in Lorient in den Zug stieg.

Die lange Eisenbahnfahrt nach Hause ins Hessische verlief ansonsten ereignislos. Meine Eltern nach so vielen Monaten wiederzusehen war einfach schön. Meine Mutter nahm mich in die Arme und herzte mich. Mein Vater war niemand, der seine tatsächlichen Gefühle zeigen, geschweige denn in Worten ausdrücken konnte. Aber an seinen Augen konnte ich ablesen, wie stolz er auf seinen Sohn war, der zu den U-Boot-Fahrern gehörte.

In den nächsten Tagen schauten auch etliche Nachbarn auf ein Schwätzchen bei uns vorbei, und zu erzählen gab es ja viel. Mir brachten sie zumeist ein Stück Wurst oder Rauchfleisch mit und sogar ein Marmorkuchen war dabei. Nur jemand, der während des Krieges selbst auf rationierte Lebensmittel angewiesen war, kann ermessen, wie nobel diese Geschenke waren, die sich heutzutage so bescheiden anhören.

Obwohl es schön war, wieder daheim bei meinen Eltern zu sein, fiel es mir nach acht Tagen zusehends schwerer, immer nur zu Hause rumzuhocken. Ich ging daher dazu über, abends die Kneipen des nahegelegenen Kleinstädtchens Frankenberg zu besuchen, das bislang von Kriegseinwirkungen völlig verschont geblieben war. Meine Mutter, eine sehr fromme Frau, die in mir immer noch das Kind sah, das ich schon lange nicht mehr war, fand dies beunruhigend. Doch mein Vater, der am Ersten Weltkrieg teilgenommen hatte und wusste, wonach es einen jungen Soldaten auf Urlaub verlangte, vermittelte zu meinen Gunsten.

Per Zufall traf ich eine junge Dame wieder, der ich zuletzt vor zwei Jahren begegnet war. Sie stammte von einem Bauernhof nicht weit vom Haus meiner Eltern entfernt und hatte sich seit damals vom Mädchen zur attraktiven jungen Frau entwickelt. Wir kamen miteinander ins Gespräch und fanden uns gegenseitig nett und sympathisch. Und dann ging alles ganz schnell. Nur ein paar Tage später fuhren wir gemeinsam für eine Woche nach Wien und erlebten in dieser bezaubernden Stadt eine wunderbare Zeit.

Zurück in Frankenberg, unterhielten wir uns lang und breit darüber, wie es denn mit uns beiden eigentlich weitergehen sollte. Trotz meiner Liebe zu ihr scheute ich davor zurück, sie durch Versprechungen an mich zu binden. Da U-Boot-Fahrer in diesem Krieg mit zu denen gehörten, deren Überlebenschancen besonders gering waren, hatte sie volles Verständnis für meine Beweggründe, und wir schieden als Freunde.

Viel zu schnell, so schien es, hieß es nun auch, Abschied von meinen Eltern zu nehmen, um nach Lorient zurückzukehren. Leicht fiel das keinem von uns. Der Gedanke, dies könnte das letzte Mal gewesen sein, dass wir uns sahen, lastete schwer auf der Seele. Mit Tränen in den Augen nahm meine Mutter mich in die Arme. Mein Vater, bemüht sich nichts dergleichen anmerken zu lassen, begleitete mich nach Frankenberg auf den Bahnhof.

Zu meinem Entsetzen musste ich feststellen, dass der Zug, den ich nach Frankfurt hatte nehmen sollen, gestrichen worden war. Dies bedeutete, dass ich dort den Anschluss nach Paris verpassen würde. Die Kriegsmarine sprang nicht gerade freundlich um mit Männern, die aus dem Urlaub auch nur eine Minute zu spät zu ihren Einheiten zurückkehrten; drei Tage »Bau« waren als Strafe das Mindeste.

Zum Glück für mich war mein Vater nach wie vor noch Beamter der Reichsbahn und hatte so seine Verbindungen. Irgendwie arrangierte er es, dass ich auf einer Dampflok nach Marburg mitgenommen wurde. Dort verzögerte ein Zug seine Abfahrtszeit um ein paar Minuten, bis ich eingetroffen war. Rennend schaffte ich es gerade so eben noch, auf den abfahrenden Zug aufzuspringen, der mich doch noch rechtzeitig nach Frankfurt bringen würde. Die weitere Fahrt bis Lorient verlief entspannt. Glück hatte ich aber trotzdem, indem ich bereits unterwegs zu unseren Unterkünften war, als ein schwerer Luftangriff die Gleisanlagen im Bereich des Bahnhofs verwüstete.

* * *

Am 10. Februar 1943 brach die gesamte Besatzung von *U 505* fröhlich gestimmt gen Deutschland auf. Für sechzehn Tage ging es nach Bad Wiessee am Tegernsee ins Hotel »Wolf«, einem Sport-Erholungsheim für U-Boot-Fahrer. Eine Gruppe von sieben Mann, zu der auch ich gehörte, war zuvor zu Transportbegleitern von irgendwelchen Verwaltungsunterlagen aus dem Stützpunkt bestimmt worden, die nach München gebracht werden sollten. Da sich deren Übernahme in Form von vier großen Schrankkoffern verzögerte, mussten wir unseren Kameraden hinterherreisen.

In Paris begannen dann unsere Probleme. Der Zug mit der Besatzung von *U 505* war weg und in absehbarer Zeit fuhr lediglich noch ein Sonderzug, der für Stabspersonal und Kuriere reserviert war. Wir beschlossen, uns als Kuriere im weitesten Sinne zu fühlen und den zu nehmen. Wohlweislich warteten wir bis kurz vor dessen Abfahrt, bevor zwei von uns zwei Abteile »enterten« und deren Fenster aufmachten, damit wir anderen vom Bahnsteig aus unser gesamtes Gepäck hereinreichen konnten. Die Proteste der regulären Mitfahrer, die deswegen ihre Plätze räumen mussten, wurden nur mit einem bedauernden Achselzucken quittiert.

Schon bald nachdem sich die Lokomotive in Bewegung gesetzt hatte, kehrte einer dieser kleinen Helden an der Schreibtischfront, die sich über die Verlegung beschwerten, triumphierend mit den Zugbegleitern der Bahnpolizei zu uns zurück. Deren Hauptmann versuchte Obersteuermann Reinig, der unser Kommando führte, zu erklären, dass wir geheime Dokumente beförderten, die binnen sechsundreißig Stunden ihren Bestimmungsort erreichen mussten. Der Bahnhofspolizist zeigte sich völlig unbeeindruckt und erklärte, wir hätten den Zug beim nächsten Aufenthalt gefälligst zu verlassen.

Als es so weit war, kehrte der Hauptmann mit drei seiner Leute zu uns zurück, um sich zu vergewissern, dass wir auch wirklich ausstiegen. Da wir jedoch dazu keinerlei Anstalten machten, kam es zu einer heftigen Rangelei, an deren Ende die Bahnhofspolizisten etwas lädiert wieder abzogen.

In Metz räumten wir freiwillig die Stellung, um mit der nächsten sich bietenden Gelegenheit die Weiterreise nach München anzutreten. Kaum hatten wir jedoch die vier Schrankkoffer nebst unserem Gepäck auf einem Handkarren aufgetürmt, rückte auch schon ein Empfangskommando der Bahnpolizei an, um uns festzunehmen. Doch dafür mussten sie uns erst einmal haben! Eine ulkige Jagd setzte ein; wir vorneweg, mit unserem hoch aufgetürmten Gepäckkarren, verfolgt von einem Schwung Bahnpolizisten, wobei uns zugute kam, dass der Bahnsteig dicht mit wartenden Heeressoldaten bevölkert war. Mochten die einzelnen Waffengattungen sich auch ansonsten nicht immer grün sein, so hielt man dennoch ganz selbstverständlich zusammen, wenn es gegen Polizisten ging. Die Landser machten für uns und unseren Karren bereitwillig Platz, schlossen danach aber wieder sofort die Lücke und standen »ungewollt« unseren Häschern im Weg, um unser Entkommen zu ermöglichen.

Als wir dann jedoch wohlbehalten in Bad Wiessee eintrafen, hatten wir allerdings das Pech, dass Kapitänleutnant Zschech bereits telefonisch über unsere Eskapaden informiert worden war. Wie nicht anders zu erwarten, schäumte unser Kommandant vor Wut. Den Obersteuermann und den Torpedomechaniker verdonnerte er zu zehn Tagen verschärften Arrest im Bau. Wir anderen erhielten drei Tage aufgebrummt. Glück hatten wir insofern, als dass die Strafe erst nach unserer Rückkehr nach Lorient vollstreckt werden sollte. Von daher blieb die Freude, uns zur Abwechslung auch als Skifahrer versuchen zu dürfen, ungeschmälert.

* * *

Zurück in der Bretagne erkannten wir unser *U 505* fast nicht mehr wieder. Der ehemalige Turm war durch den vollständig neuen und verbesserten Aufbau IV ersetzt worden. Auch das große 10,5-cm-Decksgeschütz hatte man entfernt, da mit ihm in Anbetracht der verstärkten alliierten Luftaktivitäten Überwasserangriffe auf Schiffe nicht mehr durchführbar waren. Stattdessen hatte das Boot eine 2-cm-Vierlings-Flak sowie zwei 2-cm-Zwillingslafetten erhalten. Dafür war der rückwärtige Teil des Turmaufbaus, der »Wintergarten«, zu einer größeren Plattform mit einer zweiten, tiefer gelegenen Ebene umgestaltet worden.

Auch im Inneren des Bootes tat sich einiges. Mehr als 36 Quadratmeter neuer Stahlplatten für den Druckkörper wollten vernietet und verschweißt, ein im Lauf ruhiger und stärkerer E-Motor eingebaut werden. Und so schleppten sich die Wochen dahin, während die Werftarbeiter an unserem Boot arbeiteten.

Anfang März wurde ich zusammen mit einigen anderen auf die Marineflakschule in Mimizan geschickt, sechzig Kilometer südöstlich von Bordeaux und unweit der spanischen Grenze.

Zwei volle Wochen lang scheuchten sie uns dort wie die Hasen. Sinnvolles, wie etwa ein Übungsschießen auf Luftsäcke, die von Flugzeugen entlang des Strandes gezogen wurden, gab es nur selten. Geboten bekamen wir aber dafür in schöner Regelmäßigkeit nur nutzlose Schikanen, wobei uns U-Boot-Fahrer besonders die arrogante Selbstgefälligkeit der Ausbilder nervte. Nach diesem »Abstecher« zum Heer bildete die Rückkehr nach Lorient fast schon eine Wohltat, zumal die nächste Ausfahrt von *U 505* in Bälde bevorstand.

Traurig stimmte mich dann allerdings ein Gespräch mit Willi, der mich darüber einweihte, er trüge sich mit der Absicht, von *U 505* klammheimlich Abschied zu nehmen. Zusammen mit seiner französischen Freundin, die ihm einen gefälschten Pass besorgt habe, wolle er in die Schweiz gehen, und falls ich mich ihnen anschließen wolle, könnte er auch für mich so ein Dokument beschaffen.

Ich war wie vor den Kopf gestoßen und redete ihm lange und eindrücklich ins Gewissen und malte ihm alle nur denkbaren Folgen dieser Desertion aus. Am Ende dieser teilweise heftig geführten Diskussion, die auch um den Begriff der Ehre kreiste, hatte Willi ein Einsehen und verabschiedete sich wieder von dieser in meinen Augen völligen Schnapsidee. Fahnenflucht überhaupt nur zu erwägen lag jenseits meiner sämtlichen Wertvorstellungen. Willi blieb zwar an Bord bis zum Aufbringen von *U 505*, aber mein Verhältnis zu ihm als Freund war nicht mehr dasselbe wie zuvor.

10. Kapitel

Sabotage

Ende Juni waren die Arbeiten an *U 505* endlich so weit abgeschlossen, dass das Boot aus dem Trockendock in eine Nassbox des Bunkers verlegt werden konnte. Auch die Besatzung zog um und kehrte aus dem »Lager Lemp« an Bord.

Eines Nachts kletterte einer der Torpedomechaniker, der an Oberdeck Wache hatte, nach seiner Ablösung von der Brücke hinunter in die Zentrale, als sich der Sicherungshebel seiner Maschinenpistole, eine hakenförmige Raste, an den Sprossen des Niedergangs verfing. Der Spannhebel geriet aus seiner Sicherungsposition, die Spannfeder drückte den Verschluss nach vorne und es löste sich ein kurzer Feuerstoß, aus drei Schuss bestehend, von denen einer einen der Männer in der Zentrale streifte und ihm eine leichte Fleischwunde am Oberarm zufügte.

Kaum hörten wir die Schüsse, sprangen meine Bordkameraden und ich aus den Kojen und stürmten in die Zentrale, bereit, mit dem erstbesten Rohrstück oder Schraubenschlüssel, der uns in die Hände fiel, auf das feindliche Enterkommando loszugehen. Als wir sahen, was tatsächlich vorgefallen war, konnten wir nicht umhin, schallend zu lachen, zumal die aufgeregten Kameraden den Patienten mit dem Verbandsmaterial aus dem Erste-Hilfe-Kasten fast wie eine Mumie einwickelten.

Irgendwie überredeten wir den Maat der Wache, den kleinen Vorfall nicht zu melden, und drei Schuss Munition fanden sich schnell, um die fehlenden Patronen im Magazin der MP 40 zu ersetzen. Die Offiziere bekamen jedenfalls nichts von alledem spitz. Denkbar allerdings, dass der eine oder andere sich über den künftigen Spitznamen des Torpedomechanikers gewundert hat, der fortan nur mehr der »Scharfschütze« war.

Die letzten Vorbereitungen für das Auslaufen begannen. Wie üblich, bestand die schwierigste Aufgabe darin, die Torpedos an Bord zu nehmen. Flache Boote mit den langen schwarzen Aalen kamen längsseits von *U 505*. Sie wurden aufgeheißt und mit Block und Takel durch das schmale vordere und das achtere Torpedoluk in die jeweiligen Torpedoräume gebracht. Als die Torpedos in den Eingeweiden unseres Bootes verschwanden, stellte ich mir vor, wie es sein würde, wenn diese Monster in die Bordwände feindlicher Schiffe einschlugen.

Nach der Proviantübernahme kam die Flak-Munition an die Reihe. Im Vergleich zu früher ließen sich die Kästen mit der 2-cm-Munition wesentlich leichter handhaben als jene mit dem schweren 10,5-cm-Kaliber für die Seezielartillerie, die wir noch vor Antritt unserer letzten Feindfahrt zu verstauen hatten. In puncto Abwehr von Luftangriffen setzten wir viel Vertrauen in die neue Vierlingsflak, mit der wir ausgerüstet worden waren. Die geeigneten Flächen, um auf dem breiten Geschützschild die von uns abgeschossenen Flugzeuge aufzumalen, hatten wir bereits ausgemacht.

Als nächstes stand dann die routinemäßige Dichtigkeitsprüfung des Bootskörpers auf dem Programm. Sobald alle Luken und Ventile geschlossen waren, wurde ein großer Kompressor angelassen, um im Inneren des Bootes Unterdruck zu erzeugen. Wäre von irgendwoher Luft eingeströmt, hätte sich das auf dem Innendruckmesser bemerkbar gemacht. Da keine Anfälligkeiten festgestellt werden konnten, stand dem Auslaufen von *U 505* nichts entgegen.

Am folgenden Tag verließen wir den Bunker, um den länger dauernden Entmagnetisierungsprozess durchzuführen, der verhindern sollte, dass unser Boot Magnetminen aktivierte, die von alliierten Flugzeugen im Hafenbereich abgeworfen worden waren. Allgemeines Magenkribbeln machte sich breit, je näher der Zeitpunkt zum Auslaufen heranrückte.

Die Abschiedszeremonie am Spätnachmittag des 1. Juli 1943 konnte mit den früheren nicht mithalten. Statt einer Marinekapelle traten nur noch drei Akkordeonspieler in Aktion. Abgesehen von einigen Offizieren des Flottillenstabes waren allenfalls noch etwa fünfzig Zuschauer gekommen und es herrschte eine gedrückte Stimmung vor. Kein Wunder, waren doch in den vergangenen drei Monaten nicht weniger als neunzig Boote von ihren Feindfahrten nicht zurückgekehrt! Die Schlacht im Atlantik bescherte der gesamten U-Boot-Waffe schwere Verluste an Mensch und Material. An unserer grundsätzlichen Einstellung änderte sich dadurch jedoch nichts: Wir waren Marinesoldaten, hatten eine Aufgabe zu erfüllen und taten unsere Pflicht. Für uns war dies eine einfache Sichtweise.

Die letzten Leinen waren losgeworfen und sobald wir von der Pier frei waren, gingen wir auf halbe Fahrt und hielten auf die Hafenausfahrt zu. Unser Marsch durch den Hafen hinaus in den Golf von Biskaya war eine vorweggenommene Reaktion auf die zunehmende Gefahrenlage, der wir auf See ausgesetzt sein würden. Die gegnerische Geleitzugtaktik kopierend, gingen wir zusammen mit vier anderen Booten in See[17]: *U 168*, *U 183*, *U 514* und *U 533*. Zu fünft verfügten wir über eine weitaus höhere Feuerkraft bei der Flakverteidigung gegen angreifende Bomber, was unsere Chancen, nicht versenkt zu werden, erheblich verbesserte. Eine überraschend starke Geleitsicherung aus sieben Minensuchern begleitete uns und bildete einen zusätzlichen Luftabwehrschirm. Nachdem wir unseren Liegeplatz verlassen hatten, blieben nur jene Männer im Bootsinneren, die dort unabkömmlich waren. Alle anderen hatten sich mit angelegten Schwimmwesten auf dem Oberdeck einzufinden und sich dort hinzuknien – eine Maßnahme, die unsere Überlebenschancen erhöhen sollte, falls wir Bekanntschaft mit einer Mine machten.

Ein Schleier aus dickem, nässendem Nebel hüllte uns nach Verlassen des Hafens ein. Fatalerweise begannen gegen Mitternacht unsere Dieselmotoren gleichzeitig zu stottern und zu husten und blieben schließlich stehen. Die anderen Boote mit ihren Begleitschiffen ließen uns hinter sich in der Dunkelheit zurück. Lediglich ein Minensucher verblieb bei uns zur Luftsicherung, während wir fieberhaft an den Motoren arbeiteten. Als es schließlich irgendwann doch noch gelang, die verflixten Dinger wieder dröhnend zum Leben zu erwecken, fehlte es nicht an Seufzern der Erleichterung.

Mehrere Stunden später erreichten wir unseren Ablaufpunkt mit der Bezeichnung »Punkt Kern«. Die Geleitsicherungsfahrzeuge liefen bereits mit hoher Fahrt zum Hafen zurück und ließen uns für das Prüfungstauchen allein zurück.

Der Augenblick der Wahrheit war gekommen und der ausgebesserte Druckkörper musste erstmals beweisen, was er aushielt. Nach und nach gingen wir langsam stufenweise tiefer. Anfangs verlief alles glatt, aber bei vierzig Metern drang dann auf Grund des gestiegenen Außendrucks an der Steuerbord-Propellerwelle Wasser ein. Die schadhafte Dichtung bedeutete, dass unsere maximale Tauchtiefe fortan unter vierzig Metern liegen würde. So mancher Kommandant hätte dies zum Anlass genommen, auf der Stelle in den Hafen zurückzukehren, nicht aber Zschech, der aufgetaucht die Feindfahrt fortsetzen ließ, darauf hoffend, dass es uns schon noch irgendwie gelingen würde, diesen Schaden zu beheben.

Unsere Pechsträhne ging weiter, als nicht sehr viel später unser neues FuMB 1 Metox durch Kurzschluss ausfiel. Keine vierundzwanzig Stunden waren wir in See und hatten doch schon mehr Probleme, als uns lieb sein konnte.

Doch damit standen wir nicht alleine da. Gegen Mittag des nächsten Tages fingen wir ein FT von *U 533* auf, das den Ausfall eines seiner Auspuffventile meldete, ein außerhalb einer Werft nicht zu reparierender Defekt, weswegen das Boot nach Lorient zurückbeordert wurde. Hinter dieser ungewöhnlichen Pannenserie konnten eigentlich nur Sabotageakte der Werftarbeiter stecken.

Den Golf von Biskaya durchquerten wir im Wesentlichen

unter Wasser, um möglichst nicht wahrgenommen zu werden. Die Ortung aus der Luft durch feindliche Flugzeuge bedeutete, dass ein U-Boot, auch wenn es den Wasserbombenabwürfen durch Abtauchen entging, deswegen noch lange nicht »seine Haut« gerettet hatte. Die RAF-Piloten gaben die entsprechenden Positionsangaben natürlich sofort auch an die Zerstörergruppen weiter, die mit AK das in Frage kommende Gebiet ansteuerten. Und sie waren dabei um ein Mehrfaches schneller als ein U-Boot mit seinen E-Motoren unter Wasser. Der Rest war dann nur ein ziemlich einseitiges Katz- und Mausspiel. Auf den Zerstörern brauchte man bloß noch darauf zu lauern, bis dem U-Boot der »Saft« für seine Batterien oder die Atemluft ausging und es gezwungen war aufzutauchen.

Am Morgen des 7. Juli sichteten wir etliche portugiesische Fischerboote. Auch wenn Portugal nicht zu den Kriegsteilnehmern gehörte, hielten wir es für angebracht, einen großen Bogen um sie zu schlagen, um unbemerkt zu bleiben. Man konnte schließlich nicht ausschließen, dass einer der Fischer eine solche Beobachtung per Funk an die Tommies melden würde.

Am Abend gab auch noch das GHG* den Geist auf. Damit war das Boot so gut wie taub und eines seiner wichtigsten Geräte beraubt, um zu überleben. Unsere Pechsträhne, vor allem in einem so frühen Stadium der Feindfahrt, war zu ungewöhnlich, um sie als Zufall und das Zusammentreffen unglücklicher Umstände abzutun. Das Gesprächsthema während der Freiwachen war, dass wir Opfer eines gut koordinierten Sabotageprogramms waren, wobei uns vor allem die Frage quälte, was wohl noch an unvorhersehbaren technischen Pannen auftreten könnte. Das Verhalten unserer Kommandanten wurde

---

* Gruppenhorchgerät. Detektor, um Schiffe, Geleitzüge und feindliche Eskorten aufzuspüren. Bei günstigen Voraussetzungen konnten mit dem GHG Einzelschiffe bis zwanzig, Geleitzüge bis hundert Kilometer Entfernung gehört werden.

mit jedem Störfall nur noch launischer, als es ohnehin schon war. Die Feindfahrt setzte Zschech trotz unserer gravierenden Probleme hartnäckig fort.

Die Neulinge innerhalb der Besatzung hatten sich bald an den Rhythmus dieses Teils unseres Marsches gewöhnt. Es mussten lange Strecken unter Wasser zurückgelegt werden, wobei nur das Summen der E-Motoren uns daran erinnerte, dass wir noch fuhren. Willkommene Unterbrechungen der Monotonie bildete das Auftauchen, wenn es galt, das Boot durchzulüften und mit den draufloshämmernden Dieselmotoren die Batterien wieder aufzuladen. Bedingt durch den rauen Seegang, der herrschte, ging es im Vergleich zu dem ruhigen Dahingleiten unter Wasser dabei zu wie bei einer Achterbahnfahrt.

Beim Wachdienst auf der Brücke hatte deshalb so mancher unserer Neuen mächtig mit der Seekrankheit zu kämpfen und durfte sich Sprüche anhören wie: »Halt dein Fernglas vor die Augen und nicht an den Mund.« Oder Ratschläge: »Wenn du reihern musst, kotz auf Deck; die See spült's mit der nächsten Welle wieder weg.«

Am nächsten Morgen verloren wir die Fühlung mit Auffermanns *U 514*, unserem Partner für die Fahrt über den Atlantik.[18] Unser Funk war ausgefallen, weshalb wir zur vorgesehenen Sendezeit keine Verbindung aufnehmen konnten und bei der schweren See einen Sichtkontakt mit dem Boot herzustellen nicht möglich war. Trotz aller Bemühungen gelang es nicht, die zum Tauchen in ihrem Schacht versenkte Peilantenne freizubekommen. Und dabei war dieses einfache, auf einem kleinen Masten angebrachte kreisrunde Gerät eines der notwendigsten Ausrüstungsstücke an Bord.

Als wir uns am 8. Juli im Unterwassermarsch nahe Kap Finisterre an der spanischen Nordwestküste befanden, erschütterte uns unerwartet eine rasche Serie von sechs Detonationen, die sehr nahe lagen. Ein Flugzeug hatte anscheinend die Umrisse von *U 505* ausgemacht, als wir kurz zuvor noch auf achtzehn Metern Tiefe gefahren waren. Zum Glück waren wir mittlerweile auf knapp vierzig Meter runtergegangen, was uns vermutlich das Leben rettete. Als wenig später vier weitere Wasserbomben erneut unser Boot durchschüttelten, stießen wir einen »Bold« aus, einen mit Calciumhydrit gefüllten zylindrischen Drahtgitterbehälter, der Bläschenwolken erzeugte, deren Reflexionen der Asdic-Ortung ein U-Boot vorgaukelten.

Die List mit dem Täuschkörper dürfte vermutlich geklappt haben, denn es kam zu keinen weiteren Angriffen mehr.

Als hätten wir nicht ohnehin schon genug Funktionsprobleme gehabt – eine maximale Tauchtiefe von nur noch einem Fünftel des mit zweihundert Metern Möglichen, ein GHG, das den Geist aufgegeben hatte, eine Peilantenne, die sich nicht mehr ausfahren ließ –, hatten uns die Wasserbomben einen Riss in einem der außen gelegenen Treibstoffbunker beschert. Das austretende Öl und die Spur, die es hinterließ, machten es jedem Gegner leicht, unsere Position selbst unter Wasser zu bestimmen. Da wir eindeutig nicht mehr kampffähig waren, entschloss Zschech sich endlich zur Rückkehr nach Lorient. Um 20.00 Uhr tauchten wir wieder auf und traten den Rückmarsch zum Stützpunkt an.

Kaum hatten wir den neuen Kurs eingeschlagen, vernahmen wir das von allen U-Boot-Fahrern gefürchtete Singen von Hochgeschwindigkeitspropellern, das eindeutige Erkennungszeichen von Zerstörern. Der Pilot der Maschine, von der wir zuvor angegriffen worden waren, hatte offensichtlich per Funk unsere Position durchgegeben, damit die Kriegsschiffe die von ihm begonnene Aufgabe beenden konnten. Wir unterboten die übliche Alarmzeit von fünfunddreißig Sekunden deutlich, sicherten alle Luks mit Klampen und wappneten uns für das Unvermeidliche.

Die Zerstörer hielten direkt auf uns zu. Da es im Inneren unseres U-Bootes still wie in einer Gruft war, vermochten wir deutlich das Aufplatschen der Wasserbomben zu hören, die direkt über uns geworfen wurden. Sekunden später wurde *U 505* zum Spielball von neun Detonationen um uns herum. Alles, was nicht niet- und nagelfest gesichert war, flog durch die Gegend. Vereinzelte Schreie ertönten, aber niemand verlor die Nerven. Trotz der entsetzlichen Schläge, die wir abbekommen hatten, gab es erstaunlicherweise nur einige unbedeutende kleinere Lecks.

In der einsetzenden Ruhe vor dem nächsten Sturm suchte sich jeder einen möglichst sicheren Halt und starrte dabei unbewusst nach oben zu dem unsichtbaren Feind.*

Zehn bange Minuten später kündigte das Schlagen der Propellerschrauben einen weiteren Anlauf der Zerstörer an, und so manches Stoßgebet wurde vermutlich zum Himmel geschickt. Wieder wurden neun Wabos geworfen, und für uns wiederholte sich in Windeseile das höllische Inferno. Als es vorüber war, schauten wir einander nur verwundert an und hatten Mühe, zu begreifen, dass wir noch am Leben waren.

Doch ausgestanden war damit noch nichts, denn solange nicht ein aufsteigender Schwall aus Luft, Öl, Wrack- und Leichenteilen vom Untergang unseres Bootes kündete, würden die Jäger nicht lockerlassen. Und so kam es auch. *U 505* wurde zur Kesselpauke, die Wabos zu Schlegeln, die darauf eindroschen. Die Detonationen der Sprengkörper gabelten uns diesmal ein und es war ein Wunder, dass wir durch die hammerähnlichen Schläge nicht entzweigerissen wurden.

Wir stießen zwei weitere Bolde aus und versuchten, uns in deren Schutz langsam heimlich davonzustehlen. Nach einer Weile, in der alles ruhig blieb, brachte Zschech *U 505* auf Sehrohrtiefe und riskierte einen schnellen Rundblick durchs Peri-

---

* Anm. d. Verf.: Aus irgendeinem Grund blickten die Männer auf Unterseebooten bei einem Wasserbombenangriff stets nach oben, trotz der allseits bekannten Tatsache, dass jene Wasserbomben, die am gefährlichsten waren, unter dem Bootskörper explodierten. Ich konnte dieses Phänomen weder verstehen noch erklären, denn auch ich starrte während der Angriffe nach oben.

skop. An Backbord lagen in etwa dreitausend Metern Entfernung drei Zerstörer, von denen einer ungewöhnlich groß war und einem Leichten Kreuzer der Birmingham-Klasse glich. Unsererseits einen Angriff zu starten wäre der pure Selbstmord gewesen, und so setzten wir unsere Schleichfahrt fort, um nichts wie aus der »Ecke« wegzukommen.

* * *

Am späteren Abend trafen wir vor der Küste bei La Coruña ein, tauchten auf und liefen mit den Dieselmotoren hohe Fahrtstufen. Um etwas Schutz vor Radarortungen zu bekommen, hielten wir uns dicht an die spanische Küstenlinie. Mit nur etwa drei Seemeilen Abstand mit voller Fahrt durch die flachen Gewässer zu laufen war ganz schön aufregend.

Kurz vor Einsetzen der Morgendämmerung tauchten wir. Nach etlichen Stunden brachte Zschech das Boot zu einem Rundblick auf Sehrohrtiefe. Wir hörten ihn im Kommandantenstand des Turms »Verdammte Scheiße!« brüllen. Den Grund seiner Wut teilte er uns prompt mit: Es war die in allen Regenbogenfarben schimmernde, riesige Ölspur, die wir hinter uns herzogen. Mit finsterer Miene und ohne einen weiteren Kommentar stürmte Zschech in seine Kammer zurück.

Unsere Taktik behielten wir in der Folgezeit bei: Hohe Fahrt mit Dieselkraft dicht unter der Küste bei Nacht, langsame E-Motoren-Fahrt getaucht bei Tage. Beim Marsch quer durch den Golf von Biskaya riskierten wir im Vertrauen auf das schlechte Wetter auch schon mal tagsüber die schnellere Fahrt über Wasser.

In der Nacht des 11. Juli empfingen wir vom FdU West ein FT, in dem wir Ort und Zeit des Treffens mit der Geleitsicherung mitgeteilt bekamen. Uns blieben demnach vierundzwanzig Stunden, um den »Punkt Kern« zu erreichen, was wir auch schafften. Als jedoch unsere beiden Geleitfahrzeuge in Sicht kamen, erspähten die Adleraugen des Brückenausgucks Feindflugzeuge, die sich aus östlicher Richtung in allenfalls dreihundert Metern Höhe rasch näherten. Eine Vorwarnung durch unser nagelneues Metox-Gerät war unterblieben, obwohl die Maschinen Radar benutzt haben mussten. Dank eines sofortigen Alarmtauchens entgingen wir dem direkten Angriff und das Dröhnen der Wasserbomben erfolgte in unschädlicher Entfernung von uns. Dennoch bewegte uns die Frage, wie es wohl unseren Geleitsicherungsfahrzeugen ergangen sein mochte. Zwanzig Minuten später gingen wir auf Sehrohrtiefe und freuten uns, dass die beiden kleinen Minensucher nicht nur noch da waren, sondern auch nichts aus der Luft abbekommen hatten. Wir tauchten auf und liefen von ihnen flankiert weiter in Richtung Lorient.

Am 13. Juli gegen 01.30 Uhr stieß plötzlich erneut ein aus der Dunkelheit kommendes britisches Kampfflugzeug auf uns herunter und nahm uns mit seinen Maschinengewehren unter Beschuss. Mit unseren 2-cm-Fla-Geschützen erwiderten wir das Feuer, woraufhin die Maschine ob dieses heißen Empfangs wieder abdrehte. Allerdings hatte auch bei diesem Zwischenfall unser Metox zuvor komplett versagt.

Den Rest des Weges in den Hafen legten wir unbehelligt zurück, wo wir in den Scorff-Bunker krochen, der über zwei Nassboxen für vier Boote verfügte. Lediglich einige wenige Offizielle hatten sich pflichtschuldigst auf der Pier eingefunden, doch ihnen war anzumerken, dass sie verstimmt darüber waren, uns derart verfrüht wiederzusehen.

Am Morgen nach unserer Ankunft nahm der Flottilleningenieur im Verein mit einer großen Anzahl von Spezialisten der Werft eine penible Inspektion unseres Bootes vor. Was sie dabei herausfanden, war erschreckend. Fast sämtliche Dichtungen an den Überdruck- und Notabsperrventilen, den Tauch- wie den Batteriezellen und die der Treibstoffbunker waren völlig korrodiert. Die Werftmenschen versteiften sich zunächst darauf, an den Mängeln der Teile seien die Zulieferer schuld, konnten dann aber doch nicht umhin, einräumen zu müssen, dass die Schäden aus etwas ganz anderem resultierten: Irgendwer hatte Batteriesäure über die Dichtungen gekippt.

Doch auch schon vor uns hatte es genügend Klagen von anderen Booten über mysteriöse Vorfälle gegeben, die von Zucker im Schmieröl bis hin zu einem toten Hund in einer Trinkwasserzelle reichten. Auch aufgeblähte Konserven waren entdeckt worden, an deren Deckeln herummanipuliert worden war, um beim Verzehr des Inhalts Fleisch- oder Wurstvergiftungen hervorzurufen.

Die Sicherheitsvorkehrungen gegen Sabotageakte wurden in Lorient jedenfalls verschärft. In den folgenden zwei Wochen, während derer die Reparaturarbeiten an unserem Boot erfolgten, wurde ein Teil der Besatzung zu technischen Sonderlehrgängen abkommandiert. Die anderen blieben an Bord und waren vor allem dazu da, den Werftarbeitern scharf auf die Finger zu sehen.

Unsere bisherige 2-cm-Vierlingsflak wurde durch die neue 3,7-cm-Flak M 42 ersetzt, die auf eine dreiachsig stabilisierte Mittelpivotlafette (LM 43 U) aufgesetzt wurde. Die Feuergeschwindigkeit dieser Maschinenwaffe, deren Schutzschild so gefertigt war, dass die Seitenteile beiklappbar waren, um den Unterwasserwiderstand zu reduzieren, belief sich auf beachtliche einhundertzwanzig Schuss pro Minute.

* * *

Am 1. August 1943 liefen wir erneut aus Lorient aus, wobei wir uns diesmal im Verband mit *U 523* und *U 123* befanden.

Der Golf von Biskaya bereitete uns den fast schon traditionell unfreundlichen Empfang. Raue Seen krachten über den Bug und durchnässten die Brückenwache. Bis zur Morgendämmerung hatten wir uns durch die schwere Dünung bis zum »Punkt Kern« durchgekämpft und bereiteten uns auf das obligatorische Prüfungstauchen vor. Obwohl dies zum Ritual der routinemäßigen Überprüfungen vor dem Antritt einer Feindfahrt gehörte, machte es uns diesmal nervös.

Angesichts unseres noch nicht wieder getesteten Druckkörpers geschah der Abstieg etwas langsamer als sonst üblich. Die Vierzig-Meter-Marke erreichten wir ohne Probleme. Mit jedem Meter, den wir danach weiter sanken, wuchs unsere Anspannung.

Als die Skala des Tiefenmessers fünfzig Meter anzeigte, lief ein lautes metallisches Knirschen durch das Boot, gefolgt von einer Serie noch stärker knackender Geräusche. Wir verharrten eine Zeitlang auf dieser Tiefe, um nach einem Schaden zu suchen, konnten aber keinen feststellen. Um herauszufinden, ob die Ursache der Geräusche nur von einem harmlosen Setzen der Platten herrührte oder ob es sich dabei um etwas Ernsteres handelte, setzten wir den Abstieg fort.

Bei fünfundfünfzig Metern registrierten wir ein eindeutiges Zischen, das sich weiter verstärkte, je tiefer wir sanken. Dann trat plötzlich deutlich vernehmbar ein merkwürdiges Gluckern auf, das von außerhalb des Druckkörpers zu kommen schien. Über eine Stunde blieben wir auf dieser Position und kontrollierten jeden Winkel unseres Bootes, vermochten dabei aber nichts Ungewöhnliches festzustellen.

Danach tauchten wir auf und inspizierten das Oberdeck und die druckfesten Behälter, in denen sich die Reservetorpedos befanden. Da auch dort alles in Ordnung war, tauchten wir erneut. Bei sechzig Metern kam es zu einem gewaltigen Knall, der achteraus der Zentrale von der Steuerbordseite ausging. Eine kurze Beratung zwischen dem LI und Zschech führte zum Abbruch der Feindfahrt und der Rückkehr zum Stützpunkt. Um Mitternacht machten wir im Scorff-Bunker fest.

Auch wenn die Werftingenieure zunächst bei der Ursachenforschung für unsere Wahrnehmungen beim Prüfungstauchen nicht fündig wurden, entschieden sie, *U 505* im Hafen zu belassen, um das Funkmessbeobachtungsgerät »Naxos«

FuMB 7 einzubauen, eine Weiterentwicklung des Radarwarners Metox.[19]

Dass der Einbau unseres neuen Ortungsgerätes nach unserem Dafürhalten nur langsam voranging, war ärgerlich, aber nicht zu ändern. Weitaus mehr ergrimmte uns die Skepsis, mit der unsere Meldungen über die Tauchgeräusche begegnet wurde – als ob wir uns das nur eingebildet hätten!

Von daher war es für uns eine echte Genugtuung, als die Werftingenieure dann doch auf etwas stießen: vorgetäuschte Schweißnähte in den frisch reparierten Bereichen des Druckkörpers, die aus Kalfaterwerg bestanden. Die gerollten Hanfstreifen, normalerweise zum Abdichten benutzt, waren zwischen den Platten an den Verbindungsstellen eingebracht und danach mit einer dünne Schicht Lötmetall überzogen worden, um den Anschein solider Schweißnähte zu erwecken. Den hohen Druckbelastungen bei einem wirklichen Tieftauchen hätte der Bootskörper damit nie und nimmer standhalten können. Wir alle wären jämmerlich ertrunken.

Nachdem die Schäden ausgebessert und jeder Zentimeter aller Schweißnähte genauestens unter die Lupe genommen worden waren, durften wir am 14. August kurz nach Sonnenuntergang wieder auslaufen. Diesmal sollte *U 68* unser Partner bei der Atlantiküberquerung sein.

Vor der Küste an der 200-m-Linie angekommen, begannen wir mit dem Prüfungstauchen. Bis fünfzig Meter ging alles glatt, und es bestand Grund zu der Annahme, dass unsere gesamten technischen Probleme anscheinend ausgestanden waren. Unser Optimismus wurde jäh zunichtegemacht, als bei sechzig Metern wieder ein donnerndes Krachen einsetzte, gefolgt von dem nunmehr bekannten Gluckern. Je lauter es wurde, desto heftiger begann das Bodenventil der Luftzufuhrleitung zu vibrieren.

Zschechs Gesicht lief zuerst puterrot an und wurde dann gespenstisch bleich. Die Lippen fest zusammengepresst, bedeutete er dem LI, ihm in die Kommandantenkammer zu folgen.

Mit verbissenen Mienen kehrten sie wenig später in die Zentrale zurück, und Zschech brüllte förmlich den Befehl zum Auftauchen heraus. An der Wasseroberfläche angekommen, stellten wir fest, dass die außen gelegene Luftzufuhrleitung plattgedrückt und gerissen war.

Von *U 68* empfingen wir ein FT, aus dem hervorging, dass unser Schwesterboot ebenfalls erhebliche technische Probleme hatte. Irgendwie hatten wir langsam die Nase gestrichen voll. Wie sollten wir in diesem Krieg mit unserer U-Boot-Waffe etwas ausrichten können, wenn unsere Einsätze durch gezielte Sabotageakte des Werftpersonals »torpediert« wurden?

Am Abend des 15. August war *U 505* wieder in Lorient zurück. Die Stimmung unter der Besatzung war von grimmiger Wut auf die Saboteure geprägt. Nicht wenige unserer Boote waren bislang schon ohne ersichtlichen Grund mit Mann und Maus verschwunden, und Sabotage war eine nicht auszuschließende Erklärung.

Tags darauf, während im Hafen die Reparatur von *U 505* vorgenommen wurde, wurde ObltzS. Bode, der I WO und gute Freund Zschechs, etwas überraschend abkommandiert, um mit *U 858* selbst als Kommandant ein eigenes Boot zu übernehmen. Nicht unerwähnt in diesem Zusammenhang soll bleiben, dass sich Bodes Verhalten gegenüber der Besatzung in den vergangenen Wochen doch ganz erheblich gewandelt hatte. Bei seiner Verabschiedung schritt er die Front der angetretenen Mannschaft ab, blieb vor jedem Glied, das er passierte, kurz stehen und salutierte. In seiner Abschiedsrede sagte er: »Ich habe viel gelernt, seit ich zu Ihnen stieß. Jetzt, da ich Sie verlassen muss, wünsche ich Ihnen allen Erfolg und eine glückliche Heimkehr von Ihren Feindfahrten. Auf meinem zukünftigen Boot wünsche ich mir eine Besatzung mit Ihrem Geist und Schneid!«

Worte, die wir in dieser Form nicht von ihm erwartet hätten, die uns allen aber trotzdem guttaten. Um der Chronistenpflicht zu genügen, sei aber auch noch gesagt, dass Thilo Bode einer der wenigen U-Boot-Kommandanten war, der erfreulicherweise die Schlacht im Atlantik überlebte. Zu seinem Nachfolger wurde unser bisheriger II WO, der ebenso fähige wie allseits geschätzte Obltzs. Paul Meyer, bestimmt.

* * *

Am Abend marschierte ich mit einem Kameraden nach Hennebont, wo es ein kleines Restaurant gab, in dem man gut und preiswert essen konnte. Das geschmorte Kaninchenfleisch in Gemüse schmeckte mir ausgezeichnet – zumindest solange, bis mein Begleiter meinte, uns sei wohl eher eine Katze aufgetischt worden. Den Gedanken daran musste ich erst einmal mit einigen Schlucken Rotwein runterspülen.

Mein Freund ließ sich von einem französischen Mädchen mit einnehmend käuflicher Freundlichkeit abschleppen. Da ich keine Lust verspürte, auch schon zu gehen, bestellte ich mir noch ein Glas Wein nach. Als ich nur noch allein da saß, wechselte eine Gruppe Franzosen die Plätze und flegelte sich auf die Stühle am Nachbartisch. Einer der Burschen führte das große Wort und starrte dabei mich und das Streitaxt-Abzeichen unverwandt herausfordernd an. Sein Gesicht kam mir irgendwie bekannt vor, und ich meinte, ihn schon mal unter den Werftarbeitern auf unserem Boot gesehen zu haben. Da ich aber ohnehin nicht verstand, was er da auf Französisch so alles rumtönte, zeigte ich weiter keine Reaktion.

Urplötzlich sprach er mich jedoch direkt auf Deutsch an: »Na, mit eurem Fünf-Null-Fünfer seid ihr wohl nicht weit gekommen!«, sagte er mit einem unverschämten Grinsen. »Und wir werden schon dafür sorgen, dass dies auch in Zukunft so bleibt!«

Jetzt gab es für mich kein Halten mehr, ich sprang auf und knallte dem Kerl eine. Mit dem Kopf deutete ich zur Tür. »Los, komm raus mit mir!« Da er keinerlei Anstalten machte, auf diese Herausforderung unter Männern einzugehen, sondern mich nur hasserfüllt anglotzte, schnappte ich ihn mir kurzerhand beim Kragen und schleppte ihn ins Freie. Von seinen Kumpanen rührte keiner auch nur einen Finger, um mich davon abzuhalten. Draußen bekam er dann meine gesamte angestaute Wut auf alle Saboteure dieser Welt zu spüren.

Kurz darauf waren wir von vier deutschen Feldgendarmen umzingelt, die mich erst einmal als Marineangehörigen, der in eine Schlägerei mit einem französischen Zivilisten verwickelt war, in Gewahrsam nahmen. Der Werftarbeiter, den ich vermöbelt hatte, winkte nur ab, zum Zeichen, dass alles nur halb so schlimm war, und verschwand. Nach einem relativ kurzen und schmerzlosen Verhör ließen die »Kettenhunde« mich wieder laufen.

Als ich am Haupttor zum »Lager Lemp« eintraf, wurde mir von der Wache erklärt, ich hätte mich unverzüglich zu den Offiziersquartieren zu begeben. Zschech erwartete mich trotz der vorgerückten Uhrzeit offenbar auch noch zu dieser späten Stunde. Ich klopfte dreimal an seine Tür und wartete auf die Aufforderung »Herein!«

Vorschriftsmäßig machte ich drei lange Schritte ins Zimmer, nahm Haltung an und salutierte: »Maschinengefreiter Göbeler meldet sich wie befohlen!«

»Mann, haben wir nicht schon genug Schwierigkeiten?«, fuhr er mich an. »Noch so ein Schlamassel hat mir gerade noch gefehlt! Also, raus mit der Sprache, warum wurden Sie festgenommen?«

Ich berichtete haarklein, was ich gehört und was ich getan hatte. Zschech erkundigte sich nach dem Verbleib des mutmaßlichen Saboteurs, und ich erklärte ihm, der habe sich, während die Feldgendarmerie sich zuerst meiner annahm, verdrückt.

»Na, schön«, sagte er etwas beruhigt. »Trotzdem muss ich etwas unternehmen und vermutlich ein Dienstverfahren gegen Sie einleiten. Aber ich will Ihnen eine Chance geben. Sie bekommen genau achtundvierzig Stunden, um sich diesen Bastard zu schnappen, und ich interessiere mich nicht dafür, wie Sie dies machen. Für die nächsten Tage sind Sie hiermit vom Dienst befreit. Und jetzt raus mit Ihnen!«

Ich salutierte und verließ rasch den Raum. Durch die geschlossene Tür hörte ich Zschech mir noch nachrufen: »Sie tun gut daran, ihn zu finden!«

Als ich in unserer Wohnbaracke ankam, stellte ich fest, dass der »Flurfunk« wieder einmal hervorragend funktioniert hatte. An gutgemeinten Vorschlägen, zu geeigneten Methoden, den Saboteur aufzuspüren, fehlte es nicht. Doch da ich der Einzige war, der den Burschen identifizieren konnte, musste ich die Geschichte schon irgendwie allein erledigen.

In der Frühe des nächsten Morgens begleitete ich die Besatzung zum U-Boot-Bunker. Doch anstatt mich mit aufs Boot zu begeben, positionierte ich mich im Stempeluhrenbereich der Werft und fasste jeden, der dort zu Arbeitsbeginn einstempelte, genau ins Auge. Nach einer Weile begannen die Männer für mich alle gleich auszusehen, und mich überfielen leichte Zweifel, ob ich den Gesuchten überhaupt erkennen würde. Als dann danach das ausstempeln der Nachtschicht begann, zogen erneut reihenweise Gesichter an mir vorbei, alle nichtssagend für mich. Ich merkte, dass ich auf diese Weise nicht zum Erfolg kommen würde, und ging daher zum Personalbüro. Es bedurfte trotz des vorliegenden Grundes einer Menge Überredungskunst, bis mir gestattet wurde, die Akten der Beschäftigten durchzublättern und einen Blick auf deren Fotos zu werfen. Wie ein die Postwertzeichen seiner Alben sichtender Briefmarkensammler schaute ich mir stundenlang die Bilder an. Das gleiche Symptom wie an der Stempeluhr stellte sich ein. Ich spürte, dass ich den Gesuchten, selbst wenn ich auf ihn stieße, vermutlich gar nicht erkennen würde. Das Gesicht des Saboteurs, das ich mir in meinem Kopf gemerkt hatte, begann zu verschwimmen und machte dem Bild eines jungen Mannes Platz, der in seiner blauen Uniform vor einem Kriegsgericht stand. Und dieser junge Mann war ich.

Ich musste mir eingestehen, dass ich so nicht weiterkam. Da mir nichts Besseres einfiel, begab ich mich zu unserem Boot, um nachzusehen, ob der »Vogel« sich eventuell dort als Arbeiter rumtrieb, was aber an diesem Abend nicht der Fall war. Am nächsten Morgen probierte ich dann im Scorff-Bunker nochmals erfolglos mein Glück. Es war zum Mäusemelken! Die Zeit lief mir weg, und ich hatte noch nicht einmal auch nur einen Anhaltspunkt, der mich hätte weiterbringen können. In meiner Verzweiflung verfiel ich auf die Idee, nach Hennebont zu laufen, wo alles begonnen hatte. Ein Radfahrer des Heeres las mich am Straßenrand auf und nahm mich mit. Fast den gesamten Nachmittag verbrachte ich damit, ziellos die Straßen des Städtchens abzuklappern, immer und immer wieder.

Als ich schon im Begriff war, aufzugeben und ins »Lager Lemp« zurückzukehren, kam mir eine fröhliche Gruppe aus Kerlen entgegen, die mit jungen französischen Mädchen herumalberte. Der Akzent verriet, dass die Männer nicht alle Franzosen waren. Die meisten von ihnen trugen Zivil, einige aber auch die Uniform der »Organisation Todt«[20], der Bauorganisation der Wehrmacht für militärische Anlagen. Als sie an mir vorbeigingen, dachte ich meinen Augen nicht trauen zu dürfen: Einer der Scherzbolde war doch tatsächlich »mein« Saboteur! Das blaue Veilchen, das sein linkes Auge zierte, ließ zudem keinen Zweifel daran aufkommen.

In unserer Nähe standen ein paar Kameraden vom Heer beisammen und beratschlagten anscheinend, wohin sie als Nächstes gehen sollten. Ich sauste zu ihnen hin, erklärte ihnen mit hastigen Worten, worum es ging, und bat um Unterstützung, falls es Schwierigkeiten geben sollte.

»Aber klar doch, Kumpel«, sagte ein Hüne und rieb sich in erwartungsvoller Vorfreude die Pranken. »Das machen wir doch gern.«

Gefolgt von der nachrückenden »Infanterie« heftete ich mich an die Fersen der munteren Schar mit meinem Mann, die mittlerweile dazu übergegangen war, *Sur le pont d'Avignon* zu singen. Ich pirschte mich von hinten an den schuftigen Kerl ran, und er machte die Bekanntschaft mit der Funktion eines wirksamen Armbeugehebels. Seine Bemühungen, aus dem Griff freizukommen, stellte er rasch ein, denn ich brauchte nur seinem hinter dem Rücken eingedrehten und angewinkelten Arm etwas mehr nach oben zu drücken, was für ihn sehr schmerzhaft war.

Die Kameraden vom Heer verfolgten das Geschehen mit breitem Grinsen, brauchten aber nicht einzugreifen, da die Begleiter des Mannes keinen Finger rührten, um ihm zu helfen.

Mit diesem Polizeigriff führte ich den Saboteur ab zu den Bauarbeiterunterkünften der Organisation Todt, wo ich ihn der Feldgendarmerie übergab. Nachdem ich mit kurzen Worten erklärt hatte, was Sache war, buchteten sie ihn ohne viel Federlesen erst einmal ein. Der Offizier vom Dienst erschien, ließ sich von mir ausführlich alles berichten und fertigte darüber ein längeres Protokoll an. Sein anschließendes Angebot, mit dem Motorrad zum »Lager Lemp« zurückgebracht zu werden, nahm ich dankend an, denn an dem Tag war ich wahrlich schon genug umhergelaufen.

Als ich Zschech den Erfolg meldete, schien er sehr erleichtert.

»Gut gemacht, Göbeler. Dafür bekommen Sie einen Morgen nochmals dienstfrei.« Er lächelte und klopfte mir sogar auf die Schulter. Da ich meinen Kommandanten noch nie so nett und freundlich erlebt hatte, salutierte ich und verließ rasch den Raum, ehe seine Laune wieder umschlug.

Inzwischen war die defekte Luftzufuhrleitung unseres Bootes durch eine neue ersetzt worden. Auch die Ursache der mysteriösen Gluckerlaute hatte sich bei den Inspektionen ermitteln und beheben lassen. Die Verkleidung bei einem der druckfesten Oberdeckbehälter für die Reservetorpedos war beschädigt gewesen. Am 20. August wurde *U 505* für einsatzfähig erklärt.

* * *

Am Abend des 21. August 1943 warfen wir wieder einmal die Leinen los und glitten aus dem Bunker auf die Hafenmündung zu. Um 05.47 Uhr erreichten wir die Position von »Punkt Liebe«, bereit zum Prüfungstauchen.

Eine geradezu euphorische Stimmung kam auf, als diesmal alles, wirklich alles wie am Schnürchen klappte.

Wir stiegen empor auf Sehrohrtiefe, damit Zschech noch einen Rundblick nehmen konnte. Als unser Kommandant urplötzlich im Turm zu fluchen anfing, waren wir alle wie vom Donner gerührt. Der Grund für Zschechs Tobsuchtsanfall: *U 505* zog doch tatsächlich schon wieder eine verräterische Ölspur hinter sich her!

Zschech kontaktierte Kapitänleutnant Werner Henke, dessen *U 515* zusammen mit uns ausmarschiert war. Beide Kommandanten waren übereinstimmend der Auffassung, die Feindfahrt abzubrechen und nach Lorient zurückzukehren.

Derartig deprimiert wie wir, dürfte kaum jemals eine Besatzung in ihren Heimathafen eingelaufen sein. Das sonst übliche fröhliche Geplapper entfiel. Wir versammelten uns zum Befehlsempfang an Oberdeck, nahmen wortlos unsere Seesäcke auf, begaben uns zu den Bussen und fuhren betreten schweigend zum »Lager Lemp«.

Kaum hatte ein jeder seine Sachen auf der Stube verstaut, marschierte er auch schon los in Richtung Kantine, um seinen Kummer zu ertränken. Es wurde ein langes, bitteres Frustbesäufnis. Um Mitternacht hatte der »Kantinenbulle« Mühe, uns wieder loszuwerden. Erst als er noch gegen Bezahlung ein paar Schnapsflaschen rausrückte, torkelten wir von dannen.

Als wir todunglücklich über unser Pech mit dem Boot und uns selbst deswegen bemitleidend die Unterkunft erreichten, erwartete uns dort der I WO. Oh, Scheiße! dachte ich, das hat gerade noch gefehlt!

Doch der erwartete Anpfiff blieb aus. Paul Meyer, wahrlich auch nicht mehr der Nüchternste, war mit einer Flasche Cognac nur zu Besuch gekommen, um mit uns noch einen Absacker zur Brust zu nehmen. Unser alter II WO war auch als neuer I WO ein Mann ganz nach unserem Geschmack.

* * *

Die Werftingenieure tippten hinsichtlich unseres neuerlichen Öllecks aus verständlichen Gründen erst einmal wieder auf eine defekte Dichtung. Alle wurden geprüft, gefunden wurde dabei jedoch nichts. Dann nahmen sie sich die Treibstoffbunker Zentimeter für Zentimeter vor. Ein mühseliges Geschäft und zeitraubend. Doch der Aufwand musste sein. Und was dann schließlich entdeckt wurde, war ein raffiniert vorgenommener Sabotageakt. Irgendwer hatte ein bleistiftgroßes Loch in einen der Treibstoffbunker gebohrt, das zu klein war, um aufzufallen, aber groß genug, um eine verräterische Ölspur zu erzeugen, sobald wir ausliefen. Während der Schaden »gekittet« wurde, bekamen wir gleich auch noch als passives Kampfmittel die neueste Radarwarngeräteentwicklungsstufe eingebaut: das FuM68 Zypern I, das den Spitznamen »Wanze«[21] trug.

Am 18. September schlüpften wir zu einem weiteren Vorstoß gegen den Feind kurz nach Sonnenuntergang aus dem Bunker. Mit uns zusammen liefen aus Lorient *U 103*, *U 155*, *U 228* und mehrere Geleitsicherungsfahrzeuge aus. Unsere kleine Flottille bot eine beachtliche Zahl himmelwärts gerichteter Fla-Geschütze, und ich erwischte mich dabei, wie ich mir fast wünschte, irgendwelche der verdammten britischen Bomber würden versuchen, uns anzugreifen.

Das Passieren des alten Fort Louis an der Hafenkante war das Zeichen zum Anwerfen unserer Dieselmotoren, die donnernd zum Leben erwachten und uns hinaus in den Golf brachten. Als wir kurz vor der Morgendämmerung wieder »Punkt Liebe« erreichten, begann das Prüfungstauchen. Mit besorgter Miene und schräg geneigtem Kopf lauschte der LI dem in die Tauchzellen langsam einströmenden Wasser. Auffälligkeiten traten zunächst keine auf, aber dann meldete der

Maschinenraum, am Steuerbord-Diesel wäre das Auspuffventil locker und würde lecken. Binnen dreißig Minuten hatte die Dieselraumbilge mehr als eine Tonne Wasser aufgenommen.

Ein allgemeines Aufstöhnen lief durchs Boot. Nicht schon wieder! Unser Dieselmaschinist Otto Fricke schlug vor, aufzutauchen und eine Zeitlang mit den Dieselmotoren zu marschieren, damit sich das Metallteil durch die Wärmeentwicklung ausdehnen und eventuell das Leck zumindest teilweise schließen könnte. Wir waren bereit, alles zu versuchen, um nicht zum Stützpunkt zurückkehren zu müssen. Tatsächlich verringerte sich das eindringende Wasser auf ein vertretbares Maß, mit dem unsere Bilgenpumpe fertigzuwerden vermochte.

Obwohl in der folgenden Nacht die Funkpeilantenne wieder einmal in eingefahrenem Zustand steckenblieb, war eine Rückkehr zum Stützpunkt kein Thema. Wir waren entschlossen, die Feindfahrt fortzusetzen.

* * *

Am 22. September liefen wir in den Stunden vor der Morgendämmerung aufgetaucht mit voller Fahrt, als der Maschinentelegraph uns in der Zentrale den Befehl zum Tauchen signalisierte. Der »Waschbär«, unser unerfahrener LI, öffnete die vorderen Tauchzellen, war aber bei den zu achteren dann zu langsam. Bedingt durch das daraus resultierende Ungleichgewicht neigte sich der Bug von *U 505* steil nach unter und innerhalb von Sekunden schossen wir in einem 42°-Winkel mit gefährlich hohem Tempo in die Tiefe.

Meine Aufgabe in der Zentrale bestand in der Bedienung des großen Handrades für das Hauptausdrückventil, das sich direkt über dem Kartenpult befand. Rechts daneben befand sich eine Kette mit einem großen Angelhaken, an dem die Stoppuhr des Obersteuermanns hing. Meine gesamte Aufmerksamkeit richtete sich auf den Tiefenmesser, denn wir mussten auf fünfunddreißig Meter die Tauchzellen ausblasen oder wir riskierten, für immer zu sinken. Als wir bei achtunddreißig Metern durchrauschten, schrie ich dem LI eine entsprechende Warnung zu, und er gab endlich den Befehl zum Ausblasen. Verursacht durch die extreme Buglastigkeit des Bootes hing die Kette mit dem Angelhaken und der Uhr nicht mehr wie sonst im Raum, sondern streifte mein Handrad. Und ehe ich wusste, wie mir geschah, hatte sich der Angelhaken vollständig durch meinen linken Zeigefinger gebohrt; Blut spritzte, doch darauf konnte ich keine Rücksicht nehmen. Ungeachtet der Schmerzen musste ich eben allein mit meiner Rechten das Ventilrad weiterdrehen, das war für unser Überleben von größter Wichtigkeit. Obwohl ich das Ventil trotz meines Handicaps aufbekam, fielen wir infolge unseres Fahrtmomentes weiter und kamen erst bei einer Tiefe von knapp hundert Metern zum Stillstand. Ein Dutzend Männer musste ins Heck des Bootes klettern, um durch ihr Körpergewicht mitzuhelfen, dass wir das Boot wieder auf ebenen Kiel brachten.

Einige Minuten später kamen zwei meiner Bordkameraden über das ganze Gesicht grinsend auf mich zu. Neben einem Verbandskasten hatten sie eine kleine Zange und eine Schnapsflasche dabei. »Na, dann wollen wir mal unseren dicken Fisch vom Haken lösen!« Ich bekam einen Schluck aus der Pulle, der in der Kehle brannte, und etwas von dem hochprozentigen Zeug als Desinfektionsmittel auf die Hand gekippt, was nicht minder brannte. Mit einem schmerzhaften Ruck der Zange wurde der Haken aus dem Fleisch herausgerissen und nochmals innerlich wie äußerlich mit Schnaps kräftig nachgespült.

11. Kapitel

Abschied von Zschech

Als wir uns mitten im Golf von Biskaya befanden, wurde der Seegang ganz schön heftig. Die teilweise über zehn Meter hohen Wellen setzten, wenn sie über die Brücke hereinbrachen, das Zentraledeck unter Wasser. Um zu verhindern, dass das Boot zu schwer wurde, mussten wir ständig die Lenzpumpe laufen lassen. Trotzdem störte sich keiner an dem Geschaukel unserer Berg- und Talfahrt. Die kühle frische Luft, die in das Boot drang, war im Vergleich zu dem sonstigen Mief, dem wir bei längerer Unterwasserfahrt ausgesetzt waren, höchst willkommen.

Während unseres Marsches durch den Golf vernahmen wir recht häufig Detonationen von Flieger- und Wasserbomben. In Anbetracht der starken feindlichen Aktivitäten und des sich weiter verschlechternden Wetters entschloss sich Zschech zu einer Kursänderung. Gerade als wir dachten, wir hätten das Gefahrengebiet hinter uns, kam es zu einem katastrophalen Kurzschluss im neu installierten Siemens-Schaltbrett, durch den der Steuerbord-E-Motor und die Hauptlenzpumpe ausfielen. In den Meldungen an den Stab wurde der Vorfall absichtlich bagatellisiert, um zu vermeiden, dass wir den Rückmarschbefehl erhielten. Wir spekulierten darauf, die Schäden mit Bordmitteln beheben zu können.

Schließlich gelang es uns, den E-Motor wieder in Gang zu bringen, nicht jedoch die Hauptlenzpumpe. Deren Ausfall war besonders misslich, da sie als einzige Pumpe im Stande war, Wasser im Boot bei Tiefen von mehr als dreißig Metern herauszubefördern. Wie die Mechaniker herausfanden, hatte der Kurzschluss im Schaltbrett zur Aktivierung der Pumpe bei geschlossenen Ventilen geführt. Der daraus resultierende Druck hatte die Pumpe derart beschädigt, dass es wahrscheinlich jenseits unserer Möglichkeiten lag, sie in See zu reparieren. Eigentlich hätte der Ausfall eines so elementaren Funktionsteils des Bootes normalerweise zu einem Abbruch des Unternehmens und der Rückkehr zum Stützpunkt geführt. Doch die Schmach, unverrichteter Dinge erneut wieder vorzeitig in Lorient einzulaufen, wollten wir uns ersparen und setzten daher unsere Feindfahrt zunächst fort.

* * *

In den frühen Morgenstunden des 28. September 1943 warf Zschech schließlich das Handtuch und teilte dem BdU-Stab über Funk mit, dass wir zum Stützpunkt zurückkehrten. Alle Versuche, die Hauptlenzpumpe zu reparieren, waren gescheitert und ohne sie war es uns verwehrt, im Falle eines Falles auf eine sichere Tiefe zu gehen. Eigentlich erwarteten wir als Mannschaft nun von unserem Kommandanten wenigstens eine kleine aufmunternde Ansprache zur Milderung unserer Enttäuschung. Doch die unterblieb. Es war, als ob er jeden Elan verloren hatte. Ohne seinen Busenfreund Bode als I WO, der ihm Gesellschaft leistete, war Zschech zu einem Schatten seiner selbst geworden. Hatten wir ihn früher regelrecht gehasst, so erübrigten wir nun nur noch Mitleid für ihn, und ich glaube, er spürte das.

Nachdem Zschech kaum mehr seine Kammer verließ und sich auf der Brücke nur ganz selten noch blicken ließ, übernahm Oberleutnant Paul Meyer faktisch die Führung des Bootes. Statt im Schneckentempo ständig unter Wasser zu kriechen, tauchte Meyer auf, um anhaltend mit voller Fahrt zu laufen. Er war der Ansicht, dank der schweren Winterstürme hätten wir eine reelle Chance, Lorient zu erreichen, ohne entdeckt zu werden. Die Rechnung ging auf.

Am Morgen des 30. September glitten wir in die Sicherheit des U-Boot-Bunkers. Zschech ging sofort an Land, um sich bei Fregattenkapitän Ernst Kals, dem neuen Flottillenchef und Ritterkreuzträger, zu melden. Allein schon aus seiner Körperhaltung wurde ersichtlich, wie schwer ihm dieser Gang fiel, und die Scham, erneut in den Stützpunkt zurückgekehrt zu sein, ohne mit dem Feind in Berührung gekommen zu sein, stand ihm deutlich ins Gesicht geschrieben.

Im »Lager Lemp« war noch alles beim Alten. Allerdings waren, so unser Eindruck, die britischen Luftangriffe auf Lorient nach Einbruch der Dunkelheit seit unserem letzten Aufenthalt nicht gerade weniger geworden. Fast jede Nacht wurden wir durch das Heulen der Luftschutzsirenen aus dem Schlaf gerissen und mussten in den Splittergräben außerhalb unserer Baracken Schutz suchen.

Lorient selbst war nur noch eine völlig zerstörte und ausgebrannte Ruinenstadt. Lediglich ganz vereinzelt waren noch Menschen zu sehen, die irgendwie verloren wirkten und eher resigniert in den Trümmern ihrer einstigen Häuser nach Überresten ihrer Habe suchten. Die Feldgendarmerie hatte überall Warntafeln aufgestellt, die Plünderern die standrechtliche Erschießung androhten.

Nach einer Woche waren die Instandsetzungsarbeiten an *U 505* abgeschlossen und zusammen mit *U 129* und *U 510* liefen wir am Nachmittag des 9. Oktober aus dem Scorff-Bunker aus, wobei es erneut in die Karibik gehen sollte. Die Zeiten feierlich ausgerichteter Abschiedszeremonien zu Feindfahrten gehörten der Vergangenheit an. Statt einer Militärkapelle war nur ein einzelner Mundharmonikaspieler aufgeboten worden.

Im Boot ging es weitaus beengter zu als sonst, denn die Besatzungsstärke war auf allen Booten vom Typ IX C um zusätzliche zehn Mann, hauptsächlich zur Flak-Bedienung, erhöht worden. Der Grund war eine gewandelte taktische Doktrin, die nun nicht mehr vorsah, angreifenden alliierten Flugzeugen durch Schnelltauchen zu entgehen, sondern sie stattdessen von der Wasseroberfläche aus zu bekämpfen und nach Möglichkeit abzuschießen. Da die Geschützpositionen exponiert waren, musste ganz einfach mit Verlusten bei den Flak-Bedienungen gerechnet werden. Für jedes Boot waren daher zusätzliche Kräfte vorgesehen, um die erwarteten Ausfälle kompensieren zu können.

Unsere ersten Tage auf dieser sechsten Feindfahrt vergingen ereignislos. Zschech verhielt sich auf diesem Streckenstück des Hinmarsches nach unserem Dafürhalten geradezu übervorsichtig und hatte mit dem rücksichtslosen Draufgänger, als den wir ihn im Herbst 1942 nach seiner Übernahme des Kommandos kennengelernt hatten, nichts mehr gemein. Uns fiel es schwer, zu entscheiden, was schlimmer war.

Wir marschierten fast nie aufgetaucht und wenn es doch der Fall war, weil es wegen des Wiederaufladens der Batterien gar nicht mehr anders ging, glich Zschech, dem sein früheres Vertrauen in das Radarwarngerät abhanden gekommen war, einem nervösen Handtuch und zeigte keine Spur mehr von der gelassenen Souveränität, die einen wirklich guten Kommandanten auszeichnet.

Unser Marsch durch den Golf von Biskaya begann etwas Unwirkliches anzunehmen. Über so lange Zeiträume hinweg getaucht zu fahren, verbannte jede Wahrnehmung, in See zu sein. Dafür sorgte das ständig und überall tropfende kalte Kondenswasser dafür, dass alles, was wir anhatten, immer nur klamm und feucht war. Selbst in unseren Kojen zitterten wir vor uns hin. Auch der U-Boot-Mief, der sich aus den Körperausdünstungen so vieler ungewaschener Männer und dem Duft des Abortkübels im Maschinenraum zusammensetzte, war nicht ohne. Der allgegenwärtige Gestank erzeugte ein Gefühl, als hätte sich unser Boot in einen Sarg verwandelt, in dem wir bereits verwesten.

Am Morgen des 12. Oktober unternahmen wir vor Einsetzen der Dämmerung eine zügige Überwasserfahrt, um die Batterien aufzuladen und das Boot zu durchlüften. Urplötzlich fing *U 505* an, im Takt mit den Umdrehungen der Dieselmotoren zu vibrieren. Vom Maschinenraum ging ein starkes Zischen und Rumpeln aus, und einen Augenblick später gab der Backbord-Dieselmotor seinen Geist auf. Unser Dieselmaschinist Otto Fricke, dessen blendend weiße Zähne einen sonderbaren Kontrast zu seinem rußverschmierten Gesicht bildeten, erschien in der Zentrale und meldete einen Kolbenfresser beim Backbord-Diesel. Da Fricke wusste, dass ich einen Gesellenbrief als Mechaniker hatte, bat er darum, mich als zusätzlichen Reparaturhelfer gestellt zu bekommen.

Meine Begeisterung, vorübergehend in den Maschinenraum abkommandiert zu werden, hielt sich in Grenzen. Auf Grund des ohrenbetäubenden Lärms, der Hitze und der ständigen Dieseldämpfe war dies der unangenehmste Arbeitsplatz auf einem U-Boot. Das Übelste aber war, dass dort auch der Abortkübel, der bei Tauchfahrt benutzt wurde, in dem schmalen Gang zwischen den Dieselmotoren untergebracht war.

Beschissen war auch die Aufgabe, an einem dieser riesigen 9-Zylinder-Viertakt-Dieselmotoren einen Kolbenfresser zu beheben. Es galt die Pleuelstange zu lösen, den mächtigen Kolben aus seinem Zylinder zu heben, die Kolbenringe zu ersetzen und danach das schwere Teil sanft wieder an seinen angestammten Platz zurückzubefördern – und das alles nur per Hand und Muskelkraft und ohne die Unterstützung etwa von Flaschenzügen.

Irgendwann steckte Zschech zwischendurch seinen Kopf in den Maschinenraum und erkundigte sich ungeduldig, wie lange das Ganze eigentlich noch dauern würde. Fricke hatte Mühe, sich seinen Zorn deswegen nicht anmerken zu lassen. Er holte daher erst einmal tief Luft, bevor er sagte: »Wir werden schätzungsweise noch dreißig Minuten brauchen, Herr Kaleu. Ich werde Meldung machen, wenn wir fertig sind!« Zschech trollte sich daraufhin wortlos wieder.

Eine halbe Stunde später war der Backbord-Dieselmotor tatsächlich wieder zusammengesetzt und bereit zum Probelauf.

Er sprang auch zur allgemeinen Erleichterung sofort an und lief rund. Um die Kolbenringe einzufahren, beließen wir es zunächst bei langsamen Umdrehungszahlen pro Minute und steigerten diese dann erst nach und nach. Auch bei Höchstgeschwindigkeit lief der Motor wieder astrein, und wir bekamen von Zschech als Belohnung für die Schufterei vier Stunden frei.

Durch Zschechs Hang, möglichst viel und lange unter Wasser zu marschieren, benötigten wir unverhältnismäßig viel Zeit, um den Golf von Biskaya zu durchqueren. Die Wahrscheinlichkeit, von patrouillierenden Flugzeugen ausgemacht zu werden, verringerte sich natürlich durch die vielen Tauchphasen, während sich umgekehrt jedoch durch die langsame Fahrt und die daraus resultierende längere Verweildauer in diesem gefährlichen Seegebiet das Risiko erhöhte, von feindlichen Zerstörern entdeckt zu werden. Dieses langsame Vorankommen schmeckte jedenfalls niemandem von uns.

Als wir uns dem äußeren Ende der Biskaya näherten, ordnete Zschech nach einem wieder einmal schier endlos langen Unterwassermarsch an, auf Sehrohrtiefe zu gehen, und nahm mit dem »Spargel« einen Rundblick, bevor er den Befehl zum Auftauchen gab. Die Frischluft, die ins Boot strömte, war die reinste Wohltat. Zu unserer großen Enttäuschung wurden nach nur einer Stunde die Luken wieder dichtgemacht und es ging zurück in den Keller.

Stimmungsaufhellend wirkte immerhin, dass auf dem Kartentisch die Seekarte der Biskaya mit der des Atlantiks ausgetauscht wurde. Obwohl wir noch Tausende Seemeilen von der Karibik entfernt waren, entfachte dies, so verwunderlich sich das nachträglich anhören mag, eine gewisse Vorfreude auf unsere dortige U-Boot-Jagd.

Zschech dagegen wirkte zusehends nur immer müder und zaghafter als je zuvor. Trotz der Tatsache, dass wir mit dem Golf die höchste Gefahrenzone passiert hatten, bestand er dennoch darauf, fast ausschließlich getaucht zu fahren. Daran änderte sich auch nichts, als die Wetterverhältnisse sich derart verschlechterten, dass Angriffe aus der Luft oder durch feindliche Überwasserfahrzeuge auf uns praktisch unmöglich waren. Wir spielten weiterhin Fisch und tuckerten mit fünf, sechs vor uns hin durch den Atlantik. Innerhalb der Besatzung mehrten sich die Zweifel, ob dieser zum Hasenfuß gewordene Kommandant überhaupt noch in der Lage war, ein Kampf-Boot wirklich zu führen.

* * *

Am 23. Oktober 1943 lag ich vor Anbruch der Morgendämmerung bereits wach in der Koje, als ich plötzlich registrierte, kalte, frische Luft einzuatmen. Das einsetzende heisere Dröhnen der Dieselmotoren lieferte die Bestätigung, dass wir tatsächlich aufgetaucht fuhren. Die warme Koje zu verlassen spürte ich zwar wenig Lust, doch das nutzte mir nichts, da ich auf Wache gehen musste.

Einige Minuten später war ich angezogen und besetzte meine Station in der Zentrale. Zschech schien noch verunsicherter als sonst zu sein und turnte laufend zwischen Brücke und Zentrale nervös den Niedergang rauf und runter.

Ich schenkte ihm nicht viel Beachtung, da meine Aufmerksamkeit dem Bordarzt galt, der wie üblich versuchte, meinen Frühstücksbecher mit »Kujambel« zu stibitzen. Diese Mischung aus zerstoßenem Eis und Himbeersirup erfreute sich allseits größter Beliebtheit, wobei allerdings unser Smut die Zuteilung streng handhabte, denn Eis ließ sich an Bord nur in kleinen Mengen fabrizieren. Da Toni der Meinung war, unser Medizinmann wäre ohnehin zu dick, bekam der auch nicht mehr ab als seine normale Ration.

»Der Mann futtert einfach zu viel«, pflegte Toni zu sagen. »Der Kerl hinterlässt mehr im Kübel des Dieselmotorenraums als zwei von uns!«

Die Versessenheit des verfressenen Doktors, an zusätzliches Kujambel zu gelangen, war schon ausgesprochen drollig. Mehrere Male am Tag steckte er seinen Kopf in die Zentrale, um zu sehen, ob es nicht irgendwo einen unbeaufsichtigten Becher mit der süßen Köstlichkeit gab, den er ergattern könnte. Von mir hat er jedenfalls nie einen erwischt.

Der Tag verlief ruhig, als ob wir auf einer Urlaubsfahrt wären. Wir tauchten, sobald die Batterien wieder aufgeladen waren, und kamen erst einige Zeit nach Einbruch der Dunkelheit wieder an die Oberfläche. Ich hatte erneut Wache, als wir kurz nach Mitternacht in der Ferne schwache dumpfe Schläge vernahmen, die im Lauf der nächsten Stunden lauter wurden und näher kamen. Dass es sich dabei um die Detonationen von Wasserbomben handelte, die in Serie abgeworfen wurden, zwischen denen es jeweils einige Minuten Pause gab, war klar. Und Zschech war deutlich anzumerken, wie unwohl er sich in seiner Haut fühlte.

Gegen Mittag des 24. Oktober dröhnten wiederum fern von uns über einen längeren Zeitraum hinweg jede Menge Wasserbomben. Wir wussten, dass irgendwo eines unserer U-Boote mächtig was aufs Dach bekam.

In den folgenden Stunden bewegte sich der stetige Trommelschlag, der sich anhörte, als stamme er von einer militärischen Begräbnisprozession, auf uns zu.

Zschech suchte seine Kommandantenkammer auf und zog hinter sich den Vorhang zu. Gelegentlich zitierte er den Horchfunker herbei, um sich Lagebericht geben zu lassen, aber ansonsten war nichts von ihm zu hören. Inzwischen setzten wir unseren Kurs durch das Planquadrat CF 5424 fort. Nach Sonnenuntergang nahm die Lautstärke der Wabo-Detonationen zu, und in der Zentrale begannen wir uns zu fragen, was zum Teufel Zschech in seiner Kammer eigentlich trieb.

Genau 19.48 Uhr suchte der Horchfunker ihn dort auf und meldete Propellergeräusche. Danach ließ Zschech sich immerhin wenigstens blicken. Als er an mir vorbeiging, konnte ich sehen, dass sein Gesicht aschgrau war. Anstatt jedoch Befehle zu erteilen, stieg Zschech über den Niedergang zum unbesetzten Kommandostand im Turm hinauf.

Wir in der Zentrale sahen einander völlig verwirrt an und fragten uns, was er da oben wohl wollte. Üblicherweise hielt sich ein Kommandant dort nur auf, wenn er das Angriffssehrohr benutzen wollte. Doch wir fuhren in hundert Meter Tiefe, wo dies natürlich ein Ding der Unmöglichkeit war.

Zwei Minuten später brüllte der Horchfunker die Meldung »Asdic-Ortung!« durch das Zentraleluk in den Turm hinauf. Die »Pings« der auf der Bootshülle auftreffenden Schallwellen waren auch so schon mit bloßen Ohren zu hören. Die Abstände zwischen den einzelnen Pings wurden kürzer, ein Zeichen, dass das Sonar des Gegners *U 505* fest im »Griff« hatte.

Es dauerte nicht lange, bis die feindlichen Schiffe fast direkt über uns waren. Wo zum Teufel blieb Zschech?

Die Frage wurde zweitrangig, denn unser Boot wurde von einer derart gewaltigen Wasserbombendetonation durchgeschüttelt, dass es etliche von uns von den Füßen riss. Ich griff nach dem nächstbesten Halt, und prompt folgte auch schon die nächste Bombe, deren Wirkung der ersten in Nichts nachstand und unser mehr als elfhundert Tonnen schweres Boot in seinen Grundfesten erbeben ließ. Die Bordbeleuchtung flackerte heftig, ein paar Lampen zerbarsten.

Kurzfristig trat danach Ruhe ein, und Zschech kam den Niedergang vom Turm herunter. Sein Gesicht war völlig ausdruckslos und gespenstisch weiß, die Augen starrten ins Leere und er begab sich, ohne auch nur ein Wort zu sagen, durch das vordere Druckschott in den Funkraum. Zwei weitere Wasserbomben explodierten rasch hintereinander. Sie lagen etwas weiter weg als die vorherigen und wir wagten zu hoffen, dass das Schlimmste vorüber war. Welch ein Trugschluss! Die Stärke der nachfolgenden Detonation legte das Boot fast über. Wiederum wurden Männer haufenweise zu Boden geschleudert.

Um die Situation zu ergründen, blickte ich rasch um mich und bekam dabei mit, wie Zschech langsam vornüber sank. In der Annahme, er hätte sich lediglich den Kopf heftig am Schott angestoßen, wandte ich meine Aufmerksamkeit zunächst wieder den Kontrollanzeigen zu, bis zum nächsten Nahtreffer, dem dichtgelegensten von allen, der ein Inferno anrichtete. Menschen und Trümmer flogen gleichermaßen durch die Gegend, das Licht fiel aus. Zu Boden gestreckt lauschte ich, so gut dies mit meinen halbtauben Ohren ging, auf die verräterischen Laute einströmenden Wassers, die unseren Untergang bedeuten würden. Doch alles blieb still. Die Zerstörer luden wahrscheinlich ihre Wasserbombenwerfer nach, während sie einen neuen Anlauf für einen weiteren Angriff nahmen.

Die Notbeleuchtung sprang an und ich rappelte mich auf. In der Zentrale sah es aus, als ob ein Orkan gewütet hätte, aber wenigstens waren wir noch am Leben. Am offenen vorderen Druckschott, wo ich Zschech hatte zu Boden sinken sehen, kam es zu Aufregung. Der Funkobergefreite kniete sich neben den reglosen Körper, dessen Kopf, Gesicht nach unten, in einer Blutlache lag. Es bereitete ihm einige Mühe, unseren Kommandanten umzudrehen und ihn im Rautekgriff zu dessen Kammer zu transportieren.

Erst jetzt dämmerte uns, dass etwas sehr, sehr Schlimmes passiert war. Die halbe Zentralebesatzung versammelte sich vor der Kommandantenkammer.

Zschech, der während des Wasserbombenangriffs seine Pistole gegen sich selbst gerichtet hatte, lag röchelnd in seiner Koje, Blut strömte in kurzen Stößen aus dem kleinen Einschussloch an der Seite seines Kopfes.

Doch selbst diesen letzten finalen Akt hatte der glücklose Zschech nicht wirklich gekonnt hinbekommen, denn trotz der Laute eines Sterbenden, die er von sich gab, war er immer noch am Leben.

Völlig aufgelöst kam der dickliche Bordarzt[22] zur Kammer gelaufen. »Was sollen wir da bloß tun?«, jammerte er. »Was kann ich da nur machen?« Der Doktor war offensichtlich in Panik verfallen und außerstande, klar zu denken.

»Mund halten!«, bekam er leise zugezischt. »Jeden Laut

von uns kann man auf den Zerstörern unter Umständen spitzbekommen.«

Minutenlang tat sich nichts, bis sich mehrere gequälte Schreie der Brust des todgeweihten Zschechs entrangen. Ihm wurde ein Kissen aufs Gesicht gedrückt. Der Bordarzt versuchte verzweifelt, diesen »Schalldämpfer« vom Kopf des Moribunden wegzuzerren, aber vier starke Hände hielten ihn an seinem Platz eisern fest. Als der Medizinmann deswegen Anstalten machte, laut zu werden, griff Paul Meyer, unser I WO, auf den jetzt automatisch in dieser Situation die Befehlsgewalt übergegangen war, ein. Ruhig und leise, aber sehr bestimmt wies er den Doktor in seine Schranken. »Nach menschlichem Ermessen gibt es nichts mehr, was Sie für unseren Kapitänleutnant noch tun können. Deshalb schweigen Sie bitte jetzt unbedingt still, da jedes Geräusch, das wir hier unten verursachen, dort oben empfangen werden kann.«

Ganz nun Kommandant, befahl Meyer, zwei Bolde auszustoßen, um das Asdic des Gegners zu irritieren. Sobald die Täuschkörper ihre Blasenwolken entfaltet hatten, krochen wir mit Schleichfahrt davon. Die nächste Wasserbombenserie galt auch prompt dem Wirkungsbereich der Bolde, war zwar noch nahe genug, um uns heftig durchzuschütteln, lag aber nicht mehr so dicht, um uns ernsthaft zu gefährden.

Die gegnerischen Zerstörer fuhren fort, den Umkreis unserer ehemaligen Position weiter mit Wasserbomben zu bepflastern. Eine Stunde später wähnten wir dem Gegner entwischt zu sein.

Um 21.29 Uhr erfolgte am 24. Oktober 1943 ein knapper Eintrag ins KTB von *U 505*: »Kommandant tot.« Eine Erklärung dazu unterblieb.

Doch Zeit, die Ereignisse auch nur ansatzweise zu verarbeiten, war uns keine vergönnt. Die Pings des gegnerischen Asdic fingen uns erneut ein. Schon bald waren wir von Propellergeräuschen umgeben und mussten den nächsten Wasserbombenangriff über uns ergehen lassen. Das Glück war mit uns, und ein weiteres Mal kamen wir knapp davon. Die Jagd auf *U 505* ging in dieser Form allerdings noch eine Weile weiter, ehe es uns irgendwann gelang, die Verfolger abzuschütteln.

Zweieinhalb Stunden später und nachdem der Horcher schon seit längerem keine verdächtigen Geräusche mehr gemeldet hatte, hielt Meyer es für verantwortbar, zum Aufladen der Batterien an die Wasseroberfläche zu gehen. Über die Bordsprechanlage hielt er eine kurze Ansprache an die Besatzung und gab bekannt, dass Zschech tot sei und er als I WO das Kommando übernommen hätte. Außerdem kündigte er an, dass wir zum Stützpunkt zurückkehren würden.

Nachdem wir wieder getaucht waren, wurde die Leiche unseres Kommandanten für die Seebestattung vorbereitet. Zschech bekam ein Trimmgewicht zwischen den Füßen befestigt und wurde in eine Hängematte eingenäht. Gegen 04:00 Uhr stieg *U 505* an die Oberfläche, um dessen sterbliche Überreste dem Meer zu übergeben.

Meyer befahl: »Zentrale, Achtung!«

Doch keiner von uns bewegte sich. Wäre Zschech nicht in eine Hängematte eingehüllt gewesen, hätten wir es eventuell über uns gebracht, wenigstens der Uniform zu salutieren, doch so brachte es niemand über sich, Achtungsstellung vor diesem Mann einzunehmen. Meyer hatte dafür Verständnis und insistierte nicht weiter.

Der Tote wurde auf die Brücke gehoben und ohne Zeremoniell einfach über die Seite geschoben.

Im Nachhinein tut mir Peter Zschech irgendwo leid. Er war, soweit ich weiß, der einzige deutsche U-Boot-Kommandant, der auf Feindfahrt Selbstmord begangen hat. Doch damals hegten wir für diesen Mann kein Verständnis. Aus unserer Sicht hatte Zschech feige und selbstsüchtig gehandelt, als er ausgerechnet in einer Situation Selbstmord verübte, in der er als Kommandant seines Bootes gefordert war. Sich von der Welt zu verabschieden, das hätte er zuvor auch schon in Lorient statt mitten im Einsatz tun können. Das mag vielleicht hart klingen, aber unsere Empfindungen waren seinerzeit nun einmal so.

* * *

Am 25. Oktober erlebten wir kurz nach Sonnenuntergang einen neuerlichen Wasserbombenangriff des Feindes. Und wieder regneten die großen TNT-Fässer auf uns herunter. Es war, als ob Gevatter Tod an unseren Druckkörper klopfte und um Erlaubnis zum Eintreten ersuchte. Irgendwie gelang es uns, nach einer Stunde des Trommelfeuers der Zerstörer uns wegzuschleichen.

Gegen 20.00 Uhr, nachdem es völlig dunkel geworden war, entschloss sich Meyer, aufzutauchen und den Versuch zu wagen, mit hoher Fahrtstufe aus dem Gefahrenbereich der Zerstörer zu gelangen. Nur wenige Minuten später entdeckte die Brückenwache jedoch die dunklen Schatten unserer Jäger an Steuerbord voraus. Meyer entschied sich, es darauf ankommen zu lassen, ob wir geortet werden würden oder nicht, und lief ab.

Zunächst hatte es den Anschein, als klappte dies auch. Aber der britische Radar machte diese Hoffnung zunichte, da plötzlich einer der Zerstörer wendete und mit AK direkt auf uns zuhielt. Viel Zeit blieb uns nicht, um die Wache von der Brücke ins Bootsinnere zu bringen und mit dem Tauchmanöver zu beginnen.

»Schnell auf Tiefe gehen!«, schrie Meyer. Wir verschwanden unter den Wellen, als das Kriegsschiff seinen Anlauf zum Wasserbombenabwurf begann, und fielen bis auf einhundertfünfzig Meter durch.

Der II WO, der einen Bold zum Torpedorohr 7 gebracht hatte, erschien in der Zentrale und forderte Hilfe an, weil die Rohrklappe klemmte. Ich lief mit ihm zurück und zusammen gelang es uns, das Rohr zu laden. Als wir jedoch in unserem von den Wasserbomben durchgeschüttelten Boot den Bold »absetzen« wollten, tat sich zunächst einmal gar nichts. Ich schnappte mir ein großes Rundholz und benutze es als Hebel für die Ausstoßstange, woraufhin der Täuschkörper doch noch das Boot verließ und die ihm zugedachte Funktion erfüllen konnte. Und das tat er. Das »Ping-Ping« der Asdic-Geräte verklang allmählich in der Ferne.

Gegen Mitternacht hatte unser Horcher keine Geräusche mehr auf seinen Kopfhörern, die unserem Auftauchen entgegenstanden, um die Batterien wieder aufzuladen und das Boot zu durchlüften. Bei dieser Gelegenheit empfingen wir auch ein FT, das *U 505* nebst vier weiteren Booten zu einem Treffen mit einer »Milchkuh« im Planquadrat BE 2860 beorderte.

Bald darauf zwang uns jedoch die Warnung unseres »Naxos«-Gerätes vor einem Flugzeugradar zum erneuten Verschwinden im Keller. Die restliche Nacht und den größten Teil des nächsten Tages waren wir ununterbrochen Flieger- und Wasserbomben ausgesetzt, abgeworfen von den allgegenwärtigen »Bussarden« und deren Freunden, den Zerstörern. Selbst Kameraden, die auf unserer bisherigen Feindfahrt über deren Zahl gewissenhaft Strichlisten geführt hatten, verloren nunmehr den Überblick. Ich schätze, mehr als dreihundert dürften es schon gewesen sein.

Fatalerweise war unsere Verweildauer an der Wasseroberfläche nicht ausreichend gewesen, um die Batterien vollständig aufzuladen und das Boot genügend zu durchlüften. Infolgedessen zeigte nach etwa fünf Stunden die Sauerstoffüberwachungs-Anzeige, dass wir Kohlendioxid in einer gefährlichen Konzentration einatmeten.*

Der Klang der Propellergeräusche über uns schloss jede Rückkehr an die Oberfläche aus. Unser Boot war zwar mit einer Luftreinigungsanlage ausgerüstet, aber unsere Batterien verfügten nicht über genügend gespeicherte Energie, um sie ständig oder zumindest länger laufen zu lassen.

---

* Die normale Atemluft enthält 21 Prozent Sauerstoff. Bei einem Atemzug werden der eingeatmeten Luft etwa vier Prozent Sauerstoff entzogen und durch eine entsprechende Menge ausgeatmetes CO_2 ersetzt.

Wir mussten schließlich unsere persönlichen Tauchretter benutzen, um die Atemnot zu mildern und ein Ersticken zu vermeiden. Nur die wichtigsten Verrichtungen wurden erledigt; ansonsten galt für alle, sich möglichst wenig oder gar nicht zu bewegen, um Sauerstoff zu sparen. Das Anlegen der verdammten Pendelatmer war allerdings eine verhasste Sache. Um die Atmung durch die Nase zu verhindern, musste eine Nasenklammer aufgesetzt und ein Mundstück, an dem zwei Schläuche befestigt waren, in den Mund genommen werden. Der eine Schlauch mündete in einer Kalkpatrone, die während des Ausatmens das Kohlendioxid aus der Luft herausfilterte, wonach diese in einen Atemsack weiterströmte. Dort wurde das Volumen des entzogenen CO_2 aus einem kleinen Hochdruckbehälter mit Sauerstoff ersetzt. Beim Einatmen strömte die Luft aus dem Atemsack dann über den zweiten Schlauch wieder zum Mundstück zurück.

Die Tauchretter zu tragen war die reinste Tortur, und es erschien uns wie eine Ewigkeit, bis sich die Schiffsgeräusche so weit entfernt hatten, dass ein Auftauchen riskiert werden konnte. Dem metallischen Klang beim Öffnen des Turmluks haftete beinahe so etwas Schönes wie dem Einläuten der Weihnachtsbescherung mit einem Glöckchen an.

* * *

Die nächsten paar Tage verliefen erfreulicherweise ohne besondere Ereignisse. Wir tauchten nur bei Nacht auf und hatten dabei die Annehmlichkeit, dass die See ruhig war.

Am 30. Oktober informierten wir kurz vor der Morgendämmerung Bdu op. und die 2. U-Flottille per Funkspruch über Zschechs Tod und unsere Absicht, zum Stützpunkt zurückzukehren. Auf Empfängerseite war man froh, von uns zu hören, da bereits mit dem Verlust von *U 505* gerechnet worden war.

Da unser Funkverkehr jedoch abgehört wurde und die Alliierten unsere geheimen Funkcodes kannten und zudem über Peilmöglichkeiten verfügten, mit denen sich unsere Position bis auf den Radius von einer Seemeile bestimmen ließ, dauerte es nicht allzu lange, bis eine weitere schwere Wasserbombenverfolgung durch Zerstörer auf uns erfolgte, die sich über acht Stunden hinzog. Ich persönlich zählte einhundertfünfundsiebzig Wasserbomben, mit denen uns der Garaus gemacht werden sollte, aber unserem Boot war erneut das Glück hold.

Dafür setzte uns das Wetter zu, als wir uns dem Golf von Biskaya näherten. Der Bug unseres Bootes musste sich seinen Weg förmlich durch gigantische, überbrechende Seen erkämpfen. Die Bedingungen waren dermaßen schlecht, dass die Männer der Brückenwache schon nach jeweils dreißig Minuten abgelöst werden mussten, denn länger konnte kein Mensch solche Seeschläge dort oben ertragen. Riesenseen brachen andauernd über die Brücke herein und durch das Turmluk ergossen sich Unmengen an Salzwasser, so dass die Bilgenpumpe in der Zentrale kaum mehr nachkam. Es war wahrlich für niemanden ein Zuckerschlecken, in Anbetracht dieser Verhältnisse seinen Aufgaben nachzukommen. Die armen Torpedomechaniker versuchten fieberhaft, ihre neuen Torpedos trocken zu halten, da bei den neuen programmierbaren Modellen die Gefahr bestand, dass sie bei einem Kurzschluss hochgehen konnten. Es war daher jedes Mal eine Erleichterung, wenn wir nach Beendigung des Ladevorgangs der Batterien wieder in ruhigere Gefilde abtauchen konnten.

In der Nacht vom 31. Oktober fuhren wir in hundertzwanzig Metern Tiefe, als unser Bordarzt in der Zentrale aufkreuzte. Die übrigen Offiziere waren dabei, den dringend benötigten Schlaf nachzuholen, so dass dieser »medizinische Quacksalber« die Freiheit hatte, seinen Phantasien zu frönen, ein wirklicher U-Boot-Fahrer zu sein.

Er setzte sich auf den einem Motorradsitz gleichenden Platz des LI, der sonst von dort das Tauchen überwachte, und fing an, den Tiefenrudergängern Anweisungen zu erteilen. Das

Boot begann wie ein Delphin auf und ab zu hüpfen, als sich der Bordarzt an den Kontrollanzeigen amüsierte. Wir Zentralegasten warfen einander besorgte Blicke zu, aber solange er das Boot mit seinen unbefugten Mätzchen nicht gefährdete, mussten wir notgedrungen mitspielen.

Schluss mit lustig war allerdings, als er mir befahl, fünfundzwanzig Liter Trimmballast mit Druckluft auszublasen. Ein Öffnen des Ventils bei einhundertdreißig Atmosphären Überdruck hätte ein kreischendes Geräusch zur Folge gehabt, das meilenweit zu hören gewesen wäre und unsere gegenwärtige Position mit tödlicher Sicherheit an alle in diesem Seegebiet lauernden Zerstörer verraten hätte. Nach einem Augenblick des Nachdenkens erklärte ich ihm, dass ich diesem Befehl nicht nachkommen könnte. Er befahl mir ein zweites Mal, den Ballast auszublasen, und erneut weigerte ich mich.

Das Gesicht des Arztes errötete vor Zorn. »Wenn Ihre Wache vorüber ist, werden Sie sich bei Oberleutnant zur See Meyer melden.«

»Jawohl, Herr Oberassistenzarzt!«

Zweieinhalb Stunden später, nachdem meine Wache zu Ende war, meldete ich mich pflichtschuldig in der Offiziersmesse, wo der Arzt anscheinend seine Version des Vorgangs Meyer bereits vorgetragen hatte. Ich betrat die Messe und nahm Haltung an, woraufhin Meyer sich erhob und mir ein Zeichen gab, ihm in die Kombüse zu folgen.

Sobald wir außer Sicht waren, drehte sich Meyer zu mir um. »Spinnen Sie denn, Mann? Sie können doch unmöglich einen Befehl nicht ausführen! Ich will jetzt von Ihnen haargenau wissen, was sich abgespielt hat!«

Ich berichtete ihm offen und ehrlich, was passiert war und warum ich so gehandelt hatte.

Der Oberleutnant bedachte mich mit einem ganz merkwürdigen Blick, bevor er mir mit abgesenkter Stimme, so dass niemand außer mir ihn verstehen konnte, riet, beim nächsten Mal in einer ähnlichen Situation lediglich vorzugeben, den Befehl auszuführen. »Sollte dergleichen, was ich nicht hoffen will, jemals wieder vorkommen, dann lassen Sie gefälligst den entsprechenden Offizier einfach hören, was er erwartet, und fahren weiter mit Ihrer Pflichterfüllung fort, wie Sie diese nach bestem Wissen und Gewissen für geboten halten. In unserer gegenwärtigen Situation werde ich es mit einer Verwarnung für Sie belassen, aber entschuldigen Sie sich beim Doktor. Einverstanden?«

»Jawohl, Herr Oberleutnant!«

»Gut denn, verschwinden Sie!«, meinte Meyer und lächelte verschmitzt.

Von seiner Art her war Paul Meyer der richtige Mann, um Kommandant zu sein, dachte ich auf dem Weg zu meiner Station. Er kannte seine Aufgaben und wusste, wie mit der Besatzung auszukommen war. Was den Bordarzt betraf, so war ich mir ziemlich sicher, dass der Oberleutnant viel schärfer mit ihm umgegangen war als mit mir.

Der Quacksalber würde bestimmt nie wieder versuchen, Leitender Ingenieur zu spielen.

* * *

Am 1. November 1943 liefen wir in die berühmt-berüchtigte »Selbstmord-Strecke« des Golfes von Biskaya ein, wobei sich unser Rückmarsch zum Stützpunkt qualvoll langsam gestaltete. Infolge der intensiven gegnerischen Aktivitäten in der Luft waren wir genötigt, uns tagsüber grundsätzlich nur getaucht fortzubewegen. Nach unserer ersten Feindfahrt unter Loewe hatte das anders ausgesehen. Seinerzeit hatten wir durchschnittlich weniger als ein Zehntel der täglichen Wegstrecke unter Wasser zurückgelegt.

Am nächsten Morgen standen wir einen weiteren Wasserbombenangriff durch. Er dauerte zwar nicht lange, aber die Sprengladungen detonierten verdammt dicht an unserem Bootskörper und wieder einmal flog alles, was nicht absolut sicher befestigt war, wie etwa der Abortkübel zwischen den Dieselmotoren, in der Gegend herum.

Verschlüsse richtig zu bedienen, wenn wir während dieser Angriffe die Tiefen wechselten, war gar nicht so ganz einfach. Wenn ein Boot tauchte, wurden die Verschlüsse zwischen einer wasserdichten Luke und dem Schott durch den Wechsel im Luftdruck zusammengepresst. Dies führte dazu, dass bei zunehmender Tiefe die großen Flügelmuttern auf den Halterungen entsprechend nachgezogen werden mussten. Beim Aufsteigen mussten dann die Flügelmuttern demgemäß wieder allmählich gelockert werden, da sonst die Halterungen zu fest saßen, um beim Auftauchen geöffnet zu werden. Zu Beginn meiner Zeit auf *U 505* war ich für die Anpassung der Verschlüsse des Sehrohrs oben im Turm zuständig, und es war schon ein mulmiges Gefühl, dort während eines Wasserbombenangriffs mutterseelenallein hinaufzusteigen, auch wenn dann die erforderlichen Handgriffe schon fast instinktiv durchgeführt wurden.

Einen »speziellen Gedenktag« bildete der 7. November 1943, an diesem Datum war es genau ein Jahr her, dass *U 505* letztmalig ein feindliches Schiff versenkt hatte; der erste und einzige Erfolg, den es unter Zschech als Kommandant überhaupt gegeben hatte. Nachdem der uns verlassen hatte und freiwillig aus dem Leben geschieden war, blieb zu hoffen, dass es nicht mehr ewig so weitergehen würde.

Auch wenn ich nie einen großen Hang zu Aberglauben hatte, so bekam ich dennoch jedes Mal, wenn ich an Zschechs Kammer vorbeiging, Gänsehaut. Der geschlossene Vorhang erinnerte mich stets daran, wie sich der arme Zschech dort versteckt hatte, allein mit seinen verdrehten Gedanken. Es war, als ob in dem kleinen Raum noch ein Geist umgehen würde. Vielleicht war das auch der Grund, weshalb Oberleutnant Meyer nicht die Kommandantenkammer bezogen und stattdessen seine alte Koje in der Offiziersmesse beibehalten hatte.

Gegen Mittag erreichten wir die äußeren Zugangswege nach Lorient. Gemäß den Anweisungen des Stabs der 2. U-Flottille fuhren wir nunmehr aufgetaucht. Da wir ansonsten nur im Schutze der Dunkelheit an der Oberfläche marschiert waren, bildete der große weiße Bart, den unser Bug vor sich herschob, als wir im Hellen durch die Wellen glitten, einen ungewohnten Anblick.

Wir näherten uns allmählich bereits der Hafeneinfahrt, da erreichte uns ein FT, das uns ins Planquadrat BF 5530 beorderte, um Kapitänleutnant v. Schröders *U 123*, das sich in Schwierigkeiten befand, beizustehen. Fast zeitgleich sichteten wir vier mittelgroße zweimotorige Flugzeuge, die tief und schnell aus östlicher Richtung auf uns zukamen. Innerhalb kürzester Zeit befanden sich die Flakbedienungen auf ihren Gefechtsstationen und waren feuerbereit. Wiederum nur Sekunden später schoss eine der Maschinen das Erkennungssignal ab und wir konnten aufatmen, denn damit war klar, dass wir es mit einem Schwarm deutscher Ju 88 zu tun hatten, der höchstwahrscheinlich zur Unterstützung der *U 123* unterwegs war. Nicht lange danach machten wir unsere Torpedoboote aus, die hohe Fahrtstufe liefen, um sich ebenfalls an der Rettungsaktion zu beteiligen.

Unsere eigene Suche nach dem Schwesterboot war allerdings vergebens. Schließlich meldete sich die Luftwaffe, die die *U 123* ausfindig gemacht hatte und alles Weitere übernahm. Für uns bedeutete dies, dass wir nun endgültig die Rückkehr nach Lorient antreten konnten.

Es war eine völlig neue Erfahrung, noch bei Tageslicht in den inneren Hafen zu gleiten und dabei die alte Festung auf der rechten Seite und einen veralteten französischen Kreuzer, der als ständige Sperre auf der linken diente, zu passieren.

Aber immerhin hatten wir es geschafft, sicher und gesund nach Hause zu kommen – alle, bis auf einen.

12. KAPITEL

Rettung auf See

Es waren nicht viele, die uns im U-Boot-Bunker »Scroff« erwarteten, zuvorderst unser Flottillenchef, der es sich nicht nehmen ließ, uns persönlich zu begrüßen. Fregattenkapitän Ernst Kals kam an Bord und beglückwünschte uns überschwänglich zur wohlbehaltenen Rückkehr. Wie sich herausstellte, waren wir im Augenblick das einzige Boot im Hafen. Von Kals erfuhren wir, dass die 2. und die 10. U-Flottille in den vergangenen paar Wochen katastrophale Verluste erlitten hatten. Deshalb sei er auch so erleichtert, dass sich die Meldungen, denen zufolge auch *U 505* verloren gegangen wäre, als unzutreffend herausgestellt hatten. Bevor er sich verabschiedete, ermahnte uns Kals eindringlich, über Zschechs Tod nichts verlauten zu lassen. Zudem sollten wir im Interesse der Sicherheit zunächst auch weiterhin an Bord schlafen.

Es traf uns wie ein Hammerschlag, als im Verlaufe des späteren Abends der deutschsprachige »Soldatensender Calais«, ein britischer Propagandasender, Folgendes verkündete: »Na, ihr Herren Offiziere in der »Roten Mühle* «! Es muss ja eine schöne Überraschung für euch sein, dass euer Freund Peter Zschech mit seinem *U 505* nicht mehr zu euch zurückgekehrt ist!«

Nicht zum ersten Mal waren wir erschüttert, dass der Feind so viel über unsere militärischen Geheimnisse wusste, manch-

---

* Die »Rote Mühle« war ein bei vielen Marineoffizieren beliebtes kleines Kasino im »Lager Lemp«.

mal sogar schon, ehe wir sie kannten. Natürlich gingen wir davon aus, dass die französische Widerstandsbewegung fleißig Informationen über unsere sämtlichen Aktivitäten vor Ort weiterleitete, da sich nur so die Erwähnung der »Roten Mühle« erklären ließ. Trotzdem verblüffte und beunruhigte es uns gleichermaßen, dass der Sender Calais bereits Kenntnis von Zschechs Tod hatte. Doch damals ahnten wir nicht, dass die Alliierten in der Lage waren, die im geheimen Marinecode mit der Chiffriermaschine Enigma verschlüsselten Funksprüche zu entziffern.

* * *

Am 9. November 1943, dem Tag meines Geburtstages, besuchte der Kommandierende Hans-Georg von Friedeburg, der Admiral der U-Boote (zuvor Chef von Bdu org.), Lorient. Vor den wenigen noch im Hafen anwesenden Besatzungen, die alle angetreten waren, hielt er eine allgemein aufbauende Ansprache. Danach wandte er sich eigens an uns von *U 505*: »Mir ist bekannt, dass Sie eine tapfere Besatzung sind. Viel Glück und möge es stets eine Handbreit Wasser unter ihrem Kiel geben!«

Die Worte des Admirals taten uns allen gut, auch wenn Nachrichten über den Kriegsverlauf schlecht lauteten. Die Zahl unserer Schwesterboote, die untergegangen waren, war erschreckend, und die Gedanken an so viele unserer Freunde, die auf dem Grunde dieses gigantischen Friedhofs, des Atlantiks, lagen, waren genauso schwer zu ertragen. Die Entwicklung an den Landfronten bot Anlass zur Sorge, wobei die Rückschläge an der Ostfront und die alliierte Invasion Italiens besonders schwer wogen. Am schlimmsten von allem war, dass die alliierten Luftangriffe auf unsere Städte täglich schwerer und todbringender wurden.

Auf Lorient fielen selten noch Bomben, weil es kaum noch etwas zu zerstören gab. Von der Stadt selbst war fast nichts mehr übrig, obwohl das Vergnügungsviertel in der Nähe unserer alten Baracken aus irgendeinem wundersamen Grund nur relativ gering beschädigt war. Die U-Boot-Bunker und die anderen festungsartigen militärischen Einrichtungen im Hafengebiet waren noch intakt, aber als wir zu dem Lagerhaus kamen, um dort unsere Habe zu deponieren, stellten wir fest, dass das gesamte Gebäude nach einem Angriff mit Phosphorbomben bis auf die Grundmauern abgebrannt war. Von unseren im Kellergeschoss eingelagerten Ausgehuniformen und persönlichen Besitztümern war nicht mehr viel übrig geblieben. In den verkohlten Überresten suchten wir dennoch nach dem einen oder anderen Erinnerungsstück, wobei ich seltsamerweise noch ein paar Fotos fand, die nur an den Ecken etwas angeschmort waren.

Zum Glück stattete uns die Marine umgehend mit neuen schneidigen Uniformen aus, so dass wir mit ihnen und unserem Sold bei den wenigen noch verbliebenen Freudenmädchen in Lorient den feinen Max markieren konnten. Allerdings hatte für so manchen von uns das herummachen mit Huren viel von seinem früheren Reiz verloren. Ich investierte diesmal mein Geld in den Kauf von Mitbringseln für meinen Heimaturlaub, Dinge wie Seidentücher, Zigaretten und Cognac, die in Deutschland Mangelware waren oder die es dort nicht mehr gab.

Am Abend vor meiner Abreise begossen wir meinen Geburtstag. Dem Alkohol wurde reichlich zugesprochen, da keiner von uns wusste, ob wir nächstes Jahr überhaupt noch zusammen würden feiern können. Irgendwann tauchte auch Paul Meyer auf und trank mit uns bis spät in die Nacht. Als er unsere Unterkunft verließ, sagte er noch zu mir mit etwas schwerer Zunge: »Hans, das ging nun wirklich nicht anders. Ich musste dir zwei Urlaubstage wegen des Vorfalls als Strafe streichen. Die kriegste aber schon noch mal wieder.« Benebelt, wie ich war, bekam ich nicht wirklich mit, wovon er sprach und was er meinte.

Das fand ich dann erst am nächsten Morgen heraus. Wegen meines ungebührlichen Verhaltens gegenüber dem Quacksalber an Bord war mir mein Urlaub um zwei Tage gekürzt worden. Meine gute Laune ließ ich mir dadurch aber nicht verderben. Zusammen mit fünfzehn meiner Kameraden machte ich mich auf den Weg zum Bahnhof von Lorient, wobei ich an meinem Seesack und dem Koffer mit den Geschenken ordentlich zu schleppen hatte. Den ersten Teil der Reise verbrachten wir damit, die Nachwirkungen unseres Saufgelages auszuschlafen.

In Paris hatten wir bis zur Abfahrt unseres Anschlusszuges nach Metz sechs Stunden Aufenthalt. Unser gesamtes Gepäck auf dem Pariser Bahnhof unbeaufsichtigt zu lassen kam selbstverständlich nicht in Frage. Daher teilten wir uns in Zwei-Stunden-Wachen auf, wodurch die jeweils anderen wenigstens eine kleine Besichtigung dieser wunderbaren und noch völlig intakten »Stadt des Lichts« vornehmen konnten.

Sobald wir in Metz waren, strebte unsere Gruppe in verschiedene Richtungen auseinander. Sechs Stunden danach kam ich in Kassel an. Die Stadt, ein wichtiges Rüstungszentrum, war erst jüngst im Oktober von britischen Bomben in Schutt und Asche gelegt worden.

Drei Stunden später fuhr mein Zug in Frankenberg ein, von wo aus es nur mehr ein Klacks bis Bottendorf war.

Die gegenseitige Wiedersehensfreude daheim in meinem Elternhaus war überwältigend, und es gab wiederum viel zu erzählen. Dass meine französischen Mitbringsel für die Familie überaus großen Anklang fanden, kann man sich denken. Und wie auch schon bei meinem letzten Heimaturlaub schauten auch dieses Mal wieder die Nachbarn bei uns vorbei, um mir das eine oder andere zuzustecken. Es waren rührende Gesten, denn bei dem herrschenden Lebensmittelmangel hatten auch sie selbst nicht viel zu knabbern.

Zu der traurigen Seite meines Aufenthalts zu Hause zählten die Berichte über all jene, die es nicht mehr gab. So erfuhr ich etwa, dass mein bester Schulfreund an der Ostfront gefallen war. Ein Vetter und ein weiterer meiner Freunde waren beide in Jugoslawien ums Leben gekommen. Besonders schlimm daran war, dass sie von Titos Partisanen umgebracht worden waren, nachdem sie sich bereits ergeben hatten. Nicht gewusst hatte ich bislang auch, dass ein anderer meiner Vetter bereits im Vorjahr in Nordafrika bei Marsa Matruk gefallen war. Der Krieg forderte einen sehr hohen Tribut und fast jeder Familie im kleinen Bottendorf waren ähnlich beklagenswerte Schicksalsschläge widerfahren. Trotzdem schien noch niemandem der Glaube an den Sieg abhanden gekommen zu sein.

* * *

Meine zwei Wochen Urlaub vergingen wie im Flug. Der Abschied von meiner Familie und den Freunden war von viel Wehmut geprägt. Wie auch beim letzten Mal begleitete mich mein Vater erneut nach Frankenberg zum Bahnhof. Und das war auch gut so, denn es schien schon beinahe mein Los zu sein, dass immer am Tag meiner Abreise der entsprechende Zug auszufallen schien – diesmal wegen westlich von Frankenberg erwarteter Bombenangriffe. Mein Vater, der offenbar eine Art von sechstem Sinn für so etwas besaß, hatte rein vorsorglich eine Stange der von mir mitgebrachten Zigaretten eingesteckt. Diese und seine Verbindungen als Eisenbahner bewirkten, dass ich wie schon im Vorjahr mit einer Extra-Lok nach Marburg abdampfen durfte.

Mein Pech war nur, dass der dortige Anschlusszug eine riesige Verspätung hatte. Als ich in Metz eintraf, war mein Zug in Richtung Lorient längst weg. Um wegen der daraus resultierenden Überziehung meines Urlaubs mir die allergrößten Unannehmlichkeiten bei meiner Rückkehr auf den Stützpunkt zu ersparen, hatte ich nur eine Chance: Ich musste mir unbedingt meine Urlauspapiere bei der Bahnhofskommandantur mit einem entsprechenden Vermerk über die Verspätung abstempeln lassen. Als ich jedoch die schier endlos lange Schlange von Heeressoldaten sah, die offenbar auch zu diesem Zweck bereits vor der Kommandantur warteten, dachte ich nur: Oh, Gott!

Notgedrungen – was blieb mir anderes übrig? – stellte ich mich brav am Ende der Reihe an. Schon bald kam ich mit den anderen Graugrünen vom Heer, denen das U-Boot-Kriegsabzeichen an meiner dunkelblauen Marineuniform natürlich auch nicht entgangen war, ins Gespräch. Als ich ihnen erzählte, worin mein Problem bestand, lotsten sie mich mit erklärenden Worten an ihren Kameraden vorbei ganz nach vorn, damit ich schneller drankam. Kurz darauf hatte ich bereits den ersehnten Stempel.

Doch alle Hürden waren damit noch längst nicht genommen. Als mein Zug nach anderthalb Stunden einfuhr, war er hoffnungslos überfüllt, und auf dem Bahnsteig hatte sich bereits eine riesige Zahl von Soldaten versammelt, die ebenfalls noch mit ihm mitwollten. Auch unter Einsatz der Ellenbogen hatte ich keine Chance, auch nur in die Nähe der Türen eines Personenwaggons zu gelangen. Deutlich spürte ich, wie Verzweiflung in mir aufkam.

Plötzlich ertönte der Ruf: »Hans! Hierher!« Ein Freund von der 2. U-Flottille, den ich seit unseren gemeinsamen Tagen an der U-Boot-Schule kannte, hatte sich aus einem Zugfenster gebeugt und winkte mir zu. Ich quetschte mich zu ihm durch und reichte ihm meinen Seesack hoch.

Ein Infanterist, der neben mir stand, verschränkte grinsend für mich seine Hände auf Bauchhöhe zu einer Räuberleiter, damit ich einen Tritt hatte, um durch das Fenster ins Innere des Waggons zu turnen. Mit einer Packung Zigaretten bedankte ich mich bei ihm für seine Hilfestellung. Seine Augen strahlten, als er sie entgegennahm und freundlich zum Abschied grüßte.

Nur Minuten später rollte unser Zug aus dem Bahnhof, Hunderte von Soldaten zurücklassend, denen es verwehrt geblieben war mitzukommen.

* * *

Am 24. November 1943 meldete ich mich aus dem Urlaub bei unserem neuen Kommandanten zurück: ObltzS. d. R. Harald Lange. Er fragte mich sofort als Erstes, warum mein Urlaub um zwei Tage gekürzt worden war. Nachdem ich ihm die Geschichte meines Zusammenstoßes mit dem Doktor erzählt hatte, schüttelte er nur lächelnd den Kopf. Mit seinen über vierzig Jahren war Lange fast doppelt so alt wie die meisten anderen U-Boot-Offiziere. In Friedenszeiten war er als Kapitän auf einem der sogenannten Monsun-Dampfer unterwegs gewesen, Handelsschiffen, die regelmäßig die tropischen Gewässer Westafrikas und des Indischen Ozeans befuhren. Als der Krieg begann, wechselte er auf ein Vorpostenboot und nach der U-Boot-Ausbildung als I WO auf das berühmte *U 180* (Korvettenkapitän Werner Musenberg), ein völlig neuer Bootstyp (IX DI) aus dem Jahr 1942 und bärenstark, der erstmals von sechs Daimler-Benz-20-Zylinder-V-Motoren angetrieben wurde, die es auf eine Gesamtleistung von neuntausend PS brachten.

Im weiteren Verlauf des Tages fand ich heraus, was Oberleutnant Paul Meyer gemeint hatte, als er zu mir sagte, ich würde meine gestrichenen Urlaubstage zurückkriegen. Zunächst befreite er mich vom Dienst, und dann »spendierte« er mir auch noch einen Kurzaufenthalt in einer noblen Erholungseinrichtung der Marine südostwärts von Lorient, so dass für mich der Ernst des Lebens unter unserem neuen Kommandanten erst wieder am 30. November begann.

Vor der Front stehend, gab Lange eine sehr stattliche und beeindruckende Figur ab. Er war hochgewachsen und überragte den größten Mann unserer Besatzung fast um Haupteslänge. Mit seiner tiefen Baritonstimme erklärte er uns, dass die Wiederherstellung der Einsatzbereitschaft von *U 505* für uns alle oberste Priorität habe und es daher auch keine weitere Infanterieausbildung für uns gäbe. Nachdrücklich forderte er uns auf, ein waches Auge auf die Werftarbeiter zu haben, die auf dem Boot die Reparaturen ausführten.

Lange, der in der Regel sehr bedächtig sprach, strahlte ganz einfach jene Souveränität aus, die wir an seinem Vorgänger Zschech so bitterlich vermisst hatten. Im Nu nannten wir ihn unter uns nur noch »den Alten«, eine Bezeichnung, die das Vertrauen und den Respekt ausdrückte, die wir seiner Erfahrung entgegenbrachten. Niemand trauerte Zschech groß nach, und als dessen Wappen am Turm mit Langes Seemuschel übermalt wurde, werteten wir dies als gutes Omen.

In den nächsten zwei Wochen schufteten wir jedenfalls wie besessen, um *U 505* für den vorgesehenen Termin des Auslaufens einsatzbereit zu machen. Während der gesamten Zeit beobachteten wir die Werftarbeiter aus der nicht unbegründeten Sorge vor Sabotagehandlungen mit Argusaugen. Denen wiederum blieb unser latentes Misstrauen ihnen gegenüber natürlich auch nicht verborgen, und sie nahmen uns das übel. Entsprechend frostig war die Atmosphäre, aber uns war das egal. Sicherheit durch Vorsicht war schließlich keine schlechte Devise.

Am 18. Dezember begannen wir mit der Übernahme von Torpedos, Proviant, Treibstoff und alldem, was sonst noch nötig war.

Am späten Nachmittag des 20. Dezember 1943 schwenkten wir unsere Mützen uns sagten Lorient Lebewohl. Sobald unser Boot von der Pier frei war, erhöhten wir die Geschwindigkeit und hielten auf die Hafenausfahrt zu.

Nach Erreichen der offenen See erfolgte die obligatorische Tauchprüfung. In Anbetracht unserer vorausgegangenen misslichen Erfahrungen herrschte allseits ein mulmiges Gefühl, als wir unter die Wellen glitten. Dreißig ... fünfzig ... achtzig Meter liefen durch, und alles war bis dahin in Ordnung.

Bei Erreichen der Hundertfünfzig-Meter-Marke trat jedoch erneut wieder ein Geräusch auf, das nicht hätte sein dürfen. Nochmals zehn Meter tiefer wurde daraus ein lautes Gurgeln, und wir fingen an, Wasser aufzunehmen.

Das Leck zu lokalisieren gelang rasch: Eine fehlerhafte

Schweißnaht an einem Kabelflansch war dessen Ursache. Wieder roch das, verdammt noch mal, verdächtig nach Sabotage! Lange bedachte die Werftarbeiter mit allem, was das reichhaltige Wörterbuch der Flüche eines Seemanns so zu bieten hatte. Doch zur Rückkehr in den Stützpunkt gab es in Anbetracht der Situation keine Alternative.

Nachdem wir nur wenige Stunden später wieder an dem Pier im »Scroff«-Bunker festgemacht hatten, muss Lange anschließend bei der Werftleitung jedenfalls einen Mordsrabatz gemacht haben. Deren Vertreter schlichen keine dreißig Minuten nach dem Eindocken wie geprügelte Hunde zu uns an Bord, um den Schaden zu besichtigen. Die Reparatur, so lautete deren Befund, würde nur ganz wenige Tage in Anspruch nehmen.

* * *

Unsere Enttäuschung darüber, dass wir eine weitere Feindfahrt hatten vorzeitig abbrechen müssen, wurde durch die Aussicht wettgemacht, die Weihnachtsfeiertage im Hafen zu verbringen. Obersteuermann Alfred Reinig, der auch für das Führen der Soldlisten der Besatzung verantwortlich war, teilte uns mit stolzgeschwellter Brust mit, dass abgesehen von zwei Mann zwar niemand mehr über ein Guthaben verfüge, er es aber dennoch geschafft habe, den militärischen Finanzbürokraten einen Vorschuss für alle anderen aus den Rippen zu leiern. Damit waren wir zumindest bis zum Abschluss der Reparaturarbeiten einigermaßen flüssig und vermochten uns mit Cognac, Bier und Wein »über Wasser« zu halten.

An Heiligabend wurde von der Flottille eine Weihnachtsfeier veranstaltet. Seitens unseres Kommandanten erhielten wir die strikte Anweisung, dass ab Mitternacht unbedingt für uns Schluss mit Alkohol sein müsse. Wir kapierten sofort, was dies bedeutete.

Wie erwartet, liefen wir am Ersten Weihnachtsfeiertag erneut zur siebten Feindfahrt aus Lorient aus. Mit drei Minensuchern als Geleitsicherung ging es zum Prüfungstauchen, das ohne Zwischenfall ablief. Als wir aber danach an der Wasseroberfläche die Diesel anwarfen, stand plötzlich der Steuerbordmotor in Flammen! Quälend langsam vergingen die Minuten, bis der Brand schließlich gelöscht war. Sobald der Qualm und die Dämpfe aus der Abteilung abgezogen waren, befahl Lange zu tauchen, da es in Hinblick auf gegnerische Flugzeuge sicherer war, die Instandsetzungsarbeiten unter Wasser vorzunehmen.

Erst am Abend konnte der Diesel-Obermaschinist Fricke die Beendigung der Reparaturen melden, und wir tauchten auf. Fricke murmelte etwas von »Mach's gut!« und versetzte »seinem« Motor noch einen Klaps, ehe er zum Probelauf gestartet wurde. Das Ding funktionierte jetzt einwandfrei, und bald brummten die Dieselmotoren ihre bekannte Melodie aus Fauchen und Hämmern, als wir durch die Wasser des Golfs schnitten.

Nachdem die Batterien voll aufgeladen waren, hörten wir die unverkennbare Baritonstimme über den Bordlautsprecher den Befehl zum Tauchen geben. Ich hatte Freiwache und lauschte auf meiner Koje den Geräuschen unseres Bootes, als es langsam unter die Wellen glitt. Während wir das Zischen der Druckluft aus den geöffneten Entlüftungsventilen der Tauchzellen vernahmen, rissen wir uns alle zusammen, um nicht aus den Kojen zu springen, als das Boot rasch in die Tiefe sank. Innerhalb weniger Minuten fuhren wir in einer Tiefe von siebzig Metern und das leise Summen der E-Motoren lullte uns ein.

Am nächsten Morgen weckte uns das Brausen kalter Luft, die von den Dieselmotoren ins Boot gesaugt wurde. Wir zogen uns dicke Pullover über, setzten Wollmützen auf und meldeten uns zum Dienst. Es war irgendwie seltsam, in die Zentrale zu treten und dort Lange anstelle von Zschech als Kommandant vorzufinden. Doch bei allem, was wir bis jetzt mitbekommen hatten, hatte dieser passionierte Raucher, dem stets der Geruch von Zigaretten anhaftete, eine ausgezeichnete Figur abgegeben, nicht nur, weil er oft darauf bestand, selbst mit dem Sextanten »die Sterne zu schießen«. Herz und Verstand sagten uns, dass dieser Seebär genau die Art Kommandant war, die wir brauchten.

Die ersten Tage unseres Marsches durch den Golf von Biskaya verliefen ereignislos. Das Wetter war für diese Jahreszeit typisch: kabbelige See und tief hängende, dunkelgraue Wolken. Die Temperatur im Bootsinneren sank zusehends, als wir uns in der sehr eisigen Kaltfront weiter voranbewegten.

Gegen 14.00 Uhr registrierten wir am 28. Dezember in der Ferne das gedämpfte Dröhnen von Schiffsartillerie und detonierenden Fliegerbomben, das mehr als zwei Stunden lang unvermindert anhielt. Nach Sonnenuntergang tauchten wir vorsichtig auf, um die Batterien wieder aufzuladen. Es herrschte ein reger Funkverkehr, der zumeist von der gegnerischen Seite stammte.

Um 19.10 Uhr ging von BdU op. ein FT ein, das vier Boote, zu denen auch *U 505* gehörte, anwies, mit hoher Fahrt ins Planquadrat BE 6938 zu marschieren. Eine Begründung für diesen Befehl gab es nicht, aber wir nahmen an, dass er mit dem Artilleriefeuer zusammenhing, das wir vernommen hatten. Mit Höchstfahrt bretterten wir durch die Brecher und hielten Südwestkurs in Richtung auf unseren Bestimmungsort. Eiskalte Gischt durchnässte die Brückenwache, die den Horizont nach Anzeichen des Gefechtes absuchte.

Die Spannung in der Mannschaft stieg, denn es stand zu erwarten, dass wir schon in Bälde in Aktion treten würden. Als wir uns dem angegebenen Planquadrat näherten, konnten wir die Blitze des Artilleriefeuers ausmachen. Kaum waren wir in BE 6938 eingelaufen, ließ jedoch der Beschuss nach und erstarb dann völlig.

Um 20.42 Uhr kam vom Flottillenstab ein langes FT, das besagte, dass eine Gruppe unserer Zerstörer und schnellen Torpedoboote mit einem überlegenen Verband britischer Kriegsschiffe im Planquadrat BE 6930 im Gefecht stand[23]. Der deutsche Zerstörer *Z 27* lag bewegungslos im Planquadrat BE 6938. Die vier verbliebenen Zerstörer und die sechs Torpedoboote versuchten, sich kämpfend nach Osten zurückzuziehen. An uns erging der Befehl, *Z 27* unmittelbare Unterstützung zu leisten und alle feindlichen Kriegsschiffe anzugreifen, die wir antrafen.

Wenige Minuten später folgte ein weiteres, das darüber informierte, dass der Feindverband aus Kreuzern, Zerstörern und Flugzeugen bestand – gegenwärtige Position nicht bekannt. Die Anweisung an uns, nach Überlebenden von *Z 27* zu suchen, bedeutete, dass der Zerstörer gesunken sein musste. In Anbetracht der niedrigen Temperaturen wussten wir, dass die Männer in dem eiskalten Wasser nicht lange überleben würden.

So aufregend die Vorstellung auch sein mochte, sich in einen Kampf mit Kriegsschiffen einzulassen und womöglich Ruhm durch die Versenkung eines feindlichen Kreuzers einzuheimsen, so hatte dennoch die Rettung der Kameraden von *Z 27* absoluten Vorrang.

Mit schlechter Sicht gepaart, wurden die Bedingungen in See immer rauer. Bei diesem Wetter Schiffbrüchige zu finden, würde sich, gelinde gesagt, verdammt schwierig gestalten. Angesichts der Größe der Seen, mit denen wir es zu tun hatten, bestand die Chance, sie überhaupt zu entdecken nur dann, wenn wir und sie gleichzeitig auf dem Kamm einer See ritten. Obwohl daher zu Optimismus wenig Grund bestand, begannen wir trotzdem unsere gesamten Wolldecken einzusammeln, während Toni in der Kombüse einen Pott heißen Kaffees nach dem anderen aufbrühte.

Um 01.40 Uhr erspähten wir ein rotes Licht fast achteraus unseres Bootes. Wir schwenkten herum und begannen ein Suchmuster mit Zickzackkursen. Doch erst nach Stunden sichteten wir zwei Einmann-Rettungsflöße. Aufgrund des schweren Seegangs war das Abbergen ein ziemlich kniffliges Unterfangen, aber es gelang uns schließlich dennoch, die beiden halb erfrorenen deutschen Seeleute aus dem Wasser zu fischen. Im E-Motoren-Raum zogen wir ihnen die nassen Sachen vom Leib. Nachdem wir sie mit Handtüchern ordentlich abgerubbelt hatten, um die Blutzirkulation anzukurbeln, gaben wir ihnen trockene Kleidung und steckten sie in warme Kojen.

Inzwischen hatte sich das Wetter nochmals verschlechtert. Der eiskalte Nordwind peitschte die See immer heftiger und die Sichtweite von der Brücke aus hatte weiter abgenommen. Obwohl die Wahrscheinlichkeit gegen null tendierte, dass wir noch weitere Überlebende würden retten können, hielt Lange dort oben trotz aller Widrigkeiten eisern die Stellung, eine Zigarette nach der anderen paffend. Und wir waren stolz auf unseren Kommandanten, weil dieser nicht aufzugeben gedachte.

Noch vor Anbruch der Morgendämmerung trat fast schon so etwas wie ein Wunder ein. Einer der Brückenausgucks entdeckte auf den weißen Kappen des Kammes einer großen See einen Fleck, der gleich darauf wieder in einem Wellental verschwand. Als wir auf die Stelle zuhielten, vermochten wir wenig später sieben miteinander verbundene Rettungsflöße zu erkennen. *U 505* manövrierte Lange so, dass der Bootskörper den Flößen in unserem Lee etwas Schutz vor dem Wind bot. Als wir uns längsseits schoben, stellten wir fest, dass es sich bei der Gruppe um mehr als zwei Dutzend deutscher Seeleute handelte. Sie waren in jämmerlicher Verfassung, kaum imstande, die Leinen zu erfassen, die wir ihnen zuwarfen. Einen nach dem anderen holten wir die Männer an Bord.

Der Letzte, der ein Rettungsfloß verließ, war Korvettenkapitän Wirich v. Gartzen von *T 25*. Von ihm erfuhren wir, dass sein Torpedoboot während des Gefechtes von britischen Kreuzern durch Artilleriebeschuss versenkt worden war. Zu einem späteren Zeitpunkt rückte er dann auch damit heraus, das es ein T-Boot gewesen war, welches die Überlebenden unseres Schwesterboots *U 106* gerettet hatte, das im August '43 bei einem Luftangriff britischer, kanadischer und australischer Flugzeuge im Marine-Planquadrat BE 6697 versenkt worden war. Zurück am Stützpunkt, erfuhren wir, dass es auch sein T-Boot gewesen war, das die Besatzung von *U 106*, einem unserer Schwesterboote, Anfang des Jahres nach einem Angriff britischer Flugzeuge im Golf von Biskaya gerettet hatte. Diese Tat hatten wir unseren Marinekameraden nun wenigstens ein bisschen zu vergelten vermocht.

Eines der größten Probleme für uns stellte die Unterbringung der neu hinzugekommenen Seeleute dar. Platz auf einem Unterseeboot war ohnehin rar, und da wir ja gerade erst zu unserer Feindfahrt aufgebrochen waren, stapelte sich zudem noch überall auf unseren Decks jede Menge Proviant. Obwohl die Verhältnisse an Bord denen in einer Sardinenbüchse glichen, bemühten wir uns, den Schiffbrüchigen keinesfalls den Eindruck zu vermitteln, sie wären irgendwie im Wege.

Allerdings hatten unsere ohnehin schon zuvor arg mitgenommenen Passagiere mit den für sie ungewohnten Bewegungen unseres Bootes, besonders dem starken Gieren, Probleme und ihnen wurde schlecht. Spuckbüchsen wurden zwar aufgestellt, aber die meisten konnten nicht anders, als sich ihres Mageninhalts direkt in die Bilge zu entledigen. Natürlich war es ihnen peinlich, eine solche Schweinerei zu verursachen, und sie entschuldigten sich dafür vielmals. Mit Scherzen versuchten wir die Situation zu überspielen.

»Das ist nicht weiter schlimm!«, versicherten wir ihnen. »Unser Smut kann sich dadurch einen faulen Lenz machen. Der sammelt alles brav ein und zaubert daraus noch einen besonders leckeren Eintopf.« Derbe Sprüche wie dieser brachten sie immerhin zum Lachen und sorgten für eine gewisse Entkrampfung

Vor unserem Backbordbug stieg in etlicher Entfernung um 05.45 Uhr ein rotes Notsignal auf. Korvettenkapitän v. Gartzen glaubte, es könnte von Leuten seiner Besatzung stammen, die durch die Heftigkeit des Sturms von den übrigen getrennt worden waren. Leider gelang es trotz all unseres Bemühens nicht, sie zu finden. Da anzunehmen war, dass die See sie mittlerweile verschlungen hatte, brach Lange schweren Herzens die Suche ab und befahl in Anbetracht der rauen Bedingungen an der Wasseroberfläche zu tauchen und auf vierzig Meter zu gehen.

Die Augen unserer Passagiere weiteten sich vor Entsetzen, als das Boot abkippte und in die Tiefe zu gleiten begann. Manche fanden leidlich ihre Fassung wieder, als das Boot sich einpendelte, während andere wiederum regelrechte Panikreaktionen zeigten. Um zu verhindern, dass sie sich selbst oder andere verletzten, waren wir gezwungen, sie in den Heckraum zu verfrachten und in Hängematten festzubinden, bis sie sich wieder einigermaßen beruhigt hatten.

Gegen 09.30 Uhr brachte Lange das Boot auf Sehrohrtiefe, um einen Rundblick zu nehmen. »Verdammte Tommies!«, hörten wir ihn grollen, als er unerwartet schnell das Periskop voller Abscheu wieder einfuhr. Wie er uns wissen ließ, hatten wir soeben eine größere Zahl von leeren Schwimmwesten passiert. Die Männer, die sie ursprünglich getragen hatten, waren vermutlich durch Unterkühlung bewusstlos geworden und aus den Schultergurten gerutscht, oder sie hatten einfach aufgegeben und sich entschlossen, ihr eiskaltes Elend selbst zu beenden. Nach einem Augenblick gewann Lange seine Fassung wieder und fuhr das Seerohr erneut aus, doch außer einer wütenden See war nichts zu sehen.

Gegen Mittag fuhr Toni warmes Essen auf, wobei die Männer von *T 25* zuerst an die Reihe kamen, die anschließend versuchten, einen Platz zu finden, um sich hinzulegen und zu schlafen. Ihr Kommandant, der nicht minder erschöpft sein musste, hielt weiterhin die Stellung am Angriffssehrohr und half unserem »Alten«, das Meer nach Überlebenden abzusuchen. Erst nach viel gutem Zureden durch Lange gönnte auch er sich eine Ruhepause, nicht ohne sich aber vorher über die Befindlichkeit eines jeden seiner Männer vergewissert zu haben.

Kurz vor Sonnenuntergang tauchten wir auf. Nach Einsetzen der Dunkelheit stieg an Backbord voraus erneut ein Notsignal auf. Der Seegang hatte sich etwas gelegt, wodurch es uns ermöglicht wurde, mit viel Fahrt auf die Stelle zuzuhalten.

»Rettungskommando auf die Brücke!«, rief Lange vom Turm in die Zentrale hinunter, als einer der Ausgucks zwei kleine Flöße entdeckt hatte. Die fünf Männer auf ihnen waren mehr tot als lebendig und hatten überhaupt nicht mehr die Kraft, die zugeworfene Leine zu ergreifen, sodass wir die Flöße mit langen Haken heranziehen mussten, um die Leute an Bord holen zu können, wo sie dann ganz allmählich wieder einigermaßen zu sich kamen. Mit ihnen stieg die Zahl der von uns Geretteten auf 34.

Um unsere Chance zu erhöhen, eventuell noch weitere Überlebende zu finden, setzten wir unsere Suche mit eingeschaltetem Schweinwerfer fort. In Anbetracht der in diesem Seegebiet operierenden feindlichen Flugzeuge und Schiffe war dies alles andere als ungefährlich, aber Lange war gewillt, dieses Risiko einzugehen. Per Funkspruch wurden wir darüber informiert, dass sich auch ein neutraler irischer Dampfer in die Suche nach Schiffbrüchigen eingeschaltet hatte.

Nach etlichen Stunden fruchtlosen Bemühens unsererseits, entschloss sich unser Kommandant, mit den von uns aufgenommenen Seeleuten den Rückmarsch zum Hafen weitgehend getaucht anzutreten.

13. Kapitel

Brest

In den frühen Morgenstunden des 30. Dezember tauchten wir auf, um die Batterien aufzuladen und das Boot zu durchlüften. Ein Fliegeralarm setzte diesem Versuch rasch ein vorzeitiges Ende, und eine Wiederholung wagten wir daher erst wieder nach Sonnenuntergang. Infolge der Tatsache, dass wir 34 Personen mehr an Bord hatten, war bis dahin das Kohlendioxid im Inneren des Bootes in einen ziemlich bedenklichen Bereich angestiegen. Auch das Leeren der Kübel mit den menschlichen Hinterlassenschaften war längst überfällig geworden. Der erste Schwall Frischluft, der mit dem Öffnen des Turmluks hereinströmte, war daher die reinste Labsal. Wie üblich stürmte auch Lange sofort die Brücke, um sich seine geliebten Zigaretten anzustecken.

Im Verlaufe des weiteren Abends erreichte uns ein FT des FdU West mit der Anweisung, unsere Passagiere zur Position »Eisbär« zu bringen, der Codename für den U-Boot-Stützpunkt im Hafen von Brest. Wir von der Stammbesatzung waren von der Aussicht, diese uns bislang unbekannte Stadt mit allem kennen zu lernen, was sie für Seeleute zu bieten hatte, jedenfalls ausgesprochen angetan.

* * *

Der Silvestertag hatte für uns nicht unbedingt etwas Festliches. Zwischen den Dieselmotoren hatten wir mittlerweile zusätzliche Toilettenkübel aufgestellt, da viele der Männer von *T 25* unter Durchfall litten, der vermutlich von dem Salzwasser stammte, das sie geschluckt hatten, oder von den Unterkühlungen. Gewöhnlich standen zwei bis drei von ihnen um jeden Kübel herum, die arme Seele »auf dem Thron« drängend, sich zu beeilen. Es gab nichts, was wir für sie hätten tun können, da unser Vorrat an Medikamenten nicht für eine »Dünnpfiff-Epidemie« ausreichte.

Obwohl wir nie ein Klagenswort ihnen gegenüber verloren, so machten unsere Passagiere allein durch ihre schlichte Anwesenheit selbst die meisten routinemäßigen Operationen auf dem Boot schwierig. Im Falle eines Falles würde die Durchführung eines Schnelltauchmanövers in der gewohnten Art und Weise mit einem derart überfüllten Boot unmöglich sein.

Da wir deshalb an der Wasseroberfläche für jedes angreifende Flugzeug eine leichte Beute abgegeben hätten, war von Lange die Entscheidung ohnehin schon bereits getroffen worden, so viel wie möglich getaucht zu marschieren.

Während der kurzen Zeitspannen, die uns an der Wasseroberfläche verblieben, waren wir geschäftig wie die Bienen: Ausleeren der Kübel, Auspumpen der Bilgen, Schießen eines »Bestecks« mit dem Sextanten und so weiter, und so fort. Unser »Alter« nutzte diese Gelegenheiten, um auf der Brücke nicht nur alles ruhig und gelassen zu überwachen, sondern auch, um sich eine Zigarette nach der anderen reinzuziehen.

Ausgerechnet an diesem Abend wurden wir schließlich mit dem konfrontiert, was wir am meisten fürchteten: Alarmtauchen, um einem feindlichen Flugzeug zu entgehen. Uns blieb nichts anderes übrig, als jeden Torpedoboot-Mann rüde wegzustoßen, der uns bei der Bedienung der verschiedenen Hebel und Ventile hinderlich im Weg stand. Wenigstens löste der steile Winkel, mit dem das Boot in die Tiefe schoss, diesmal keine Anfälle von Hysterie aus. Zum Glück griff uns der Jagdbomber nicht an, und alles lief gut ab.

In den letzten Stunden des Jahres 1943 fuhren wir sechzig Meter unter der Wasseroberfläche dahin und hatten Gelegenheit, mit unseren Gästen ausführlicher ins Gespräch zu kommen. Sie konnten nicht nachvollziehen, was wir dieser schrecklichen U-Boot-Fahrerei überhaupt abgewinnen konnten, und bekamen zu hören, das sei allemal besser, als auf einem Schiff unterwegs zu sein, das nicht zu tauchen vermochte, um dem Feind ein Schnippchen zu schlagen. Jedenfalls wurde ordentlich gefrotzelt, gelacht und jede Menge Seemannsgarn gesponnen, bis es unversehens Mitternacht war. Über die Bordsprechanlage meldete sich Lange und wünschte uns allen ein gutes neues Jahr. Er hoffe von ganzem Herzen, dass es uns vergönnt sein möge, auch Neujahr 1945 noch zu erleben. Worte, die nachdenklich stimmten, aber natürlich hatte der »Alte« damit recht.

Wir tauchten am ersten Morgen des Jahres 1944 auf und trafen eine spiegelglatte See an, die sich vor uns erstreckte. Mit Ostkurs liefen wir auf die aufgehende Sonne zu. Die Dieselmotoren hämmerten, was das Zeug hielt, und trieben uns mit hoher Bugwelle voran.

Um unliebsamen Überraschungen während des letzten Teilstückes unseres Rückmarsches zu entgehen, hieß es für uns leider schon viel zu bald »zurück in den Keller«. Gegen Mittag tauchten wir für einige Minuten auf, um mit dem Sextanten ein Besteck für unsere Position zu bekommen. Obersteuermann Reinig ermittelte eine Kursabweichung von dreißig Seemeilen. Der »Alte« prüfte zwar Reinigs Berechnungen vorsichtshalber nach, aber sie stimmten wie immer. Wie sich bald herausstellte, funktionierte unsere Funkpeilanlage nicht mehr richtig. Da Defekte an der Ausrüstung unseres Bootes fast schon zur Normalität gehörten, regte sich kaum jemand darüber auf. Zum Glück waren wir nur noch zwölf Stunden von Brest entfernt, so dass keine ernsthaften Schwierigkeiten bestanden, unseren Weg in den Hafen zu finden.

Wir verständigten Brest per Funk über unser Problem und gaben unsere aktuelle Position durch. Umgehend erhielten wir von dort genaue Navigationsanweisungen.

Zunächst liefen wir getaucht mit Höchstfahrt aus dem Gebiet ab, für den Fall, dass der Feind den Funk abgehört und uns eingepeilt hatte Der zweite Januar war bereits angebrochen, als wir im Planquadrat BF 5464 auftauchten, um den Endspurt Richtung Hafen zu beginnen, darauf hoffend, unseren Treffpunkt mit der Geleitsicherung noch im Schutze der verbleibenden Dunkelheit zu erreichen. Die Dieselmotoren liefen erneut AK, und das Boot hinterließ einen gigantischen Keil weißen Schaums im Kielwasser.

Bei Einsetzen der Morgendämmerung nahm unsere Geleitsicherung uns in Empfang und wir folgten ihr entlang der felsigen Küste.

Im Außenhafen von Brest kam uns eine Barkasse mit Kriegsberichterstattern entgegen. Auch Filmleute waren dabei, die Aufnahmen der Überlebenden von *T 25* im Inneren des Bootes drehen wollten. Nachdem die Barkasse längsseits gegangen war, kletterten sie mit ihrer gesamten photographischen Ausrüstung zu uns an Bord.

Während der Dreharbeiten in unserer »Sardinenbüchse« erfolgte plötzlich aus dem E-Motoren-Raum heraus ein greller Blitz. Ein riesiger blauweißer Lichtbogen schoss aus dem Steuerbordmotor, Flammen züngelten aus dessen Gehäuse auf, dicker Qualm folgte und breitete sich rasch im Boot aus.

Der Filmtross stürzte panikartig wie eine aufgescheuchte Viehherde zur Zentrale und durch den Niedergang des Turms hinauf zur Brücke. Angesteckt durch dieses Verhalten taten die Männer von *T 25* dies ihnen nach. Wir von der Besatzung wussten sofort, was geschehen war, denn dies war nicht das erste Mal: Im elektrischen Schaltbrett hatte es einen weiteren Kurzschluss gegeben. Dank der im Motorenraum befindlichen CO_2-Feuerlöscher war der Brand jedoch innerhalb weniger Minuten gelöscht. Der Dieselobermaschinist warf die Jumbos an, um mit deren Hilfe den beißenden Rauch abzusaugen. Es dauerte jedoch noch eine geraume Zeit, ehe sich die Gemüter der anderen, nicht zuletzt aufgrund der Gelassenheit, die wir an den Tag legten, wieder einigermaßen beruhigt hatten. Der Gestank von verbranntem Gummi hielt allerdings noch länger an.

Trotzdem hatten wir heimlich die Köpfe geschüttelt. *U 505* wäre nicht *U 505* gewesen, wenn sich so etwas wie dieser Zwischenfall nicht ereignet hätte. Die Episode hätte auch mit Galgenhumor aufgenommen werden können, wenn wir nicht gewusst hätten, dass uns die Beseitigung der Folgen vermutlich für einige Reperaturtage in Brest festhalten würde.

Wenig später stießen einige kleine Schlepper zu uns und lotsten uns durch den Hafen zu dem riesigen Komplex des U-Boot-Bunkers, während unsere Geleitfahrzeuge zu ihren Liegeplätzen abdrehten.

Erfreulich war die Feststellung, dass uns auf der Pier ein großer Empfang erwartete. Die Chefs sowohl der 1. U-Flottille wie auch der 5. T-Flottille hatten sich in Begleitung einer ungewöhnlich großen Anzahl ihrer Stabsoffiziere eingefunden, und selbst eine Musikkapelle der Marine war seit längerer Zeit wieder einmal aufgeboten worden, um dem Ganzen Festlichkeit zu verleihen. Es schien eine Ewigkeit her zu sein, dass wir dergleichen erlebt hatten.

Als wir in die Nassbox C 1 des U-Boot-Bunkers einliefen, stürmte eine Gruppe der Seeleute von *T 25* los, die es kaum erwarten konnte, von Bord zu kommen. Ein jeder von ihnen versuchte den senkrechten Niedergang von der Zentrale zur Brücke so schnell es ging zu erklimmen. In seiner Hast glitt einer der Männer dabei aus und landete höchst unsanft auf dem Rudergänger am Ruderstand. Als Folge davon brach das Boot nach Steuerbord aus und stieß gegen die Betonwand der Pier. Mehr als einen kurzen Rumpler bekamen wir davon im Bootsinneren zwar nicht mit, ahnten aber instinktiv schon böse Folgen. Zwölftausend Tonnen Masse, selbst wenn sie sich nur langsam bewegt, konnten einem fragilen Teil wie etwa einer Tiefenruderflosse auch bei so einer geringfügigen Kollision beträchtlichen Schaden zufügen.

Im Verlaufe des späteren Nachmittags wurde *U 505* auf Schienen gehoben und zur genaueren Inspektion ins Trockendock gebracht. Dort stellte sich heraus, dass die Tiefenruderwelle verbogen worden war, eine Reparatur, für die mindestens eine Dauer von zwei Wochen veranschlagt wurde. Es bedurfte zwei voller Tage, nur um die Welle aus ihrem Gehäuse zu ziehen. Nach deren eingehender Überprüfung entschieden die Werftingenieure, dass sie nicht mehr instand zu setzen sei und komplett ausgetauscht werden müsse. Fatalerweise war weder in Brest noch in Lorient eine Ersatzwelle vorhanden. Bis so ein Teil anderweitig beschafft werden konnte, würde *U 505* im Hafen festsitzen.

Lange fluchte schlimmer wie ein Pferdekutscher, als er davon erfuhr.

* * *

Einige Tage später erreichte unseren Kommandanten die Information, dass eine Ersatzwelle in Bordeaux ausfindig gemacht worden war, dem südlichsten Ausfallhafen unserer U-Boote in den Atlantik. Lange bestellte mich zu sich.

»Göbeler, Sie haben doch eine Fahrerlaubnis. Sind Sie denn schon jemals einen Lkw gefahren?«

»Jawohl, Herr Oberleutnant.«

»Fein! Dann lassen Sie sich heute Nachmittag von der Waffenkammer eine Pistole aushändigen. Den entsprechenden Wisch kriegen Sie gleich. Für morgen früh werde ich Sie bei der Fahrbereitschaft anmelden, dann rauschen Sie nach Bordeaux und organisieren eine anständige Welle für unser Tiefenruder.«

Meine Begeisterung über diesen Auftrag, der mich um meine schöne Freizeit in Brest bringen würde, hielt sich in Grenzen. Doch Befehl war Befehl, und so trabte ich erst einmal zur Waffenkammer. Die Aussicht auf eine P 08 oder gar eine Walther für diesen Sonderauftrag hatte für mich durchaus etwas Aufregendes. Umso enttäuschter war ich, als mir der

Waffenmeister einen ollen französischen Revolver auf den Ausgabetresen packte. Diese lächerliche Antiquität war hundsschwer und über dreißig Zentimeter lang. Als ich mir das Ding in den Gürtel steckte, reichte der Lauf fast bis zu meinem Knie. Mit meiner Bitte nach etwas Handlicherem stieß ich auf taube Ohren und wurde barsch wieder weggeschickt. Mir schwante, dass ich den Hänseleien meiner Bordkameraden ausgesetzt werden würde, wenn ich zu den Baracken zurückkam. Sie enttäuschten mich nicht.

»He! Schaut mal, da kommt Buffalo Bill!«

»Ja, mit dieser Riesenkanone kann er glatt zwei Büffel mit einem Schuss töten.«

Sauer über diese Lachnummer, die ich abgab, schleuderte ich den blöden Revolver wütend auf meine Koje. Mein Kumpel Willi, der bereits zu dieser Stunde des Tages »einen sitzen hatte«, schnappte ihn sich und begann damit herumzufuchteln, wobei er vorgab, ein amerikanischer Cowboy zu sein. Da ich für die Waffe schließlich verantwortlich war, versuchte ich, sie ihm aus der Hand zu winden. Das Unvermeidliche geschah. Willi hatte den Finger am Abzug und prompt ging der alte Revolver mit ungeheurem Krach los! Zum Glück wurde niemand verletzt. Allerdings durchschlug das Geschoss neben der Tür glatt die Wand zum Waschraum und brach ein großes Stück aus der WC-Schüssel heraus.

Wir wussten, dass wir schnell handeln mussten, wenn wir nicht im Bau landen wollten. Ein Artilleriemechaniker, der mit uns im selben Raum untergebracht war, besaß, so schier unglaublich es auch klingen mag, Patronen, die mehr oder weniger in die Trommel meines alten Revolvers passten. Die leere Hülse wurde durch eine neue Patrone ersetzt, das Fenster aufgerissen, damit der Pulvergeruch abziehen konnte, das Einschussloch wurde mit Kissen kaschiert und irgendwer putzte geistesgegenwärtig sogar noch den Lauf der »Donnerbüchse« kurz durch.

Unmittelbar danach platzte unser LI herein und verlangte

eine Erklärung für den Schuss. Unsere Unschuldsbeteuerungen und auch der augenscheinlich unbenutzte Revolver vermochten den »Waschbär« nicht zu überzeugen.

»Wenn Sie es nicht gewesen sein wollen, wer denn dann?«, schnauzte er uns an.

»Dort ist er!«, rief einer meiner Bordkameraden und deutete zum Fenster hinaus auf einen Seemann, der gerade zufällig quer über den Barackenplatz rannte.

Der LI warf einen raschen Blick in die angegebene Richtung und konnte es nicht fassen, dass dort tatsächlich jemand im Laufschritt davoneilte. Verärgerung und Enttäuschung waren ihm ins Gesicht geschrieben, als er sich uns wieder zuwandte. Er stand da und schaute uns eine Zeit lang ungläubig an, bevor er nur den Kopf schüttelte und ohne ein weiteres Wort wieder ging. Willi, schlagartig wieder nüchtern geworden durch die Geschichte, die uns ein Kriegsgerichtsverfahren hätte einbringen können, verbrachte den Rest des Abends damit, Material zu beschaffen, um den Wand- und WC-Schaden auszubessern.

Um in keinster Weise nochmals irgendwie unangenehm aufzufallen, fand ich mich am nächsten Morgen sogar noch vor 06.00 Uhr bei der Fahrbereitschaft mit meiner umgeschnallten »Zimmerflak« ein und wartete dann eben die Aufnahme des Dienstbetriebs ab. Für die Fahrt nach Bordeaux bekam ich zwei Beifahrer zugeteilt. Zusammen packten wir etliche Reservekanister mit Sprit auf die Ladefläche des Lkw.

Ehe wir abfuhren, erhielten wir noch einige schnelle Instruktionen darüber, wie wir uns zu verhalten hatten, falls es zu Begegnungen mit Partisanen kommen sollte. Erst vor kurzem war es zu Hinterhalten seitens der Résistance entlang unserer Route gekommen und wir wurden eindringlich davor gewarnt, bei Nacht zu fahren.

Und dann ging die Reise los, wobei wir uns alle zwei Stunden am Steuer gegenseitig abwechselten. Die Nacht verbrachten wir in der kleinen am Wege gelegenen Unterkunft einer

Marineflak-Stellung, befanden uns aber bei Sonnenaufgang erneut schon wieder auf der Straße.

Als wir irgendwann ein Waldstück durchquerten, traten hinter den Bäumen einige Männer in Zivil hervor, die uns mit ihren Gewehren beschossen. »Zielwasser« hatten sie offensichtlich keines getrunken, denn sie trafen nicht einmal unseren Lkw. Trotzdem traten wir das Gaspedal der Karre bis zum Anschlag durch, um nichts wie weg zu kommen.

Unmittelbar nach unserer Ankunft in Bordeaux meldeten wir uns im U-Boot-Stützpunkt, wo ich zu hören bekam, dass der Durchmesser der in Frage kommenden Tiefenruderwelle eine Spur zu dick sei, weshalb dieser auf einer Drehbank erst noch auf die exakt passende Größe gebracht werden müsse.

»Es tut un leid, aber Sie werden wohl oder übel hier in Bordeaux zwei bis drei Tage ausharren müssen, bis wir damit so weit sind.«

Worte, die die reinste Musik für meine Ohren waren. Wir waren aus dem Tor und auf dem Weg in Richtung Vergnügungsviertel, noch ehe sie die Chance hatten, ihre Ansicht dahingehend zu ändern, dass die Wellenanpassung ja auch eigentlich in Brest erfolgen könne.

Sobald ich in der Gegend war, steuerte ich ein kleines Lokal an, um einen Happen zu essen. Meine blaue Marineuniform zog die Aufmerksamkeit der übrigen Gäste auf sich, wobei ich zunächst annahm, dies hinge wie sonst auch mit meinem U-Boot-Kriegsabzeichen zusammen. Ich hatte keine Ahnung, dass ich nur deshalb so auffiel, weil dort Lokalverbot für deutsche Wehrmachtsangehörige herrschte.

Daher ließ ich mir in aller Unschuld den Fisch, den ich mir bestellt hatte, schmecken, als sich eine durchaus attraktive, nicht mehr ganz junge Dame zu mir an den Tisch setzte und ein Gespräch anfing, in dessen weiteren Verlauf sie es sich nicht nehmen ließ, mir mehrere Gläser Wein zu spendieren. Vom teuren Schmuck her, den sie trug, sah sie aus, als könne sie sich das ohne Weiteres leisten, so dass ich keine Veranlassung fand, die Einladung auszuschlagen. Nach einiger Zeit fragte sei, ob ich nicht Lust hätte, sie später am Abend in ihrem Haus zu besuchen. Für Speis und Trank würde sie schon sorgen. Dem Angebot konnte ich nicht widerstehen.

Zur verabredeten Stunde erschien ich an der angegebenen Adresse. Sie machte mir auf und legte dabei einen Finger an die Lippen, zum Zeichen, mich ruhig zu verhalten. Als wir durch den Salon schlichen, hockte dort ein dicker alter Mann in einem Sessel und schnarchte vor sich hin. Ich hielt ihn für den Vater der Frau.

Sie führte mich in ein Schlafzimmer im dritten Stock des Hauses. Auf einem Tischchen waren Champagner, Gläser sowie eine Platte mit diversen Köstlichkeiten aufgebaut. An mich erging die Aufforderung, es mir bequem zu machen und schon mal ohne sie kräftig zuzulangen. Sie schätze, in etwa einer Dreiviertelstunde mir dann Gesellschaft leisten zu können.

Nachdem ich mir ausgiebig die ganzen Leckereien hatte schmecken lassen, wurde ich neugierig und beschloss, mich etwas umzusehen. Zu meinem Erschrecken stellte ich fest, dass die Tür von außen abgeschlossen worden war. In meinem Kopf rasten die Gedanken. War ich womöglich vor lauter Unverstand in eine Falle der französischen Résistance getappt? Ich schnappte mir meinen ollen Revolver, um mich seiner Funktionsfähigkeit zu vergewissern. Im selben Moment hörte ich, wie der Schlüssel ins Türschloss geschoben wurde, und ich richtete den Lauf meiner Waffe auf die Tür. Doch statt der insgeheim befürchteten Partisanen kam lediglich die ominöse Dame herein, angetan mit einem verführerischen Negligé. Ein Anblick, der mich mein ungutes Gefühl wegen der ganzen Situation sofort wieder vergessen ließ.

»Na, mein Junge«, sagte sie und lächelte, »du darfst dich, nachdem du schon reichlich von mir verwöhnt wurdest, nunmehr bei mir revanchieren.«

Eine angenehmere Art, Schulden zu begleichen, konnte es für einen Seemann wie mich kaum geben. Hinterher eröffnete mir die Dame, wegen ihres Ehemannes müsse ich mir keine Sorgen machen. Der sei viel zu alt und übergewichtig, um noch die Treppe bis zum dritten Stock hinaufzusteigen. Ich könne deshalb unbesehen bei ihr bleiben, solange ich Lust und Zeit dazu hätte. Das tat ich dann auch, und zwar rund um die Uhr.

* * *

Gegen Mittag des dritten Tages in Bordeaux traf ich meine beiden Kameraden in der Werkstatt des Marinestützpunktes wieder. Wir verluden die riesige Welle sowie einige sonstige Ersatzteile auf unseren Lkw und traten die Rückfahrt nach Brest an. Bei Verlassen des Stützpunkts fiel uns eine schmale Spur aus weißem Pulver auf, die quer über die Straße gezogen worden war. Wir gingen davon aus, dass sie der Résistance dazu diente, Aufschlüsse über Fahrzeuge zu erhalten, die das Tor passierten. Da wir das beunruhigend fanden, reagierten wir entsprechend. Während einer von uns fuhr, saßen die beiden anderen mit gezückten Waffen daneben, jederzeit bereit, sofort zu schießen.

Auf der Strecke nach Brest herrschte ziemlicher Nebel. Als es langsam dunkel wurde, schalteten wir zwar die Scheinwerfer an, doch da diese aus Verdunklungsgründen schwarze Schlitzmasken aufgemalt bekommen hatten, blieben die Sichtverhältnisse mehr als dürftig. Trotzdem entschieden wir, erst einmal weiterzufahren, ungeachtet auch der Warnung vor nächtlichen Hinterhalten. Wie sich herausstellte, waren an manchen Weggabelungen oder Einmündungen die Straßenschilder manipuliert worden und wiesen in die falsche Richtung. Uns blieb daher an solchen Stellen nichts anderes übrig, als jedes Mal kurz im Lichtschein eines Feuerzeuges unsere Landkarte zu konsultieren, damit wir nicht irregeleitet wurden.

Ganz spät in der Nacht kamen wir an den Lagerplatz einer Panzereinheit, wo wir unseren Lkw sicher parken konnten. Wir schliefen einige wenige Stunden wie die Murmeltiere und fuhren bereits in aller Herrgottsfrühe wieder weiter. Am Nachmittag trafen wir wohlbehalten in Brest ein. Ich meldete mich bei Lange zurück, der froh darüber war, dass alles so gut geklappt hatte. Mein nächster Gang führte mich zur Waffenkammer, um meine »Zimmerflak« wieder loszuwerden und mich in einen normalen Seemann zurückzuverwandeln.

Die Pfeife des Bootsmannes weckte mich am nächsten Morgen um 06.00 Uhr. Ich brauchte einen Augenblick, um aus dem Himmelbett in Bordeaux, von dem ich wunderschön geträumt hatte, in die Realität meiner Koje zurückzufinden.

Zwei Stunden später waren wir zur Musterung angetreten und nahmen die Tagesbefehle des Kommandanten entgegen.

»Heute beginnen wir mit dem Einbau dieser verdammten Welle in unser Boot, und ich erwarte, dass jeder sein Bestes gibt, damit alles zügig und präzise abgewickelt werden kann. Behalten Sie jeden Werftarbeiter genau im Auge! Wenn einer von denen seinen Platz verlässt, dann müssen Sie feststellen, wohin er sich begibt und wie lange er dort verweilt. Inspizieren Sie grundsätzlich alles, was von den Arbeitern an Bord gebracht wird. Ich betone, alles! Zögern Sie daher nicht, sich zeigen zu lassen, was die in einer Büchse oder Tasche mit sich führen. Ich will, dass jede Sabotagemöglichkeit ausgeschlossen wird. Wegtreten!«

Die Welle wieder in das Gehäuse einzuführen war für die Werftleute eine ganz schön knifflige Aufgabe. Die große Stahlstange musste, an einem Kran hängend, schwebend gehalten und langsam, Millimeter für Millimeter, in den Bootskörper geschoben werden. Insgesamt anderthalb Tage dauerte die Prozedur, bis das Teil sich endlich an seinem Platz befand. Währenddessen passten wir wie Schießhunde auf alles und jeden auf. Kein Unbefugter hätte eine Chance gehabt, sich *U 505* auch nur zu nähern.

Trotzdem gab es nach Abschluss der Montage der Welle des Tiefenruders eine Überraschung. Es stellte sich nämlich heraus, dass auch noch mehrere Batteriezellen ersetzt werden mussten. Ebenfalls eine zeitaufwendige Geschichte, da die entsprechenden Luken erst einmal entfernt und dann hinterher erneut wieder vernietet werden mussten. So kam es, dass unser Aufenthalt in Brest bei weitem länger dauerte, als ursprünglich gedacht.

In dieser Zeit stieß auch ein neues Besatzungsmitglied zu uns: Otto Dietz, der schon einiges hinter sich hatte. Er war auf *U 180* gefahren, als dort unser jetziger Kommandant Harald Lange sich noch als I WO an Bord befand. Otto hatte dann an Land irgendwelchen Mist gebaut und sich selbst in Schwierigkeiten gebracht. Er landete vor dem Kriegsgericht und anschließend bei einem Strafbataillon an der Ostfront, wo er schwer verwundet wurde. Nach langer Rekonvaleszenz in einem Lazarett durfte er wieder zur U-Boot-Waffe zurück. Auf welche Weise Lange überhaupt Kenntnis davon erhielt, dass »sein alter Mann« von *U 180* mittlerweile in Brest gelandet war, vermag ich nicht zu sagen. Lange nutzte jedenfalls seine Möglichkeit als Kommandant, um Dietz auf *U 505* zu holen. Otto und ich fanden uns gegenseitig von Anbeginn an sympathisch, woraus sich schon bald eine echte Freundschaft entwickelte, die bis zu dessen Tod im Mai 1944 Bestand hatte.

In Brest kannte sich Otto bestens aus und unser bevorzugtes Nachtlokal wurde das *Le Cheval Blanc*. Das weiße Pferd war der letzte »Stall« vor der Zugbrücke zwischen Brest und dem Marinestützpunkt. Das Publikum, das dort verkehrte, war größtenteils ziemlich zwielichtig. Ich fand das zwar etwas beklemmend, aber Otto schien das nichts auszumachen, im Gegenteil, er fühlte sich dort offenbar ganz in seinem Element.

An irgendeinem unserer Zechabende fing er an, mit dem Barkeeper zu tuscheln, der mir daraufhin einen argwöhnischen Blick zuwarf, mir dann aber doch per Kopf bedeutete, Otto und ihm zu folgen.

In einem der hinteren Nebenräume, einer Art Lagerraum für irgendwelches Zeug, schob er eine paar Kisten beiseite und legte eine Falltür frei, die hinab in einen großen Keller führte.

Die Szenerie, die sich mir dort unten bot, ähnelte meinen Vorstellungen, welche ich von einem orientalischen Bazar hatte. Dutzende Männer hockten an Tischen beieinander, rauchten, tranken und feilschten in einem babylonischen Sprachgewirr um Waren und Preise.

In dieser »Höhle« des Schwarzmarkthandels fühlte ich mich alles andere als wohl. Mit dem Rücken an die kalte Steinmauer gelehnt, stand ich in einer Ecke und beobachtete lediglich das Treiben. Erst als Otto mich eigens ermunterte, traute ich mich, ein paar Stangen Gaulloise zu kaufen. Gerade als ich anfing, mich danach umzutun, was es sonst noch so Interessantes für mich im »Angebot« gab, ertönte in dem Lokal über uns ein Heidenlärm, und Befehle wurden gebrüllt. Die deutsche Feldgendarmerie führte eine Razzia durch!

In dem Kellergewölbe ging es auf einmal hektisch zu. Die Leute schnappten sich hastig ihre Waren und hasteten umher wie ein Ameisenvolk, dessen Nest mutwillig zerstört worden war.

Mit der ihm eigenen Gelassenheit zog Otto mich zu einem großen Wandschrank hinüber, der sich wie durch Zauberhand bewegen ließ und den Weg zu einem Durchgang freigab, der in eine finstere Seitengasse führte. Mit schnellen Blicken vergewisserten wir uns, dass die Luft rein war, dann huschten wir los. Sobald die Hauptstraße erreicht war, nahmen wir die Beine unter den Arm und rannten, was das Zeug hielt. Ob auf Anweisung der Gendarmen oder durch puren Zufall – jedenfalls begann die Zugbrücke sich genau in dem Augenblick zu heben, als wir ankamen. Wir übersprangen den sich rasch erweiternden Spalt zwischen den Brückenhälften und rannten ohne Halt zurück zur Unterkunft.

Danach beschlossen Otto und ich, vorerst auf weitere Besuche im *Cheval Blanc* zu verzichten, wobei uns diese Entscheidung auch dadurch erleichtert wurde, dass wir so gut wie kein Geld mehr hatten.

14. Kapitel

Die letzte Feindfahrt

Der Monat März war zwei Wochen alt und unser Boot bereit, zu seiner achten Feindfahrt auszulaufen.[24] Am 16. 3. 1944 wurden um 18.35 Uhr die Leinen losgeworfen und *U 505* verließ ohne jedes Abschiedszeremoniell rückwärts fahrend die Nassbox C 1 des U-Boot-Bunkers in Brest. Sobald das Boot von der Pier frei war, erwachten die Dieselmotoren zum Leben und *U 505* dröhnte auf die Hafenausfahrt zu.

Die Stimmung an Bord war jedoch seltsam gedrückt. Zehn Wochen hatte unser Aufenthalt in Brest gedauert und uns war zu Ohren gekommen, dass in dieser Zeitspanne annähernd vier Dutzend unserer U-Boote versenkt worden waren. Es bedurfte keiner großen Rechenkünste, um herauszufinden, dass die Chance eines Bootes, von einer Feindfahrt überhaupt zurückzukehren, allenfalls bei dreißig Prozent lag. Die Wahrscheinlichkeit für uns, das Ende des Krieges zu erleben, war faktisch ziemlich gering geworden. Niemand hegte Illusionen hinsichtlich dessen, was auf uns zukam. Trotzdem waren wir absolut entschlossen, unsere Pflicht zu erfüllen. Wir setzten Vertrauen in unseren Kommandanten und in uns selbst, waren optimistisch und fatalistisch zugleich.

Der Marsch durch den Golf von Biskaya ließ sich jedenfalls gut an. Das Wetter ließ nichts zu wünschen übrig, und unser Prüfungstauchen war tadellos verlaufen. Auch der Eindruck, diesmal vom Fluch der Sabotage verschont geblieben zu sein, hatte etwas durchaus Beruhigendes. Alles lief glatt wie am Schnürchen und nur das schwache Rumpeln von detonierenden Wasserbomben in der Ferne erinnerte uns gelegentlich daran, dass wir uns auf keiner Ausbildungsfahrt in Friedenszeiten befanden.

Langes Art und Weise, das Boot zu führen, war interessant. So hatten wir zum Beispiel eine neue Version des FuMB »Naxos« mit größerer Reichweite an Bord. Gestützt auf unsere fast verhängnisvolle Erfahrung vor Trinidad, dachte der »Alte« aber überhaupt nicht daran, sich verstärkt auf die Leistungsfähigkeit dieses elektronischen Geräts zu verlassen. Für ihn blieb das A und O die Wachsamkeit der Brückenwache.

Bisweilen prägte auch Intuition sein Handeln. Im Gegensatz zu den meisten der neuen Boote, die jetzt aus den Werften kamen, war *U 505* noch nicht mit der neuen »Schnorchel«-Technik ausgerüstet, die einem U-Boot erlaubte, die Dieselmotoren auch unter Wasser einzusetzen. Als wir durch den gefährlichsten Teil des Golfes mussten, entschied sich unser Kommandant dafür, das Risiko des schnelleren Marsches mit den Dieseln an der Oberfläche einzugehen.

»Das Seegebiet so rasch wie möglich zu durchqueren erscheint mir besser, als getaucht dahinzuschleichen und womöglich für immer auf dem Grund der Selbstmord-Strecke steckenzubleiben.«

Wie sich herausstellen sollte, lag Lange damit richtig, denn wir kamen durch, ohne von »Bussarden« angegriffen zu werden.

Nachdem Lange den versiegelten Einsatzbefehl geöffnet hatte, spannte es uns nicht lange auf die Folter, wohin es gehen würde:

Vor die Küste Westafrikas. Dass wir in unsere alten Jagdgründe zurückkehren würden, gefiel uns außerordentlich, denn kaltes Wetter hatten wir schließlich schon genug »genossen«.

Komplizierter als bisher gestaltete sich unser Bordleben durch die neuen akustisch zielsuchenden Torpedos[25] vom Typ

T V (G7es*), die wir in Brest an Bord genommen hatten. Entwickelt worden waren diese elektrisch angetriebenen Aale unter dem Codenamen »Zaunkönig« und konnten aus jeder Lage des Bootes heraus abgeschossen werden, um sich nach einer Sicherheitslaufstrecke ihr Ziel anhand der Schraubengeräusche des feindlichen Schiffes zu suchen. Doch nicht nur zum Leidwesen unserer Torpedomechaniker erforderten die anderthalb Tonnen schweren Sieben-Meter-Riesen eine ständige Wartung. Alle vierundzwanzig Stunden mussten sie aus den Rohren gezogen, getrocknet und geregelt werden. Im achterlichen und vorderen Torpedoraum, die zugleich Schlafquartiere der Besatzung waren, mussten dafür jedes Mal die Kojen, die ansonsten die Arbeiten behindert hätten, für längere Zeit hochgeschlagen werden. Notgedrungen lernten wir rasch, sitzend oder aufrecht stehend zu schlafen, was weder bequem, geschweige denn erholsam war.

Als wir uns in der letzten Märzwoche tropischen Gefilden näherten, verschlechterte sich das Wetter dramatisch und unser Boot wurde von Sturm und Wellen mächtig durchgebeutelt. Besonders die armen Burschen von der Brückenwache hatten gehörig darunter zu leiden. Wenn sie nach ihrer Ablösung den Niedergang in die Zentrale herabkamen, glichen sie jungen Katzen, die irgendwer vergeblich versucht hatte zu ertränken. Wir, die wir in der relativen Bequemlichkeit der Zentrale Dienst taten, konnten uns bei deren jammervollem Anblick die eine oder andere spöttische Bemerkung nicht verkneifen und bekamen dafür entsprechend auch die Quittung. Als Vergeltungsmaßnahme schlossen die Kameraden nur noch absichtlich langsam das Turmluk, damit auch wir da unten von dem nächsten Brecher, der gegen den Turm schlug, auch noch einen ordentlichen Schwall Seewasser von oben mit ab-

---

* G steht für Kaliber 533 mm; 7 für die Länge von (gerundet) 7 m; e für Elektroantrieb mit Bleibatterien, s für akustische Lenkung. Das Gewicht betrug knapp 1500 kg, die Reichweite 5,7 km, die Höchstgeschwindigkeit 24 km.

bekamen, dessen Salz nach dem Abtrocknen am ganzen Körper einen ekelhaften Juckreiz hervorrief.

In Anbetracht der widrigen Verhältnisse an der Oberfläche hatte der »Alte« ein Einsehen mit uns, und wir fuhren mehrere Tage über möglichst nur getaucht.

Was mich betraf, so verbrachte ich den größten Teil meiner Freiwachen mit Lesen. Besonders faszinierten mich Jack Londons Geschichten über Alaska. Dabei verlor ich mich stundenlang in Tagträume über das Leben in der Wildnis und den unberührten Wäldern Nordamerikas. Die unendlichen Weiten Alaskas boten in der Enge unserer Stahlröhre der Phantasie eine vollkommene Fluchtwelt – zumindest so lange, bis es wieder galt, Dienst in der Zentrale zu tun, und ich von der harten Realität erneut vereinnahmt wurde.

Alaska als großes Ziel in einer fernen Zukunft vor Augen intensivierte ich meine früher schon begonnenen Bemühungen, mir selbst anhand von Lehrbüchern Englisch beizubringen. Eines schönen Tages übte ich gleich ein paarmal hintereinander die Aussprache des Wortes »Queen«, weil ich mich mit dem »Q-Laut« etwas schwertat.

Einer meiner lieben Bordkameraden bekam das zufällig mit, amüsierte sich darüber köstlich und erzählte die Geschichte brühwarm weiter. Und damit hatte ich dann prompt den Spitznamen »Queen« weg, den selbst Lange gelegentlich gebrauchte. O Gott, was habe ich diese »Queen« gehasst. Erfreulicherweise legte sich dann nach einer Weile die Freude an dem Spaß wieder, mich so zu titulieren.

Wann immer es möglich war, wurde uns in den Zeiten der Freiwache gestattet, abwechselnd auf der Brücke oder im Wintergarten frische Luft zu schnappen, was für das allgemeine Wohlbefinden nicht unwichtig war. ich persönlich hielt mich besonders gern nachts dort oben auf, rauchte in aller Ruhe ein Zigarettchen und beobachtete die Sternbilder, wie sie sich im Takt mit dem Wiegen des Bootes hin und her bewegten. Ohne Horizont, um einen Bezugspunkt zu haben, schien es, als ob

Gott uns in einer himmlischen Wiege schaukelte, unendlich in Größe und Schönheit.

Natürlich waren solche Momente friedfertiger Ruhe an Bord eines U-Bootes im Jahre 1944 nicht gerade häufig.

* * *

Als wir in die warmen Gewässer vor Afrika einliefen, nahmen die Seen einen völlig anderen Charakter an. Die hohen, heftigen Brecher, mit denen wir es im Monat März zu tun gehabt hatten, wurden von langen Dünungen abgelöst, die abwechselnd das Boot vorwärtsschoben und dann wieder achteraus zerrten.

In den Morgenstunden des 4. April erhielten wir ein FT von BdU op. Das gesamte Boot summte von Spekulationen darüber, was dessen Inhalt wohl sein mochte. Lange, der erriet, was uns umtrieb, spannte uns nicht groß auf die Folter und teilte uns die Nachricht mit: Wir sollten direkt einen Treffpunkt mit *U 123* im Planquadrat DG 9179 ansteuern.

Drei Tage später kam *U 123* in Sicht, das ehemalige Boot des U-Boot-Asses Reinhard Hardegen, das jetzt sein früherer I WO, Oberleutnant zur See Horst von Schroeter, führte. Während des kurzen Treffens waren die Flakbedienungen auf beiden Booten in voller Gefechtsbereitschaft. Unser I WO, Paul Meyer, paddelte hinüber zu unserem Schwesterboot, um für dessen Rückmarsch die gültigen Funkschlüssel zu übergeben. Eine halbe Stunde später winkten wir einander zum Abschied zu und liefen ab.

Am späteren Nachmittag vernahmen wir in der Ferne die Detonationen von etwa zwei Dutzend Wasserbomben. Wir konnten nur hoffen, dass mit ihnen nicht auch der Untergang von *U 123* verbunden war. Zwischen angegriffenen U-Booten und Überwasserschiffen gab es in dieser Hinsicht einen Unterschied: Letzteren verblieb immer noch Zeit, einen SOS-Ruf abzusetzen, bevor sie sanken. Getauchten U-Booten hingegen war es nicht möglich, etwa den Bdu-Stab oder mögliche Rettungskräfte über ihr Schicksal zu informieren. Sobald sich ein Boot nicht mehr über etliche Tage hinweg planmäßig meldete, blieb gewöhnlich nichts anderes übrig, als das Schlimmste anzunehmen.

Erfreulicherweise stellte sich bei *U 123* jedoch heraus, dass es diesen Wasserbombenangriff überstanden hatte. Zusammen mit unserem *U 505* zählte es dann zu den wenigen deutschen Unterseebooten, die den Krieg überstehen sollten.[26]

Als die Alliierten im Juni 1944 in der Normandie landeten, und Großadmiral Dönitz allen an der französischen Atlantikküste stationierten, einsatzbereiten U-Booten befahl, sofort in Häfen an der Ost- oder Nordsee einzulaufen, die in deutscher Hand waren, lag *U 123* in einem Trockendock in Lorient und konnte infolge fehlender Batterien für seine E-Motoren nicht auslaufen. Es wurde deshalb teilweise ausgeschlachtet und im August 1944 in Lorient gesprengt. Das Wrack wurde nach dem Krieg zunächst amerikanische Beute und dann aber Frankreich zugesprochen. Es wurde repariert und von der französischen Marine unter dem Namen *Blaison* wieder in Dienst gestellt. Umgetauft auf *Q 165* wurde es 1959 außer Dienst gestellt und abgewrackt.

Bei uns an Bord von *U 505* trug sich in diesen ersten Aprilwochen eine Geschichte zu, der es nicht an Pikanterie mangelte und die innerhalb der Mannschaft deshalb einen hohen Unterhaltungswert besaß. Gerd, einer der Dieseltechniker, bekam offensichtlich Schwierigkeiten mit seinem »besten Stück«, denn er begann auffallend oft und bei jeder Gelegenheit mit etwas schmerzlich verzogenem Gesicht an seiner Hosenfalle herumzufummeln. Irgendetwas darunter schien nicht mehr zu stimmen, wobei die Annahme, dass er sich bei einer der »Damen« im Hafen was zugezogen hatte, natürlich naheliegend war.

Infolge der Knappheit an ausgebildeten U-Boot-Fahrern galten Geschlechtskrankheiten, die ein Seemann sich eingefangen hatte, nicht als Kavaliersdelikt, und der Betreffende konnte deswegen von der Militärgerichtsbarkeit nach seiner medizinischen Behandlung – in einem Lazarett an Land – durchaus in den Bau geschickt werden. Den Vorschriften entsprechend hätte Gerd eigentlich zu einem auf dem Rückmarsch zum Stützpunkt befindlichen U-Boot gebracht werden müssen. In Anbetracht dessen, dass wir einen eigenen Medizinmann an Bord hatten, und um Gerd die Überstellung und die weiteren nachteiligen Folgen zu ersparen, beknieten wir den Kommandanten, doch zunächst einmal unseren Bordarzt »ranzulassen«.

Gerd wurde unserem Quacksalber vorgeführt, der nach einer oberflächlichen Untersuchung etwas von »Lues« murmelte und meinte, die aufgetretenen kleinen Geschwüre müssten geschnitten werden. Mein Freund Otto Dietz fungierte als Sanitäter und traf alle Vorbereitungen. Der Tisch in der Unteroffiziersmesse wurde zum Operationstisch umfunktioniert. Nachdem Gerd vom Arzt eine LMA-Spritze erhalten hatte, schnitt Otto ein Loch in ein weißes Tuch, mit dem während des Eingriffs die Geschlechtsteile des armen Burschen, bis auf das entscheidende, abgedeckt werden sollten. Otto, der nur zu gern einen auf Clown machte, wollte gewährleisten, dass die Öffnung die richtige Größe hatte, und steckte daher seinen eigenen Zipfel durch das Tuch und begann zur Belustigung der Kameraden im angrenzenden Bugtorpedoraum im Kreis zu paradieren. Seine verrückten Mätzchen führten dazu, dass sich schon bald die halbe Besatzung neugierig an den Zugängen zum »OP« drängte, um einen Blick auf die dortigen Vorgänge zu erhaschen.

Doch als der Arzt versuchte, das Tuch über den Penis von Gerd zu stülpen, stellte sich heraus, dass die vorgesehene Öffnung dafür nicht annähernd ausreichte und daher erst einmal noch vergrößert werden musste. Uns quollen fast die Augen aus dem Kopf, als wir sahen, weshalb. Auf Grund des Harten Schankers hatte sich das Glied unseres Dieseltechnikers nicht nur dunkelblau verfärbt, sondern war auch fast auf die Dimension eines Pferdepenis angeschwollen.

Nachdem der Bordarzt mit dem Skalpell an den Geschwüren seines Amtes gewaltet hatte, verpackte er das Organ in einem dicken Verband, der dann aufrecht gegen Gerds Bauch gebunden wurde. Dass diese besondere Bandage noch eine Zeitlang zu »blöden« Sprüchen unsererseits führte, soll gar nicht verhehlt werden.

* * *

Den ganzen April über liefen wir aufgetaucht, sooft wir dies wagen konnten. Lange wollte ersichtlich unseren Einsatzraum so rasch wie möglich erreichen. Glücklicherweise war der Himmel merkwürdig leer von Feindflugzeugen und so waren wir imstande, relativ rasch voranzukommen. Gegen Ende des Monats jedoch, als wir den Bereich der Schifffahrtsrouten westlich der Kapverdischen Inseln erreichten, stoppten wir gelegentlich jedoch völlig und lauschten getaucht nach verräterischen Geräuschen von Schiffspropellern. Allerdings verliefen diese Bemühungen einer möglichen Zielsuche allesamt vergebens.

Lange entschloss sich daher, dichter an die Küste heranzugehen, da er es für möglich hielt, dass der Schiffsverkehr dorthin aus Sicherheitsgründen umdirigiert worden war. Seine Kenntnisse der Gewässer aus seiner Zeit vor dem Krieg bei der Handelsmarine kamen ihm dabei natürlich zugute. Teilweise operierten wir getaucht, zuweilen in »Steinwurfweite« von der Küste entfernt, wobei das Wasser so flach war, dass unser Echolot fast keine Wassertiefe mehr unter Kiel anzeigte. Fündig, was die Jagdbeute eines U-Bootes anbetraf, wurden wir aber dennoch nicht.

Dafür erinnere ich mich noch ziemlich genau, wie wir eines Nachts auf Sehrohrtiefe langsam an der Küste entlangfuhren, als mich der Kommandant in den Turm zitierte. Er wies auf das Sehrohr und sagte zu mir, falls ich Lust habe, könne ich den Blick auf etwas Spaßiges werfen. Zuerst vermochte ich außer einigen Luftblasen um den Gischtabweiser herum nichts zu erkennen.

»Das Periskop langsam drehen«, forderte er mich auf. »Die Faulenzer werden Sie dann schon entdecken.«

Ich hatte keinen Schimmer, wovon er sprach, bis ich sie plötzlich sah: Zwei Haie hatten mit dem Maul an unserer Brückenreling angedockt und fuhren mit unserem U-Boot quasi Taxi.

»Diese Burschen leisten uns schon etwas länger Gesellschaft«, sagte Lange. »Ich vermute, sie haben sich an uns gehängt, um freie Verpflegung durch die Abfälle zu bekommen, die bei uns über Bord gehen.« Er grinste. »Bleibt zu hoffen, dass sie irgendwann nichts Besseres zwischen die Zähne bekommen – Sie beispielsweise oder mich!«

Ich lachte über den schwarzen Humor des Kommandanten und kehrte auf meinen Posten zurück.

* * *

Ein ganzer Monat ging vorbei, ohne dass wir auch nur ein einziges feindliches Schiff sichteten. Wochenlang fuhren wir auf den Schifffahrtslinien vor Freetown im Zickzackkurs auf der Suche nach Zielen vergebens hin und her. Einige Male hörten wir zwar ganz weit weg von uns Wasserbomben detonieren, konnten aber anschließend weder feindliche Geleitsicherungsfahrzeuge noch Flugzeuge entdecken. Lediglich einmal stießen wir auf einen Passagierdampfer, der unter portugiesischer Flagge fuhr. Auch wenn Portugal neutral war, hielt Lange es für angebracht, dass wir keinesfalls gesichtet wurden. Wir benutzten jedoch die Gelegenheit, um aufgetaucht etwa fünfunddreißig Seemeilen hinter dem Schiff unser neues FuMO zu erproben[27]. Die große Funkmessantenne, auch »Matratze« genannt, wurde aus ihrem Gehäuse ausgefahren, das Gerät angeschaltet. Zu unserer Enttäuschung stellten wir fest, dass das verdammte Ding selbst bei diesem idealen Wetter dieses große Ziel mit seinen neuntausend Bruttoregistertonnen nicht orten konnte.

Als die letzte Aprilwoche begann, entschloss sich der »Alte«, den Einsatzraum in das Gebiet südostwärts von Kap Palmas vor die Pfefferküste Liberias zu verlegen. Dort, so die Annahme, würde zumindest einiger Verkehr laufen, der vom Horn vor Afrika nach Großbritannien unterwegs war. Langes Vorgehensweise bestand darin, dass wir die Motoren abschalteten, wodurch wir langsam und geräuschlos mit der Strömung trieben und intensiv nach Propellergeräuschen lauschen konnten. Etwa jede Stunde tauchten wir auf, um mit dem Sehrohr einen zusätzlichen Rundblick zu nehmen.

Doch irgendwie schien *U 505* das Pech mit technischen Pannen gepachtet zu haben, denn aus dem vorderen Torpedoraum kam die Meldung, dass die Mündungsklappe von Rohr zwei, aus welchen Gründen auch immer, nicht mehr vollständig schloss. Dies hatte zur Folge, dass wir nicht mehr in der Lage waren, tiefer als zwanzig Meter zu gehen, was wiederum bedeutete, mit hoher Wahrscheinlichkeit von einem feindlichen Patrouillenflugzeug entdeckt zu werden, selbst wenn wir getaucht fuhren. Verschlimmert wurde unsere Sachlage dadurch, dass das geflutete Torpedorohr mit einem der sensiblen Horchtorpedos vom Typ »Zaunkönig« bestückt war. Wie bereits schon erwähnt, mussten diese komplizierten »Biester« im Prinzip einmal täglich abgetrocknet und gewartet werden, damit verhindert wurde, dass der Zündmechanismus nicht unter Umständen verrücktspielte. Unsere sämtlichen Versuche jedoch, die verklemmte Mündungsklappe wieder gängig zu bekommen, waren vergebens, sodass nur noch Beten half. Wir setzten die Feindfahrt dicht unter der Wasseroberfläche als eine leichte Beute für Jagdflugzeuge und mit einer tickenden Zeitbombe an Bord fort.

Am Nachmittag des 27. April passierten wir die liberianische Hauptstadt Monrovia. Unser Boot befand sich nur zwei Seemeilen vor der Küste und jede Einzelheit des Hafens war deutlich zu erkennen. Etwa zwanzig Fischerboote hatten dort festgemacht, aber kein Fahrzeug von militärischer Bedeutung lag vor Anker. Das Echolot zeigte zwar oft nur eine Wassertiefe von wenigen Metern unter unserem Kiel an, aber das spielte nicht wirklich eine Rolle, da wir wegen der vermaledeiten Mündungsklappe ohnehin nicht in der Lage waren, mehr als zwei Dutzend Meter tief zu tauchen.

Nachdem die Lichter Monrovias in der Ferne versunken waren, befahl der »Alte« schließlich, die Dieselmotoren anzuwerfen. Mit langen, flachen Zickzackschlägen folgten wir dem Verlauf der Hundert-Meter-Linie entlang der Pfefferküste Richtung Kap Palmas nach Süden. Doch in puncto Ziele, die wir ins Visier hätten nehmen können, tat sich absolut gar nichts. Einige Wochen zuvor hatte *U 66* in diesem Gebiet zwei Schiffe versenkt, und die Folge war offenbar, dass die Gegend jetzt wirkte, als sei sie mit einem Besen leergefegt worden. Wenn man so will, dann hatten wir für die Erfolge von *U 66* zu büßen.

Der Mai begrüßte uns mit einem schweren Gewittersturm. Als der schließlich aufhörte, befand Lange, dass es nun höchste Zeit wäre, etwas gegen unser Mündungsklappenproblem zu unternehmen, zumal dieses durch Verwirbelungen auch noch dafür sorgte, dass unser Boot im Kielwasser eine überdeutliche Spur hinterließ. Versehen mit Tauchrettern, tauchte ein Reparaturkommando drei Meter tief, um sich von außen des Klappenmechanismus anzunehmen. Es bedurfte mehrere Tauchgänge, bis dessen Funktionsfähigkeit wiederhergestellt war und wir den T V zur überfälligen Wartung aus dem Torpedorohr ziehen konnten.

Am Nachmittag des 10. Mai sichteten wir endlich einen großen britischen Frachter achteraus, und zum ersten Mal seit langer Zeit erwachte wieder in uns das Jagdfieber, nachdem wir auf dieser Feindfahrt bereits mehr als 4300 Seemeilen zurückgelegt hatten, ohne zum Schuss zu kommen. Das Schiff hatte gut über 10 000 BRT und würde unsere versenkte Gesamttonnage über die magische 50 000-BRT-Marke bringen. Allerdings war der Brite alles andere als langsam unterwegs.

Selbst bei hoher Fahrtstufe waren wir allenfalls nur zwei Knoten schneller als er.

Unsere Dieselmotoren schienen prächtig zu laufen, doch dann stieg aus dem Auspuff des Steuerbordmotors kurzzeitig eine blaue Rauchwolke auf, die nicht nur von uns bemerkt wurde. Unser Kommandant entdeckte einen Zerstörer, der mit hoher Fahrt über den Horizont direkt auf uns zuhielt. Ein rascher Vergleich der Silhouette mit dem Handbuch ergab, dass es sich um einen Geleitzerstörer der Hunt-Klasse handelte, der mit zu den gefährlichsten Typen der Royal Navy zählte. Zeit, ihn auszumanövrieren, war keine mehr, weshalb Lange befahl, auf Sehrohrtiefe zu tauchen und einen »Zaunkönig« zum Abschuss vorzubereiten.

Doch auch der Kommandant des Geleitzerstörers war auf Zack. Anstatt mit Höchstfahrt weiterhin direkt auf uns zuzubrausen, begann er zum »Sprint-und-Horch«-Verfahren der U-Jagd überzugehen. Diese Taktik bestand aus kurzen Anläufen mit hoher Fahrtstufe, gefolgt von minutenlangem Horchen mit abgeschalteten Maschinen, was dem Aktivsonar Asdic gestattete, ein getauchtes Unterseeboot besser zu lokalisieren. Gleichzeitig ergab sich daraus die Möglichkeit, sich immer schön außerhalb der Reichweite unserer Torpedos zu halten. Nachdem uns der Geleitzerstörer auf diese Weise einige Stunden unter Wasser gedrückt hatte, lief er plötzlich mit hoher Fahrt ab, um in sicherer Entfernung von uns wieder zu dem Frachter zu stoßen. Der britische Kommandant des Geleitzerstörers hatte uns ohne Wenn und Aber ein prächtiges Beispiel von Seemannschaft geboten.

Trotzdem traf uns die Enttäuschung über eine weitere verpasste Gelegenheit hart. In den nächsten Tagen fuhren wir vor der afrikanischen Küste zwischen Kap Palmas und dem Kap der drei Spitzen hin und her, ohne aber fündig zu werden. Wir steckten unsere Nase sogar in die Einfahrten einiger Häfen an der Elfenbein- und der Goldküste – vergeblich, was feindliche Schiffe betraf. Unsere Offiziere begannen daraufhin sogar die

Möglichkeit zu erörtern, einige Ziele an der Küste mit unseren Fla-Geschützen unter Beschuss zu nehmen. Nur wirklich lohnende Ziele gab es keine. Wohl oder übel kehrten wir in tieferes Wasser zurück.

Die nächsten zwei Wochen verliefen monoton, zumal sich in Hinblick auf feindlichen Schiffsraum absolut nichts tat. Gegen Ende Mai entschied der Alte, dass er genug hatte. Sich weiter in diesen afrikanischen Gewässern herumzutreiben, ohne auf Angriffsziele zu stoßen und damit die Einsatzmöglichkeiten des Bootes nutzen zu können, ergab keinen Sinn. Lange drehte nach Norden ab und beabsichtigte, in einem Bogen über die alliierten Schifffahrtslinien hinweg zurück nach Lorient zu marschieren. Natürlich fanden wir das alles ziemlich unbefriedigend, hegten aber zumindest noch die Hoffnung, dass wir eventuell auf dem Rückmarsch auf Ziele stoßen würden. Es war schon seltsam, dass ausgerechnet wir auf einem Ozean, auf dem Tausende von Schiffen unterwegs waren, keine Chance bekommen hatten, auch nur einen Torpedo einzusetzen.

* * *

Am 30. Mai war schlagartig Schluss mit der bisherigen Ruhe. Unser Naxos-Gerät gab unaufhörlich Radarwarnungen von sich. Über unseren Köpfen tummelten sich plötzlich Feindflugzeuge wie Hornissenschwärme. Das Vorhandensein dieser Maschinen, die sich viel zu weit weg von jeder größeren alliierten Luftbasis befanden, ließ nur einen Schluss zu: Wir hatten es mit einer *Hunter-Killer-Group* zu tun, einem Verband, bestehend aus einem Flugzeugträger und mehreren Zerstörern, der in dem Seegebiet – oder auf unserer Spur – operierte. Damit steckten wir gehörig in der Patsche, denn nur wenige Wochen zuvor hatte eine solche Trägerkampfgruppe unsere Schwesterboote *U 68* und *U 515* versenkt.

Drei Tage lang konnten wir nicht länger als jeweils nur für einige Minuten auftauchen, ehe das Funkmessbeobachtungsgerät seinen Alarmton von sich gab. Die Luft im Inneren des Bootes war bisweilen so verbraucht, dass wir immer wieder mal gezwungen waren, die verhassten Tauchretter anzulegen. Noch schlimmer war, die Ladespannung unserer Batterien hatte ein gefährlich niedriges Niveau erreicht. Wir mussten aus dem Seegebiet herauskommen, aber wie? Der Vernichtung durch die Geleitsicherung eines Konvois zu entgehen war die eine Sache, denn die musste letztendlich bei den Schiffen bleiben. Bei Trägerkampfgruppen hingegen sah die Geschichte anders aus, weil es fast immer das Ende eines U-Bootes bedeutete, wenn es das Pech hatte, von einer *Hunter-Killer-Group* in die Enge getrieben zu werden, denn unsere Unterseeboote waren getaucht einfach nicht im Stande, den Trägerflugzeugen zu entkommen.

Die vertrackte Lage, in der wir uns befanden, bedurfte eines speziellen und ungewöhnlichen Handelns. Unser Kommandant ging davon aus, dass dem Gegner bekannt war, dass unsere U-Boote vornehmlich nachts auftauchten, um im Schutze der Dunkelheit die Batterien aufzuladen. Als eine Folge davon hatte sich herausgestellt, dass die feindliche Radarüberwachung zuweilen nachließ, wenn die Sonne aufging. Schließlich, welches U-Boot wäre denn so verrückt, unter solchen Gegebenheiten im hellen Tageslicht aufgetaucht zu fahren?

Doch genau darauf gründete Langes Plan. Am Nachmittag des 3. Juni tauchten wir auf und fanden den Himmel leer von Wolken und Flugzeugen. Die Jumbos erwachten zum Leben und wir begannen unseren Marsch zurück zur afrikanischen Küste. Während der nächsten Stunden sahen wir zwar einige alliierte Flugzeuge, die hoch über uns hinwegflogen, aber keines nahm von uns Notiz.

Erst als Lange der Auffassung war, einen ausreichenden Sicherheitsabstand zwischen den Gegner und uns gebracht zu haben, tauchten wir wieder. Die allgemeine Erleichterung war riesig, und wir alle waren ungemein stolz auf unseren Kommandanten und dessen Husarenstreich, mit dem er die Trägerkampfgruppe abgeschüttelt hatte.

Niemand konnte ahnen, dass wir und die amerikanische *Hunter-Killer-Group*, bestehend aus einem Flugzeugträger und fünf Geleitzerstörern, unwissentlich Abfangkurse steuerten.

15. Kapitel

Aufgebracht

Der 4. Juni 1944 begann wie jeder andere Tag, abgesehen davon, dass es sich um einen Sonntag handelte. Ich lag in meiner Koje und blätterte ein wenig in der kleinen schwarzen Bibel, die mir meine Mutter mitgegeben hatte, als ich zur Kriegsmarine ging. Als Widmung hatte sie mir eine Stelle aus dem Brief des Paulus an die Römer hineingeschrieben: »Die Liebe tut dem Nächsten nichts Böses. So ist nun die Liebe des Gesetzes Erfüllung.«

Die sanfte Botschaft, die ihr so am Herzen lag, schien dem Kampf auf Leben oder Tod, dem wir uns hier auf See gegenübersahen, eine bittere Ironie zu verleihen.

Am Mittag trat ich meinen Dienst in der Zentrale an. Der Geruch von heißem Kaffee wehte durch das Boot und ich erkundigte mich eher beiläufig bei Toni, was es denn Schönes zu essen geben würde. In diesem Augenblick meldete der Horchfunker Propellergeräusche, die von achteraus aus mehreren Richtungen kamen. Der Kommandant tippte vermutlich auf einen Geleitzug, der zufällig unseren Weg kreuzte. Niemandem von uns kam auch nur im Entferntesten in den Sinn, dass uns der verdammte Trägerkampfverband abgefangen haben könnte. Lange wies den I WO an, auf Sehrohrtiefe zu gehen, und gab Befehl, die Gefechtsstationen zum Torpedoschuss einzunehmen.

Wir stiegen sehr langsam in Richtung Oberfläche, bemüht, im Wasser mit dem Periskopmast keine zu großen Turbulenzen zu verursachen. Lange kletterte in den Kommandantenstand im Turm, um einen schnellen Blick auf unsere Zielobjekte zu werfen.

Kaum hatte das Sehrohr die Wasseroberfläche durchstoßen, vernahmen wir seinen Entsetzensschrei: »Zerstörer!« Es waren gleich derer drei, die mit voller Kraft direkt auf uns zuhielten. Mit lauter Stimme gab er auch noch die Sichtung eines Trägers sowie mehrerer anfliegender Maschinen bekannt. Die von uns am meisten befürchtete Gefahr war eingetreten.

Wir feuerten rasch noch blind einen Torpedo in Richtung des Trägers, mehr um Verwirrung zu stiften als in der Hoffnung, das Ziel tatsächlich zu treffen. Dann befahl der Kommandant, ab in den »Keller« zu rauschen. Unsere einzige Chance, zu überleben, bestand darin, hinunter auf maximale Tauchtiefe zu gehen und zu hoffen, einmal mehr einen weiteren längeren Wasserbombenangriff zu überstehen.

Als wir begannen, in die Tiefe zu sinken, hörten wir mit bloßen Ohren den unverkennbaren Klang der Propeller eines mit hoher Fahrtstufe anlaufenden Zerstörers. Wenige Sekunden später feuerte der Zerstörer aus geringer Entfernung eine volle *Hedgehog*-Salve[28] auf uns ab. Vermutlich weil wir heftige Ausweichmanöver fuhren, verfehlte uns das Schrotschussmuster der Granaten.

Kurz darauf registrierten wir ganz merkwürdige und laute Klirrgeräusche, die von oben kamen. Alle in der Abteilung blickten einander ratlos an. Wir kannten zwar unter Garantie so ziemlich jedes Geräusch, das unter Wasser an unserem Boot auftreffen konnte, aber dies hier war etwas vollständig Neues. Jemand mutmaßte, es könne sich dabei um die Glieder einer Kette handelt, die über den Bootskörper geschleift werde. Bei dieser Äußerung stockte mir der Atem und ich suchte unwillkürlich Halt, denn wenn diese Annahme zutraf, dann waren wir an der Ankerkette einer Mine hängengeblieben, die jeden Moment explodieren konnte. Eine riesige Wasserwand würde über uns hereinbrechen – und das war's dann wohl!

So überraschend, wie dieses befremdliche Klirren eingesetzt

hatte, so überraschend hörte es gleich danach auch wieder auf. Erst zu einem sehr viel späteren Zeitpunkt sollten wir erfahren, wovon es hergerührt hatte. Es stammte von den Geschossen schwerer Maschinengewehre des Kalibers 12,5 mm der amerikanischen Jagdmaschinen. Ungewöhnlich klare Wasserverhältnisse hatten es deren Piloten ermöglicht, uns noch zu erspähen, obwohl wir bereits auf dem Weg in die Tiefe waren.

Als unser Tiefenmesser das Passieren der Sechzig-Meter-Marke anzeigte, begannen die Wasserbomben zu explodieren. Die ersten lagen schon verdammt nahe und die nachfolgenden sogar nochmals eine Spur dichter. Die Druckwellen zweier ohrenbetäubender Detonationen rissen uns von den Füßen und ließen das Boot fast kentern. Wie wir im Nachhinein herausfanden, hatten die Amerikaner gigantische 128-kg-Wasserbomben gegen uns eingesetzt. Bei uns an Bord erloschen sämtliche Lichter. Aber das ekelhafte Zischen eines unter hohem Druck stehenden Wasserstrahls verriet uns auch so, dass wir irgendwo ein Leck hatten, aber alles in allem schien der Bootskörper im Wesentlichen dem Angriff standgehalten zu haben.

Als die Notbeleuchtung ansprang, versuchten wir unsere Anlagen wieder zu bedienen, nur waren alle elektrischen Einrichtungen ohne Strom. Trotz des Ernstes der Lage blieb jeder relativ ruhig und erwartete die Befehle des Kommandanten. Schließlich hatten wir Sillcocks Angriff überlebt und waren daher zuversichtlich, auch mit dieser Situation irgendwie fertig werden zu können.

Doch erste Berichte aus den achteren Abteilungen meldeten ernste Wassereinbrüche im Hecktorpedoraum. Lange befahl die Räumung der Abteilung und das Schließen der wasserdichten Druckschotts.

Kaum war dies erledigt, kam die weitaus schlimmere Nachricht: Der Rudergänger meldete das Klemmen des Hauptruders. Unser Boot war in einem engen Steuerbordkreis festgefahren und nicht mehr zu kontrollieren. Die Möglichkeit, das Boot von Hand zu steuern, gab es zwar, aber die Steuersäule für das Notruder konnte nur vom soeben geräumten achteren Torpedoraum aus bedient werden.

Steuerunfähig, wie wir damit waren, blieb Lange nichts anderes übrig, als den befehl zum Auftauchen zu geben. Er brauchte uns nicht erst groß zu sagen, dass der Krieg so oder so für uns in wenigen Minuten vorüber sein würde.

* * *

Doch dafür mussten wir es überhaupt erst mal schaffen, wieder zurück an die Wasseroberfläche zu gelangen. Außerhalb der Zentrale wusste niemand, dass unser Boot nach wie vor weiter in Richtung Meeresboden absackte. Wir arbeiteten fieberhaft an den Handrädern und Hebeln, um uns hochzubringen, stellten aber fest, dass die Tiefenruder in abwärts gerichteter Position klemmten und einige Ventile der Tauchzellen nicht reagierten. Wir versuchten verzweifelt jeden Trick, um genug Druckluft in die Zellen zu leiten, bevor wir die Zerstörungstiefe erreicht haben würden. Etwas muss sich irgendwann bewegt haben, denn die Abwärtsbewegung des Bootes fand schließlich doch noch ein Ende und wir fingen an zu steigen. Ich vermag nicht zu sagen, wie tief wir letztendlich gewesen waren.

Jeder von uns nahm zwar an, der Befehl zum Verlassen des Bootes würde erteilt werden, sobald wir aufgetaucht waren, wobei allerdings immer noch die Möglichkeit bestand, dass der Kommandant stattdessen dann die Gefechtsstationen besetzen ließ. Natürlich kannte jeder von uns die eine oder andere Geschichte von U-Boot-Havaristen, die in ähnlichen Lagen gewesen waren und den Kampf mit einzelnen Geleitfahrzeugen aufgenommen hatten, was jedoch in den allermeisten Fällen zu keinem guten Ende für deren Besatzung geführt hatte.

In Anbetracht des Zustandes von *U 505* und der übermächtigen »Armada« von Kriegsschiffen, die uns oben, unterstützt noch durch diverse Trägerflugzeuge, erwarten würde, hatten wir eigentlich von vornherein nicht einmal den Hauch einer Chance, dergleichen auch nur ansatzweise mit der Aussicht auf Erfolg zu versuchen.

Kaum hatte der Turm die Wellen durchstoßen, als bereits schon die ersten feindlichen Geschosse bei und neben uns einschlugen. Ich schäme mich nicht, zuzugeben, dass ich eine Scheißangst hatte. Es bedurfte in diesem Feuerhagel nur des einen entscheidenden Treffers, um uns für immer und ewig zu den Fischen zu schicken.

In einer verzweifelten Lage wie der unseren, war der Kommandant der Einzige, der die Mitglieder einer Besatzung überhaupt noch aufzurichten vermochte. Und Lange war nicht der Mann, der von jemand verlangte, etwas zu tun, wozu er nicht selbst bereit war. Daher zögerte er auch nicht, die Wache beiseite zu schieben und damit klarzustellen, dass er gewillt war, als Erster den Niedergang zur Brücke hinauf zu erklimmen, um trotz der tödlichen Gefahr im Feuersturm der Geschosse die Lage zu beurteilen. Der »Alte« kannte seine Pflicht.

Er stieß das Luk auf und sprang hinaus auf die Brücke, dicht gefolgt von Paul Meyer, dem I WO, und den Männern der Brückenwache.

Binnen weniger Augenblicke lag der Kommandant auf dem Brückendeck, niedergestreckt vom Splitter einer Granate, die das Oberdeck getroffen hatte. Einen Moment später stieß ein Schwarm Jagdbomber herunter, die den Turm mit dem Feuer ihrer Bordkanonen bestrichen. Fast alle Mann der Brückenwache erlitten Verwundungen, aber einigen gelang es dennoch, an die Fla-Geschütze zu kommen und die Flugzeuge zu beschießen. Paul Meyer wollte eines der Geschütze bemannen, aber auch er wurde getroffen und fiel auf das Deck, das Gesicht blutüberströmt.

Trotz seiner üblen Beinverletzung kroch Lange zum Turmluk und rief uns unten in der Zentrale die Befehle zur Selbstversenkung und zum Verlassen des Bootes zu. Daraufhin schien der »Waschbär«, unser LI, der direkt neben mir stand, nur gewartet zu haben, denn er brüllte sofort los: »Raus! Raus! Wir sinken!«

Männer vom achteren Ende des Bootes stürmten durch die Zentrale, um den Niedergang zur Brücke hinaufzuklettern. Durch den Beschuss wurden viele nach Erreichen des Oberdecks verwundet, denn ich konnte ihre Schmerzensschreie hören.

Die meisten Zentralegasten blieben auf ihrem Posten, um sicherzustellen, dass der Befehl zur Selbstversenkung umgesetzt wurde. Allerdings war Hauser, der LI, von dem wir wissen wollten, ob die Sprengladungen aktiviert worden waren, plötzlich nicht mehr da. Wie sich rasch herausstellte, war der »Waschbär« bereits über Bord gesprungen. Wunderbar, dachten wir, dem war das Retten seines eigenen Halses offenbar wichtiger, als seine letzte und entscheidende Pflicht an Bord des Bootes zu erfüllen.

Leider wussten aus Sicherheitsgründen außer ihm nur der Kommandant und der I WO, wie der Zeitzünder für die Sprengladungen in Gang gesetzt werden konnte.

Da Lange und Meyer verwundet waren, war offensichtlich, dass es jetzt an uns Mannschaften war, die Selbstversenkung von *U 505* irgendwie anders einzuleiten. In Abwesenheit der Offiziere übernahm Maschinenmaat Holdenried die Regie. Sobald der Rest der Besatzung sicher von Bord war, sollten sofort die Tauchzellen geöffnet werden. Uns würden danach etwa dreißig Sekunden Zeit bleiben, um das Boot zu verlassen, ehe es unter Wasser sackte.

Wir warteten, bis auch die letzten Männer die Abteilung geräumt hatten, und begannen dann, die Ventile zu betätigen, um Seewasser in die Zellen strömen zu lassen. Dies klappte bei allen mit Ausnahme der vorderen Haupttauchzellen 6 und 7. Immer und immer wieder versuchten wir, die verdammten Ventile zu öffnen, aber vergebens. Wir probierten sogar, das Gestänge von Hand zu bedienen, doch es wollte sich einfach nicht bewegen. Wahrscheinlich war es von der Gewalt der Wasserbomben verbogen worden. So, wie wir die Sache einschätzten, würde die in den beiden großen Zellen 6 und 7 vorhandene Luft ausreichen, um das Sinken des Bootes zu verhindern. Doch wir wussten keine Alternative. Notgedrungen gaben wir schließlich auf und schickten uns an, das Boot zu verlassen.

Ich wollte bereits den Niedergang im Turm besteigen, als ich mich plötzlich an den Seewasserfilter erinnerte, der sich auf dem Deck nahe meiner Gefechtsstation befand, eine Vorrichtung an der Hauptpumpe mit einem entfernbaren Sieb in Form eines Eimers im Inneren eines Stahlgehäuses von dreißig Zentimetern Durchmesser. Sofort rannte ich zurück, öffnete die vier Klammern und entfernte die schwere Stahlabdeckung des Seewasserfilters. Ein tellergroßer Wasserstrahl gurgelte aus der Hauptpumpleitung ins Boot. Als das Wasser zum Heck hin flutete, hatte ich das Gefühl, das könne ausreichen, unser *U 505*, wie es der Kommandant befohlen hatte, zu versenken.

Mit einer Bewegung, die ich für den Rest meines Lebens bedauern sollte, warf ich die Abdeckung des Seewasserfilters achtlos auf die Flurplatten in eine Ecke der Zentrale. Besser wäre gewesen, ich hätte das Teil hinab in die Bilge befördert, wo niemand es hätte erreichen können. *U 505* wäre dann ein anderes Ende beschieden gewesen.

* * *

Nachdem ich pflichtschuldig getan hatte, was getan werden konnte, wurde es für mich höchste Zeit, so schnell als möglich aus dem sinkenden Boot zu kommen! Ich war klein, hatte aber damals ein breites Kreuz. Meine Bordkameraden sagten mir nach, ich könne mich durch die Beengtheit des Unterseebootes mit der Wendigkeit eines Wiesels bewegen. Doch flinker als bei meinem Bemühen, zurück an den Niedergang zu gelangen, war ich zuvor wohl nie gewesen. Niemand außer mir hielt sich noch im Inneren des Bootes auf.

Als ich das Turmluk auf der Brücke erreichte, war der Beschuss etwas abgeklungen. Ich steckte meinen Kopf hinaus, um die Lage zu peilen. Meine Augen brauchten einen Moment, bis sie sich an die Helligkeit des Sonnenlichtes gewöhnt hatten. Das Erste, was ich danach sah, war der arme Gottfried Fischer, einen unserer Funker, der mit völlig verdrehtem Körper tot dalag. Das gesamte Brückendeck war mit Blutlachen übersät. Als Weg wählte ich die Leeseite des Turms, den einzigen Bereich, der gegenüber dem feindlichen Beschuss abgeschirmt war.

Rasch warf ich noch einen Blick in die Runde. Die amerikanischen Zerstörer hatten uns wie ein Rudel Wölfe eingekreist. Viele meiner Bordkameraden schwammen gruppenweise bereits im Wasser. Ich machte, dass ich rasch hinunter auf die Leeseite des Turms kletterte. Dort drängten sich bereits weitere Besatzungsmitglieder in einem großen Schlauchboot zusammen, und ich kam gerade eben noch mit.

Da zu befürchten stand, dass einer der Zerstörer eventuell zu einem Rammstoß ansetzten könnte, paddelten wir fieberhaft von *U 505* weg. Als ich mich nochmals nach ihm umdrehte, stellte ich verwundert fest, dass es sich mit den E-Motoren noch in Fahrt befand. Ehe wir alle dies begriffen hatten, war es bereits Hunderte von Metern entfernt und über den Wellen kaum mehr sichtbar.

Unsere Aufmerksamkeit verlagerte sich aber gleich darauf wieder auf unser Schlauchboot, das hoffentlich so lange schwamm, bis wir, worauf wir bauten, von den Amerikanern aufgefischt wurden. Einige der Jungs nahmen an, die Überlebenden im Wasser würden von den Flugzeugen aus beschossen, während ich das Ganze eher für eine Art Sperrfeuer hielt, um zu verhindern, dass welche von uns nochmals wieder an Bord gelangten. Die Munition hätten sie sich sparen können, denn keiner von uns war verrückt genug, zurück auf *U 505* zu wollen, dessen Untergang nur noch eine Frage de Zeit war. Unsere Leute, die in der warmen, aber kabbeligen See trieben, waren über eine relativ große Fläche verstreut. Mit den Schlauchbooten versuchten wir, vor allem zunächst die schwerer Verwundeten aus dem Wasser zu holen. Jenes, in dem ich mich befand, war bald bis zum Überquellen voll mit Männern. Bei all dem Blut im Wasser hatten wir Sorge, dass dadurch Haie angelockt werden könnten. Sogar jene, die nicht verwundet waren, hatten einen Horror davor, das Boot zu verlassen und ins Wasser zu springen, um den Kameraden zu helfen.

An dieser Stelle überschneidet sich meine Geschichte mit der meines Freundes Wolfgang Schiller aus dem vorderen Torpedoraum. Seine Erinnerung an das Aufbringen von *U 505* hat er mir in einem langen Brief geschildert. Hier ein Auszug:

Die Atmosphäre war von großer Besorgnis geprägt. Ich stand im Bugtorpedoraum am Sprachrohr und hörte die Stimme unseres Kommandanten, während er mit dem Sehrohr die Wasseroberfläche absuchte. Bei jeder Richtung, in die er blickte, gab er bekannt, was er sah: »Zerstörer! Zerstörer!«

Nach dem Rundblick war er sich der Hoffnungslosigkeit unserer Lage bewusst und gab den Befehl, tiefer zu tauchen. Nach kurzer Zeit detonierten die ersten Wasserbomben. Die Glasabdeckungen der Manometer barsten. Nachdem dem »Alten« gemeldet worden war, dass es einen Wassereinbruch gab und das Ruder beschädigt war, befahl er uns, aufzutauchen und das Boot zu verlassen.

Ich gab seinen Befehl an alle Kameraden im Bugtorpedoraum weiter. In kurzer Zeit war ich allein. Da ich meine Armbanduhr nicht zurücklassen wollte, die an einer der Rohrleitungen hing, kam ich etwas später in die Zentrale. Auf meinem Weg durch den Unteroffiziers- und Offiziersraum sah ich dort Lammwollpullover liegen. Daher zog ich einen über und dachte dabei, das Wasser könnte nach einer Weile kalt werden. Ich trug nur ein Paar kurze Marinehosen und ein Zivilhemd. Meine Füßen steckten ohne Socken in Segeltuchschuhen, von denen ich einen davon dann im Wasser verlor. Über dem Pullover legte ich den Tauchretter an.

Nach einer kleinen Weile stieg ich zum Turmluk empor, um auszusteigen. Der aus Berlin stammende Wilmar hielt mich zurück. Er stimmte den Zeitpunkt unseres Aussteigens mit dem Rhythmus der Feuerstöße aus den Bordwaffen der Flugzeuge ab, um zu vermeiden, dass wir getroffen wurden. Dann sah ich ein Flugzeug von Steuerbord kommend, und ich versuchte, Deckung hinter dem Schild des Fla-Geschützes zu nehmen. Doch weil mir das im Hagel der Geschosse nicht rechtzeitig gelang, sprang ich direkt auf die Steuerbordseite des Oberdecks. Es geschah vermutlich in diesem Augenblick, dass mich einige Geschosse streiften, denn als ich später an meinem Tauchretter die Sauerstoffflaschen öffnete, fand ich zwei eingebrannte Geschosslöcher auf der linken Schulterseite und am linken Ärmel des dicken Wollpullovers.

Ich trieb rasch vom Boot weg. Ein Zerstörer kam in meine Richtung, verhielt ein wenig und ein Seemann warf mir ein Tau zu. Zum Glück ergriff ich das Tau nicht, denn es hätte mich in die Propeller gezogen. Ich schwamm dann auf ein großes Schlauchboot zu, das mit so vielen Kameraden beladen war, dass es fast unter Wasser geriet. Einer von ihnen schöpfte mit einer leeren Obstbüchse Wasser aus dem Boot.

Irgendjemand, ich glaube es war Fricke, fragte mich, ob ich noch stark genug wäre, um hinüber zu Becker zu schwimmen. Becker war ein großes Stück von uns entfernt und schrie um Hilfe. Ich antwortete: »Ja, wenn jemand mit mir mitkommt.« Hans Göbeler meldete sich freiwillig, um mit mir zusammen Becker zu retten.

Ich fühlte, wie etwas mein nacktes Bein berührte, während ich schwamm, und so fragte ich Hans, ob er einen Hai sähe, der mir folgte. Er erwiderte: »Ja, schwimm' schneller! Direkt hinter dir ist ein Hai!« Auf den Wellen spiegelte sich die Sonne und so konnte ich mich selbst nicht sehen. Später fand ich heraus, dass ich in der Eile vergessen hatte, den Gürtel des Tauchretters zu befestigen. Es war der Gürtel, der sich an meinem Bein rieb, kein Hai.

Als wir zu Becker kamen, stellten wir fest, dass er nicht verwundet war, so dass wir ihn nicht durchs Wasser schleppen mussten. Er schwamm aus eigener Kraft mit uns zurück zum Schlauchboot. *

* * *

Obwohl wir wirklich nichts zu lachen hatten, so bereitete es uns dennoch ein gewisses Vergnügen, zu beobachten, wie die Amerikaner unser immer noch kreisendes Boot mit motorisierten Rettungsbooten jagten. Schließlich gelang es ihnen aber, *U 505* zu entern. Wir gingen immer noch davon aus, dass es nun wirklich nicht mehr lange dauern konnte, bis es endgültig im Meer für immer verschwand, zumal sich nur noch das Oberteil seines Bugs und der Turm über Wasser befanden. Wir witzelten, das gute alte *U 505* würde zahlenmäßig mehr Amerikaner mit in die Tiefe nehmen, als seine reguläre Besatzung Männer gehabt hatte.

Doch die Zeit verging, und nichts tat sich. Das kaum noch über Wasser sichtbare Boot machte keinerlei Anstalten, endgültig zu sinken. Ein fürchterlicher Verdacht keimte in mir auf. Konnte es womöglich sein, dass einer der Amerikaner die Abdeckung des Seewasserfilters gefunden und wieder aufgesetzt hatte? Eigentlich ziemlich unwahrscheinlich.

Wie wir heute wissen, war natürlich genau das eingetreten. Captain Daniel V. Gallery, der Führer der *Task Group 22.3*, wie die offizielle Navy-Bezeichnung der Kampfgruppe lautete, hatte eigens eine Prisenbesatzung ausgebildet, um ein U-Boot zu entern und unter gerade solchen Umständen aufzubringen. Daher war es den Amerikanern im quasi letzten Moment

---

* Anm. d. Verf.: Schiller war ein ziemlich langsamer Schwimmer, weshalb ich ihm die Sache mit dem Hai vorflunkerte, damit er schneller schwamm.

gelungen, unser Boot zu übernehmen und den Seewasserfilter wieder zu schließen. Die Abdeckung hatte zwar keinen Dichtungsring mehr und leckte deshalb noch ein wenig, was aber nicht weiter gefährlich war. Mit etwas Hemdenstoff konnte dann ein weiteres Durchsickern vollständig abgestellt werden. Die Amerikaner nahmen das Boot ins Schlepptau, luden dessen Batterien auf und bliesen die Tauchzellen aus, um den Überwassertrimm wieder herzustellen. *U 505* wurde zum ersten feindlichen Schiff, das die US-Marine seit dem Krieg von 1812 auf hoher See zu erobern vermochte.

Um durch das Turmluk in das dunkle Innere eines sinkenden feindlichen Unterseebootes hinabzuklettern, bedarf es ganz sicher eines hohen Maßes an Überwindung und Tapferkeit. Der erste dieser mutigen amerikanischen Seeleute, der seinen Weg in die Zentrale fand und der die Abdeckung des Seewasserfilters wieder aufsetzte, war Zenon Lukosius. »Luke«, wie er genannt wurde, und ich wurden bei den Wiedersehenstreffen der Beteiligten an der Aufbringung von *U 505*, die ich nach dem Krieg später in Chicago organisierte, gute Freunde.

Wir in unserem Schlauchboot wurden nach etwa einer Stunde von dem Geleitzerstörer USS *Chatelain* schließlich »aus dem Bach gefischt«. Kameraleute der US-Marine drehten unsere Rettung mit. In dem Film über das Aufbringen von *U 505*, den man sich im *Museum of Science and Industry* in Chicago anschauen kann, sind mehrere Angehörige unserer Besatzung zu sehen, wie sie, darunter auch ich, zusammengedrängt an Deck des Zerstörers stehen. Wir hatten alle dasselbe Grinsen aufgesetzt, weil wir einfach froh waren, überhaupt noch am Leben zu sein!

Wenn man so will, dann gehörten wir jetzt zu den wenigen U-Boot-Besatzungen, die das »Ende« ihres eigenen Bootes überlebt hatten.

Die Behandlung durch die Amerikaner war durchweg gut. Unsere Verwundeten wurden sofort medizinisch versorgt, die schwereren Fälle, darunter auch Harald Lange, unser Kommandant, dem ein Bein amputiert werden musste, im Schiffslazaret.*

Sobald sich die Verwundeten in ärztlicher Behandlung befanden, wurden wir Übrigen erst einmal gründlich gefilzt und mussten uns sogar ausziehen, alles unter scharfer Bewachung von amerikanischen Seeleuten mit Maschinenpistolen.

Im Anschluss an diese Prozedur wurden wir auf den Flugzeugträger *Guadalcanal* überstellt. Die Gruppe, der ich zugeteilt wurde, landete in einer Art großem Käfig, der direkt unter dem Flugdeck lag, sich aber allerdings auch neben den Maschinen des Trägers befand, die eine enorme Hitze ausstrahlten. Dadurch schwitzten wir ständig ungemein stark, weshalb jeder von uns im Laufe der nächsten Wochen etliche Kilogramm an Körpergewicht einbüßte. Ein amerikanischer Seemann, der mit uns Mitleid hatte, stellte einen Lüfter so ein, dass er kühle Luft in unsere Richtung blies. Ein Offizier, der das mitbekam, wies ihn sofort verärgert an, dies auf der Stelle rückgängig zu machen. Sobald jedoch der Offizier verschwunden war, lenkte unser »Samariter« den Luftstrom prompt wieder auf uns zurück – praktizierte Mitmenschlichkeit auch dem Feind gegenüber.

Doch es gab natürlich auch andere. Einer unserer ständig Kaugummi kauenden Wächter teilte uns höhnisch mit, dass mit unserem Boot natürlich die gesamten geheimen Schlüsselunterlagen ebenfalls in amerikanische Hände gefallen wären. Und als ob dies noch nicht genug wäre, bekamen wir kurze Zeit später freudestrahlend unter die Nase gerieben, dass die

---

* Anm. d. Verf.: Bis heute erscheint es mir wie ein Wunder, dass bei den massiven Angriffen auf *U 505* wir lediglich unseren armen Fischer als einzigen Verlust zu beklagen hatten. Dies ist umso bemerkenswerter, wenn man die gewaltige Feuerkraft bedenkt, die gegen uns eingesetzt wurde. Nach Aufzeichnungen der US-Marine feuerte zum Beispiel allein nur der Zerstörer *Chatelain* auf uns: einen Torpedo, 14 Wasserbomben, 24 Hedgehog-Granaten, 48 Schuss 7,6 cm, 328 Schuss 4 cm und 955 Schuss 2 cm, die Munition aus den 12,7-mm-MGs nicht mitgezählt.

Alliierten in Frankreich gelandet waren und die Invasion Europas begonnen hatte.

Selbst wenn das stimmte, machte ich mir deswegen keine ernsthaften Sorgen, weil ich davon ausging, dass unsere Wehrmacht den Gegner, wie schon zuvor 1942 bei Dieppe, zurückschlagen würde. Was mir vielmehr zusetzte, war die Tatsache, dass wir das Aufbringen von *U 505* zugelassen hatten.

Meine eigene Rolle beim Versuch der Versenkung unseres Bootes verursachte in mir ein besonders schales Gefühl, zumal ich nicht aufhören konnte, mir wegen der Sache mit der Abdeckung des Seeewasserfilters unentwegt Selbstvorwürfe zu machen. Ich litt wie ein Hund.

Geradezu unvermeidlich war, dass die Amerikaner nichts unversucht ließen, Informationen aus uns herauszuholen. Verhöre waren an der Tagesordnung. Immer wieder wurden wir zu technischen Einzelheiten unseres Unterseebootes befragt. Aber mehr als an den Haaren herbeigezogene Antworten gab es nicht. So behaupteten wir etwa samt und sonders, darüber nichts zu wissen, weil unsere Hauptaufgabe an Bord darin bestanden habe, die im Dieselmotorenbereich aufgestellten Abortkübel zu leeren. Ich kann durchaus verstehen, dass derartige reihenweise getätigten Aussagen unseren Vernehmungsoffizieren mächtig stanken.

Als die Amerikaner, wodurch auch immer, darauf kamen, unser Ewald Felix könne polnischer Abstammung sein, versuchten sie einen neuen Dreh. Sie setzten eines ihrer Besatzungsmitglieder, das Polnisch konnte, auf ihn an. Ein »freundschaftliches« Gespräch ergab, dass Ewalds Mutter in der Tat eine gebürtige Polin war.

Daraufhin nahm Captain Gallery ihn persönlich ins Gebet. Für den Fall, dass Ewald ihm erzählte, was er wissen wolle, versprach er ihm das Blaue vom Himmel herunter, alle nur denkbaren Vergünstigungen während der Zeit seiner Kriegsgefangenschaft und danach eine gut bezahlte Beschäftigung. Ewald, der zwei Feindfahrten auf *U 505* mitgemacht und sich dabei stets als gut und zuverlässig erwiesen hatte, fiel auf diesen Köder nicht herein und speiste Gallery nur mit Einzelheiten über *U 505* ab, die nichtssagend waren. Gallery wollte nicht aufgeben und übte daher einigen psychologischen Druck auf uns aus, indem er Ewald von uns isoliert und irgendwo anders unterbrachte.

Weil ich von der Besatzung derjenige war, der am besten Englisch sprach, zitierte mich der Captain irgendwann zu sich, um mir aufzutragen, meine Kameraden wissen zu lassen, dass Ewald Felix an Tuberkulose gestorben wäre. Da ich verdammt gut wusste, dass Ewald eine Bärengesundheit besaß, glaubte ich Gallery kein Wort. Sollte Ewald tatsächlich tot sein, erklärte ich ihm, dann würden wir nach dem Krieg schon noch dafür sorgen, dass deshalb jemand zur Verantwortung gezogen werde.

Gallery zeigte sich unbeeindruckt und trug mir auf, diese Information an meine Kameraden zu übermitteln. Bis heute weiß ich nicht, was Gallery eigentlich damit bezweckte. Vielleicht tischte er diese derart unglaubwürdige Geschichte sogar bewusst in der Annahme auf, dass wir sie ihm nicht abkaufen würden, mit der Absicht dahinter, bei uns den Eindruck zu erwecken, Ewald habe kollaboriert und sei deswegen zu seinem eigenen Schutz aus dem Verkehr gezogen worden. Jedenfalls sahen wir Ewald Felix nie wieder.

Nach dem Kriege stand in einigen deutschen Zeitungsartikeln, dass Ewald für die Amerikaner eine wertvolle Informationsquelle gewesen sei. Ferner hieß es, er wäre nach dem Sieg der Alliierten untergetaucht und würde jetzt irgendwo in Polen leben. Ich war skeptisch, ob das alles so stimmte, und stellte über Jahre hinweg eigene Nachforschungen über den Verbleib von Ewald an. Schließlich fand ich ihn etwas südlich von Hannover, wo er ein ruhiges Leben führte. Bei den langen Gesprächen, die es zwischen uns gab, schwor er, gegenüber den Amerikanern nie etwas von Belang preisgegeben zu haben. Später begegnete ich bei einem der Veteranentreffen in

Chicago einem ehemaligen Leutnant und Elektronikfachmann aus Gallerys Kampfgruppe, der diese Aussage bestätigen konnte.

Für uns Besatzungsmitglieder waren es bittere Momente, als *U 505* von einem anderen Schiff ins Schlepp genommen wurde und bald darauf hinter dem Horizont verschwand und einem ungewissen Schicksal entgegenfuhr. Unser Unterseeboot sollten wir erst lange nach dem Krieg wiedersehen, als es seinen Platz im *Museum of Science and Industry* in Chicago als Ausstellungsobjekt gefunden hatte.

Was uns betraf, so wurden die nächsten drei Wochen, in denen wir langsam westwärts fuhren, aufgrund der Hitze, der wir durch die Maschinen der *Guadalcanal* ausgesetzt waren, zur Hölle.

Ende Juni 1944 trafen wir in Port Royal Bay auf Bermuda ein. Endlich unseren Käfig verlassen zu können und den Fuß wieder auf festes Land zu setzen war eine Wohltat für uns, obwohl wir als offizielle Kriegsgefangene behandelt und in ein Lager gebracht wurden. Auf meiner neuen Erkennungsmarke, die ich verpasst bekam, stand: »LANT 13 GNA.« Dank der nun erträglich gewordenen Temperaturen und guter Verpflegung erholten wir uns rasch von den Strapazen auf *Guadalcanal*.

Bei der U-Boot-Waffe galten keine Nachrichten stets als schlechte Nachrichten, und unser Hauptanliegen war daher, Kontakt zum Internationalen Roten Kreuz zu bekommen, um auf diese Weise unsere Angehörigen in der Heimat davon in Kenntnis zu setzen, dass wir lebten und uns in Sicherheit befanden. Bald wurde jedoch sonnenklar, dass der US-Marine nichts daran gelegen war, durch solche Mitteilungen nach Deutschland durchdringen zu lassen, dass *U 505* von ihr aufgebracht worden war. Die Genfer Konvention zählte in dem Punkt nichts, was für uns bitter und deprimierend war.

Sobald die gesamte Besatzung im Gefangenenlager wieder vereint war, wurde erneut die Frage diskutiert, wer eigentlich Schuld daran hatte, dass unser Boot den Amerikanern in die

Hände gefallen war. Anfänglich stand ich in der Kritik, weil ich die Abdeckung des Seewasserfilters nicht in die Bilge geworfen hatte, wo sie nicht hätte geborgen werden können. Der Vorwurf wurde aber rasch wieder fallengelassen, da meine Eigeninitiative in Ermangelung von Befehlen im Prinzip völlig richtig in dieser Situation gewesen war. Außerdem hätte es meines improvisierten Handelns gar nicht erst bedurft, wenn zuvor in erster Linie der LI seine Pflicht erfüllt hätte.

Josef Hauser, der Leitende Ingenieur, brachte zu seiner Verteidigung vor, er sei davon ausgegangen, das Boot wäre ohnehin am Sinken, weshalb er es als nicht erforderlich angesehen habe, die Sprengladungen scharf zu machen. Sehr überzeugend klang das nicht, sondern eher nach einer Ausrede. Obwohl es nicht vorhersehbar gewesen war, dass die Amerikaner den Versuch unternehmen würden, das Boot zu entern, waren wir übereinstimmend der Auffassung, dass der LI seine Pflicht vernachlässigt hatte, das Boot selbst zu versenken, wie es im Befehl des Kommandanten vorgesehen war. Dem »Waschbär« deswegen nun nachträglich an den Kragen zu gehen hatte allerdings wirklich niemand von uns vor. Trotzdem begann er um seine Sicherheit zu fürchten, obwohl es dafür nicht den geringsten Anlass gab. Hauser erreichte aber dennoch, dass er in ein anderes Lager verlegt wurde. Ich weinte ihm keine Träne nach.

Einige Zeit später wurden auch wir verlegt, erst nach Texas und von dort nach Louisiana. *Camp Ruston* war an sich ein ganz normales Kriegsgefangenenlager, was aber nichts daran änderte, dass wir von *U 505* getrennt von den anderen POWs separat untergebracht wurden. Die offizielle Begründung, die natürlich frei erfunden war, lautete, dass es sich dabei um einen besonderen Haftbereich für Gefangene handelte, die Nazigegner wären. Durch diese Deklarierung als eine Art Sonderlager für politische Inhaftierte innerhalb des eigentlichen Kriegsgefangenenlagers entfielen die ansonsten obligatorischen Inspektionen durch Vertreter des Internationalen Roten Kreuzes. Der Sinn und Zweck des Ganzen war natürlich klar:

Das Schicksal von *U 505* sollte auch weiter unter allen Umständen geheim bleiben und keinerlei Informationen darüber in irgendeiner Weise nach Deutschland gelangen. Bei dem Gedanken, dass unsere Familien annehmen mussten, wir wären gefallen, wurde uns schwer ums Herz.

In einem sogenannten Lager für Nazigegner eingesperrt zu sein war irgendwie ulkig, denn als solche fühlten wir uns nicht, sondern immer noch als Soldaten, die ihre Pflicht getan hatten.

Eines Nachts zum Beispiel mischten wir Reinigungsmittel zusammen, um Gas herzustellen und Zellophanbeutel zu füllen, die wir dann als Luftballons über die Umzäunungen fliegen ließen, versehen mit Zetteln mit aufgemaltem Eisernen Kreuz und den Worten »*U 505* lebt!«.

Was unser Lagerleben anbelangt, achteten wir streng darauf, die militärische Disziplin einzuhalten, woran sich auch nichts änderte, als uns klar wurde, dass dieser Krieg für Deutschland verloren war. Die Wachposten hielten uns deswegen wohl für besonders »harte Nazis«. Das war uns aber egal; wir wollten einfach unsere Würde als Soldaten behalten.

Nachdem wiederum einige Wochen ins Land gegangen waren, wurden wir zu Waldarbeiten und als Baumwollpflücker auf den Farmen von Ruston eingesetzt, was immerhin auch eine willkommene Abwechslung für uns bot.

Soweit es mich betraf, kurierte mich die Knochenarbeit vor allem von meinen durch Jack London inspirierten Phantasien über das romantische Leben der Holzfäller. In den Wäldern Louisianas wimmelte es nur so von Insekten, großen Wespen etwa, die wir »Stukas« nannten und deren Stiche ekelhaft wehtaten. Beim Baumfällen konnte es auch schon mal passieren, dass einem dabei eine Schlange auf den Kopf fiel. Auch die Baumwollpflückerei glich eher einer Tortur; wenn man nicht aufpasste, schnitt man sich an den Samenkapseln die Finger auf und durch das ständige Bücken schmerzte einem schon bald der Rücken höllisch.

Zu einem Sondereinsatz kamen wir während eines Hurrikans, als wir die Einwohner von Ruston bei der Sicherung einiger nahegelegener Deiche unterstützten und mithalfen, dass es zu keiner bösen Überschwemmung kam. Im Mai 1984 erhielt ich stellvertretend für die gesamte Besatzung von *U 505* vom Bürgermeister von Ruston als nachträgliche Anerkennung für unseren Einsatz während dieses Sturmtiefs symbolisch einen kleinen Stadtschlüssel überreicht.

Anfang Mai 1945 erfuhren wir von der Kapitulation Deutschlands, und jeder machte sich dazu so seine eigenen Gedanken. Erfreulich war, dass, nachdem der Krieg damit vorüber war, endlich auch unsere Postsperre aufgehoben wurde und die Amerikaner uns erlaubten, Briefe mit Lebenszeichen von uns in die Heimat zu schicken. Hoffentlich würde auch die Zeit unserer Kriegsgefangenschaft bald ein Ende haben, denn unsere Lieben daheim wiederzusehen war unser aller größter Wunsch.

Im Dezember wurden wir zwar zurück nach Europa transportiert, aber mitnichten als Kriegsheimkehrer, denn von den Briten wurden wir zunächst erst einmal als Zwangsarbeiter nach Schottland geschickt.

* * *

In Schottland mussten wir zwar hart schuften, aber alles in allem waren die dortigen Lebensverhältnisse gar nicht mal so schlecht für uns. Im Gegensatz zu vielen in Deutschland brauchten wir beispielsweise nicht zu hungern. Trotzdem konnte ich es kaum mehr erwarten, endlich wieder nach Hause zu kommen. Doch dafür musste ich mich noch zwei lange Jahre gedulden, denn erst im Dezember 1947 wurde ich aus der Kriegsgefangenschaft entlassen. Als ich mich auf dem Rückweg nach Deutschland befand, plagten mich zwiespältige Gefühle. Von der Aussicht, in Kürze wieder in den »Schoß« meiner Familie zurückzukehren, war ich begeistert. Der Gedanke, das obligatorische »Entnazifizierungsprogramm« durchlaufen zu müssen, behagte mir da schon weit weniger. Wie jeder Soldat hatte ich bei meinem Eintritt in die deutsche Kriegsmarine einen Eid geschworen und dann als U-Boot-Fahrer meine Pflicht getan. Mich dafür vor den Besatzungsbehörden rechtfertigen zu müssen, fand ich fast schon empörend.

Während der Fahrt mit der Fähre über den Kanal traf ich meine Entscheidung. Nach der Ankunft des Schiffes im Hafen ging es per Eisenbahn weiter. Hunderte von ehemaligen Kriegsgefangenen bevölkerten den Zug. Kurz vor Erreichen der deutschen Grenze sprang ich einfach ab und schlug mich in die Büsche.

* * *

In meiner zerstörten Heimat war das Leben in diesen ersten Jahren nach dem Kriege sehr hart. Rund 14 Millionen Menschen aus den deutschen Ostgebieten waren geflüchtet oder nach Kriegsende vertrieben worden. Die von den Alliierten ausgegebenen Essensmarken reichten vorn und hinten nicht, um satt zu werden. Deutschland hungerte.

Selbst Bottendorf, mein kleiner Heimatort im Hessischen, das von Bomben verschont geblieben war, wimmelte von Flüchtlingen und es fehlte natürlich auch hier an Wohnraum für sie, an Nahrung und Arbeit.

Ich selbst fand schließlich eine Anstellung als Schweißer, was mir ermöglichte, eine eigene Familie zu gründen.

* * *

1954 erreichte mich eine Nachricht, die mich förmlich elektrisierte. *U 505* sollte als ständiges Ausstellungsobjekt im *Museum of Science and Industry* in Chicago aufgestellt werden. Als die Jahre vergingen, kehrten meine Gedanken immer stärker zu jenen Tagen zurück, die ich an Bord dieses Unterseebootes verbrachte. Nachdem ich Rentner geworden war, unterstützte meine Frau die Idee, nach Chicago umzuziehen und damit auch in gewisser Weise zu meinem alten Boot zurückzukehren.

Der Kreis meiner Geschichte schließt sich an dieser Stelle. Wie viele der ursprünglich nach Amerika verkauften Soldaten aus meinen hessischen Gefilden, die sich entschlossen, nach dem Unabhängigkeitskrieg in Amerika zu bleiben, bin auch ich in diesem wundervollen Land der Freiheit und der vielen Möglichkeiten heimisch geworden. Sooft ich die Gelegenheit habe, besuche ich dieses glückhafte alte Boot, unser *U 505*.

In Gesprächen mit meinen früheren Bordkameraden über unsere Erlebnisse bin ich zur Erkenntnis gekommen, dass die Wahrnehmung von Ereignissen und die spätere Erinnerung daran durchaus unterschiedlich ausfallen können. Ich will daher auch gar nicht behaupten, dass dieses Buch eine komplette Chronik all dessen beinhaltet, was sich an Bord von *U 505* zugetragen hat. Es enthält nur das, was ich persönlich erlebt habe oder mir glaubwürdig aus erster Hand berichtet worden ist. Das endgültige Urteil muss den Historikern überlassen bleiben, die alle verschiedenartigen Eindrücke wie die Stücke eines Puzzles vereinen können, um sich der vollständigen Wahrheit zu nähern.

Anmerkungen des Übersetzers

Zum besseren Verständnis des Buchtextes und zur Vertiefung der einen oder anderen Aussage sind an dieser Stelle einige Bemerkungen angefügt.

1 Aussagen über die gesamte Personalstärke der deutschen U-Boot-Waffe des Zweiten Weltkrieges sind schwierig zu formulieren. Sie könnte etwa 50.000 Mann betragen haben. Das U-Boot-Ehrenmal in Möltenort an der Kieler Förde weist auf seinen Bronzetafeln zur Zeit die Namen von 28.748 gefallenen U-Boot-Fahrern auf. Es gibt jedoch keine abschließende Gesamtzahl der U-Boot-Toten, da die Listen ständig auf dem neuesten Stand gehalten und ergänzt werden, sobald neue Informationen ans Licht kommen. Damit dürfte die Zahl der gefallenen U-Boot-Fahrer bei über 57 % liegen. Keine andere Waffengattung der Streitkräfte eines kriegführenden Landes hatte je eine höhere Verlustrate zu beklagen. Zur näheren Unterrichtung wird der Leser auf den Anhang 2 »Personalstärke und Verluste der U-Bootwaffe« im Standardwerk des amerikanischen Historikers Timothy P. Mulligan *Die Männer der deutschen U-Bootwaffe 1939–1945* (Motorbuch Verlag, Stuttgart 2001) verwiesen.

2 Im Krieg Großbritanniens gegen die USA von 1812–1814 brachte die Fregatte USS *Peacock* Anfang 1815 die britische Fregatte HMS *Nautilus* in der Sundastraße auf. Die Kunde des Friedensschlusses vom Dezember 1814 war zu diesem Zeitpunkt noch nicht durchgedrungen. Auf dieses Ereignis weist auch eine Gedenkplatte auf *U 505* hin. Siehe Theodore P. Savas (Hrsg.) *Die Jagd auf U 505 und der U-Boot-Krieg im Atlantik*, Ullstein, Berlin 2008, S. 425.)

3 Der Tauchretter war ein Atemgerät der Dräger-Werke in Lübeck und bestand aus einem großen, aufblasbaren Beutel, der um den Hals geschlungen auf der Brust getragen wurde und gewöhnlich

aus orangebraunem Gummistoff hergestellt war. Im Inneren befand sich ein kleiner Zylinder, der genügend Sauerstoff enthielt, um über ein geschlossenes Kreislaufsystem durch Mundbeatmung und Absorbieren des ausgeatmeten Kohlendioxids etwa eine Stunde lang zu atmen. An der Wasseroberfläche konnte der Beutel vollständig aufgeblasen werden, wobei ihn entweder der Sauerstoff aus dem Zylinder oder das Hineinblasen von Luft über das Mundstück auffüllte, um dann als Rettungsweste zu dienen. Jedes Boot hatte in der Regel genügend Tauchretter an Bord, um jeden Mann aus der Besatzung damit auszustatten.

4 Göbeler gehörte als Techniker in der Marine zur Maschinenlaufbahn und war in dieser Laufbahn vom untersten Dienstgrad Matrose jetzt zum Maschinengefreiten befördert worden. Dies war an seinem linken Ärmel über dem Oberarm zu erkennen, denn er trug über dem Gefreitenwinkel als Kennzeichen seiner Laufbahn das Zahnrad.

5 »Trimm« ist die Schwimmlage eines Bootes in der Längsrichtung. Bei einem U-Boot befinden sich innerhalb des Druckkörpers vorn und achtern Trimmzellen, die über die Trimmleitung miteinander verbunden sind. Ihre Aufgabe besteht darin, den Gewichtsschwerpunkt des Bootes senkrecht unter den Verdrängungsschwerpunkt zu bringen, damit das Boot null-lastig (also weder vor- noch achterlastig) auf eine bestimmte Tiefe eingesteuert werden kann, d. h. eine der Aufgaben Köbelers auf seiner Gefechtsstation, um zum Beispiel den Gewichtsverlust durch abgefeuerte Torpedos auszugleichen (Herstellung des Gleichgewichtszustandes).

6 Die britische Abkürzung Asdic bedeutet Allied Submarine Detection Investigation Committee und erinnert an einen Ausschuss im späteren Verlauf des Ersten Weltkrieges, dessen Verdienst es war, für die Entwicklung des ersten aktiven Unterwasser-Schallortungsgerätes zu sorgen, das heute aus der Bekämpfung der U-Boote nicht mehr wegzudenken ist. Dieses Gerät sendet mit einem Sender Schallimpulse (sog. Pings) aus, die (auch über Wasser hörbar) von einem Unterwasserobjekt reflektiert und von einem Empänger wieder aufgenommen werden. So können Richtung und Entfernung eines Unterwasserzieles von einem Überwasserschiff oder von einem anderen U-Boot aus bestimmt werden. Der deutsche Begriff lautete früher »Sonderanlage« (S-Anlage), während heute alle Marinen den US-Ausdruck »Sonar« verwenden, und zwar als »Aktivsonar« für aktive Ortungsgeräte, die Schallimpulse aussenden, und als »Passivsonar« für

passive Geräte (Horchgeräte), die lediglich als Unterwassermikrofone fungieren.

7 Lorient war der Stützpunkt der 2. und später auch der 10. U-Flottille. Den Mittelpunkt bildete der riesige »Kéroman«-Bunker, der auch heute noch zu sehen ist. Er befindet sich auf der Halbinsel Kéroman zwischen dem Blavet, an dem Lorient liegt, und dessen rechtem Nebenfluss Le Ter. Auf der Landspitze gegenüber befindet sich auch heute noch eine Villa mit einem Bunker dahinter, damals das »Sardinenschlösschen« genannt, die Admiral Dönitz vom November 1940 bis Ende März 1942 als Stabsquartier dienten. Nach dem Kommandounternehmen der Briten gegen das NORMANDIE-Dock in St. Nazaire am 27. März musste Dönitz seine Befehlsstelle auf Befehl Hitlers nach Paris verlegen. Neben dem »Kéroman«-Bunker gab es noch drei unbedeutende kleine Bunker: den Scorff- und die beiden Dombunker.

Der »Kéroman«-Bunker bestand aus drei Bauabschnitten, und zwar 1941 die beiden Trockenbunker »Kéroman I« und »Kéroman II« (403 m x 146 m + 3,5 m Deckenstärke) mit Einzelboxen 1–5 (5 U-Boote) und 6–12 (7 U-Boote) sowie 1941–43 den Nassbunker »Kéroman III« (170 m x 138 m + 7,5 m Deckenstärke) mit den Doppelboxen 13–24 (13 U-Boote einschl. der Mittelbox für drei U-Boote und der Doppelbox 23/24 als Trockendocks).

Während »Kéroman III« von See aus direkt zu erreichen war, gab es für »Kéroman I/II« nur die Einfahrt in die Aufschleppbox mit der Slipanlage als einzigen Eingang von See her. Von hier aus gelangte das U-Boot trocken auf einem Verschiebewagen über eine Verschiebebühne mit einer Gleisanlage in einen der beiden links und rechts davon befindlichen U-Boot-Bunker.

8 Vor dem Internationalen Militär-Tribunal fand in Nürnberg vom 20. November 1945 bis zum 1. Dezember 1946 der Prozess u. a. gegen die Großadmirale Raeder und Dönitz statt. Die Anklage lautete:

1. Teilnahme an einer Verschwörung oder einem gemeinsamen Plan für das Begehen von Verbrechen gegen den Frieden.
2. Begehung von Verbrechen gegen den Frieden, und zwar durch Planung, Vorbereitung, Entfesselung und Führung von Angriffskriegen.
3. Kriegsverbrechen.
4. Verbrechen gegen die Menschlichkeit.

GAdm. Raeder wurde gemäß der Punkte 1, 2 und 3 für schuldig befunden und zu lebenslänglicher Gefängnishaft verurteilt. (Er wurde im September 1955 aus Spandau entlassen.)
GAdm. Dönitz wurde gemäß der Punkte 2 und 3 für schuldig befunden und zu 10 Jahren Gefängnis verurteilt. (Er wurde im Oktober 1956 aus Spandau entlassen.)
Fleet Admiral Chester W. Nimitz war im 2. Weltkrieg Oberbefehlshaber der amerikanischen Pazifikflotte und für die Seekriegsführung gegen Japan verantwortlich. Hierzu gehörte auch die Kriegsführung der US-Unterseeboote, die in ihrer Durchführung dem deutschen U-Boot-Krieg glich. Dönitz konnten durch seine U-Boot-Kriegsführung keine Verbrechen gegen die Menschlichkeit nachgewiesen werden, wozu auch die Aussage von Nimitz beitrug. Daher wurde Dönitz von der Anklage nach Punkt 4 freigesprochen.

9 1942 erhielten die britischen Flugzeuge nach und nach Bordradargeräte, vor allem das im Dezimeterbereich arbeitende ASV II (Wellenbereich 1,8 m – 4 m). Hiergegen half zur Frühwarnung die einfachst hergestellte Antenne im Holzrahmen (im Marinejargon »Biskaya-Kreuz«) des FuMB 1 »Metox«, das im Pfeifton bei einer Radarortung warnte und sich vom August 1942 bis zum Februar 1943 bewährte, vor allem beim Durchqueren der Biskaya. Allerdings musste es vor dem Tauchen ins Bootsinnere verbracht werden. Gegen das danach bei den Briten eingeführte 10-cm-Radar (ASV III) und das 1944 eingeführte 3-cm-Radar der Allierten (ASV IV) war das »Metox«-Gerät unwirksam. Hierzu bedurfte es anderer FuMBs, wie z. B. des FuMB 7 »Naxos«, eingeführt im Sommer 1943.
Mit Beginn der Radarortung aus der Luft ergab sich bei Nacht jedoch das Problem, das geortete U-Boot auch optisch erkennen zu können, um es mit Spreng- und/oder Wasserbomben wirksam angreifen zu können. Hier schuf eine neue Erfindung Abhilfe, das nach seinem Erfinder benannte »Leigh-Light«, d. h. ein starker, unter dem Flugzeug angebrachter 60-cm-Scheinwerfer, der das U-Boot bei entsprechender Nähe der Ortung erfasste und taghell anstrahlte, wobei das Flugzeug aus nächster Nähe oft todbringend seine Wasserbomben abwarf.

10 *U 124* vom Typ IX B wurde am 11. Juni 1940 von Kptlt. Georg-Wilhelm Schulz in Dienst gestellt, und zwar mit der Besatzung der zuvor schon von Schulz geführten, im April 1940 vor Narvik gesunkenen *U 64*, das vom Bordflugzeug des britischen Schlachtschiffes *Warspite* versenkt worden war. Gebirgsjäger ret-

teten die Besatzung und kümmerten sich um sie. Sie schenkten den Seeleuten ihre Edelweiß-Abzeichen, die sie an der Seite ihrer Bergmützen trugen, ehe sie dann über Schweden heimkehrten. Die nunmehrige Besatzung der *U 124* trug diese Abzeichen zunächst an der Mütze und dann wurde das Edelweiß in das Wappen des Bootes aufgenommen. Dieses fuhr jetzt an der Turmvorderseite den Laubfrosch als Wappen des früheren *U 64* und an den Turmseiten unter dem Seewasserabweiser das Edelweiß. So übernahm am 8. September 1941 Kptlt. Jochen Mohr *U 124*.

11 Der amerikanische Reeder und Werftbesitzer Henry J. Kaiser führte im Herbst 1941 im Handelsschiffsbau ein Standardschiff von ca. 7200 BRT ein: das »Liberty«-Schiff. Es wurden nach Norm vorgefertigte Sektionen mit eingebauter Maschinenanlage hergestellt, die dann zusammengesetzt einen vollständig geschweißten Schiffskörper ergaben. Bis Kriegsende entstanden auf diese Weise 2770 Schiffe. Eine der Ursachen, warum Dönitz seinen »Tonnagekrieg« nicht gewinnen konnte. Die Bauzeit verringerte sich von sechs Monaten für das erste Schiff – *U Patrick Henry*, am 22. September 1941 auf der Werft von Bethlehem-Fairfield in Baltimore vom Stapel gelaufen – auf zwei Monate im Frühjahr 1942 und schließlich auf etwas über einen Monat. Den Rekord erzielte die *Kaiser Corporation* im November 1942 mit ihrer Bau-Nr. 440, fertiggestellt in 4 Tagen und 15 Stunden als *Robert E. Peary*. Dieses Prinzip mit anfangs 15 und später 8,5 Monaten Bauzeit übernahm Kaiser ab Herbst 1942 beim Bau der Geleitflugzeugträger (CVE) der *Casablanca*-Klasse (50 Einheiten).

12 Was so nicht stimmte. Nach dem Untergang der *Bismarck* retteten der Schwere Kreuzer *HMS Dorsetshire* (Capt. Agar) und der Zerstörer *HMS Maori* 110 Überlebende des gesunkenen deutschen Schlachtschiffes, darunter zwei Offiziere. Dann mussten die britischen Schiffe infolge U-Boot-Alarms ihr Rettungswerk abbrechen. Tatsächlich befanden sich deutsche U-Boote in der Nähe, die aber nicht zugunsten der BISMARCK eingreifen konnten. Siehe hierzu den Bericht eines der beiden überlebenden Offiziere: Burkhard Freiherr v. Müllenheim-Rechberg *Schlachtschiff Bismarck. Ein Überlebender in seiner Zeit*, erweiterte Neuauflage, Ullstein Verlag, Frankfurt/M. 1987.

13 Was bedeutet das Planquadrat EE 6689 der Marine-Quadratkarte, das sich ostwärts von Trinidad im Mittelatlantik befand? Zunächst einmal setzte sich das Marine-Quadratnetz der Kriegsmarine im Zweiten Weltkrieg aus *Großquadraten* in un-

bestimmer Anzahl zusammen, die mit zwei Buchstaben bezeichnet wurden (z. B. EE) und alle Meere der Erde umfassten. Sie wiesen eine deutliche Abgrenzung auf (fette Striche) und hatten im Regelfall eine Kantenlänge von 486 sm. Jedes dieser Großquadrate bestand aus
– 3 x 3 = *Quadraten*, entstanden durch viermalige Unterteilung eines Großquadrats: 10, 20, 30 usw. bis 90; diese Quadrate tragen in der Karte bis auf eine deutlich schwächere Umgrenzung (halbfette Schrift) keine Bezeichnung;
– 9 x 9 = *Kleinquadraten*, entstanden durch viermalige Unterteilung eines Quadrats mit je 9 Kleinquadraten (Kantenlänge 54 sm): 11–19, 21–29 usw. bis 91–99; dies ergibt das 1. Ziffernpaar, z. B. EE 66 = Kleinquadrat 66 im Großquadrat EE;
– 81 x 81 = 6561 *Kleinstquadraten*; d. h. jedes der 81 Kleinquadrate hat dieselbe Unterteilung: 11–19, 21–29 usw. bis 91–99 (Kantenlänge 6 sm); dies ergibt das 2. Ziffernpaar, z. B. EE 6689 bedeutet Kleinstquadrat 89 im Kleinquadrat 66 im Großquadrat EE.

14 Wie Zschech gehörte der am 19. Februar 1918 in Bochum geborene Thilo Bode zur Crew 36. Er war zu Beginn des Krieges Batteriechef in der Marine-Flak-Abteilung 222, ehe er im Juli 1940 als Divisionsoffizier auf den Zerstörer *Z 6 Theodor Riedel* kommandiert wurde. Anschließend absolvierte er von April bis September 1942 die U-Boots-Ausbildung und kam unmittelbar danach als I WO zu *U 505*. Er fuhr auf diesem Boot bis August 1943, nur unterbrochen durch den Besuch des Kommandantenlehrgangs im April/Mai 1943, während sich *U 505* in Lorient noch in der Werft befand. Im August 1943 wurde der inzwischen am 1. April 1943 zum Kapitänleutnant beförderte Bode zur 6. KLA abkommandiert, um bei einem Neubau die Baubelehrung durchzuführen. Am 30. September 1943 stellte er das neue Boot, *U 858* vom Typ IX C/40, in Dienst. Bei Kriegsende kapitulierte Bode mit *U 858* am 14. Mai 1945 in Portsmouth/New Hampshire.

15 Der Bootsmannsmaat gehört zur Gruppe der Unteroffiziere ohne Portepee. Er ist das Eingangsamt der Bootsmannslaufbahn (Laufbahn-Nr. I), die folgende Dienstgrade umfasst: Bootsmannsmaat, Oberbootsmannsmaat (Unteroffziere ohne Portepee), Bootsmann, Stabsbootsmann, Oberbootsmann, Stabsoberbootsmann (Unteroffiziere mit Portepee, d. h. Feldwebel). Der Bootsmannsmaat trug als Dienstgradabzeichen auf dem linken Oberarm das Laufbahnabzeichen, d. h. den unklaren Anker

(Obermaat: Ankerabzeichen mit Winkel darunter), und auf dem Überzieher die goldfarbene Kragentresse mit einer Litze (Obermaat: 2 Litzen) auf den Kragenpatten.

16 Die Verlegung der U-Bootbesatzungen der 2. und der 10. U-Flottille infolge schwerer alliierter Luftangriffe in das »Lager Lemp« außerhalb von Lorient fand im Januar 1943 statt.
Das Lager ist nach dem Kptlt. Fritz-Julius Lemp (Crew 31) benannt, dem erfolgreichen Kommandanten von *U 28*, *U 30* und *U 110* (2. U-Flottille), ausgezeichnet am 14. August 1940 mit dem Ritterkreuz des Eisernen Kreuzes. Kptlt. Lemp versenkte 19 Schiffe mit insgesamt 98.890 BRT, darunter den britischen Passagierdampfer *Athenia* (13.581 BRT). Lemp hatte die *Athenia* irrtümlich für einen britischen Hilfskreuzer gehalten und warnungslos versenkt. Es gab etwa 1300 Überlebende und 112 Menschen kamen ums Leben. Diese erste warnungslose Versenkung löste in der westlichen Welt große Empörung aus, denn die britische Admiralität vermutete, Deutschland habe mit dem uneingeschränkten U-Boot-Krieg begonnen.
Am 9. Mai 1941 griff Lemp mit *U 110* (Typ IX C) ostwärts von Kap Farewell/Grönland im Nordatlantik den stark gesicherten Geleitzug HX.126 an, wurde von der Korvette HMS *Aubrieta* durch Wasserbomben zum Auftauchen gezwungen und vom Zerstörer HMS *Bulldog* aufgebracht, nachdem die Besatzung das schwer beschädigte Boot verlassen hatte. Lemp wurde bei dem Versuch, zurückzuschwimmen und das Aufbringen zu verhindern, mit Maschinenwaffen im Wasser erschossen. *U 110* sank schließlich am 11. Mai, nachdem die Briten die Geheimunterlagen samt Schlüsselmaschine »Enigma« und -unterlagen geborgen hatten. Dies trug wesentlich zum Einbruch in den Schlüsselbereich »Heimische Gewässer« und zu einer ersten Entzifferung des Funkverkehrs der U-Boote bei.

17 Hier bringt der Verfasser wieder einiges durcheinander. *U 505* lief am 1. Juli 1943 aus Lorient zur 5. Feindfahrt aus. Beim Erreichen der 200-m-Linie führte Zschech das vorgeschriebene Prüfungstauchen durch. Hierbei zeigte sich an der Wellendichtung der Steuerbord-Schraubenwelle ein Leck. Da dies mit Bordmitteln nicht zu beheben und das Boot nicht mehr einsatzfähig war, musste es auf der Stelle zur Reparatur umkehren. Daher befand sich *U 505* nach wenigen Stunden in See wieder in Lorient. Die Werft behob den Schaden in kürzester Zeit und das Boot lief am 3. Juli erneut zur Feindfahrt aus. Diesmal wie beschrieben zusammen mit vier anderen U-Booten.

Das Prüfungstauchen verlief reibungslos, aber während der Weiterfahrt fielen wie beschrieben zuerst das »Metox« und dann das GHG aus. Schließlich traten auch noch Störungen im Funk auf. Trotzdem setzte Zschech die Feindfahrt zunächst fort.
Zu Zschech und seinem Selbstmord siehe ausführlich auch das Kapitel *Selbstmord-Biskaya: U 505 – Kptlt. Peter Zschech* in Hans Herlin *Verdammter Atlantik. Schicksale deutscher U-Boot-Fahrer*, Wilhelm Heyne Verlag, München 1971, S. 79 ff.

18 *U 514* (Kptlt. Hans-Jürgen Auffermann), ein Boot des Typs IX C, wurde am 8. Juli 1943 nordwestlich von La Coruña mit Raketen des »Liberator«-Bombers R der *224. Squadron* der RAF im Golf von Biskaya mit der gesamten Besatzung versenkt. 54 Tote.

19 Das Funkmessbeobachtungs- oder Radarwarngerät FuMB 7 »Naxos« wurde beim Werftaufenthalt von *U 505* Anfang Oktober 1943 eingebaut und löste das veraltete »Metox« und das Hagenuk-WAnz G2 ab. Es arbeitete im Zentimeter-Bereich und war damit in der Lage, vor den Suchimpulsen des neuen Flugzeugradars ASV III zu warnen. Siehe auch Anm. 9. Die Einführung des FuMB »Naxos« erfolgte ab Sommer 1943. Diese und andere Ergänzungen zum Werdegang von *U 505* siehe Anhang B, zusammengestellt von Dr. Timothy Mulligan, in Theodore P. Savas (Hrsg.) *Die Jagd auf U 505 und der U-Boot-Krieg im Atlantik*, Ullstein Taschenbuch Verlag, Berlin 2004.

20 Die »Organisation Todt« (OT) war eine neu geschaffene Bauorganisation, die Hitler im Sommer 1938 nach ihrem Schöpfer benannte: Dr.-Ing Fritz Todt, den »Generalinspektor für das deutsche Straßenwesen« (Autobahnbau), ein Zivilingenieur, den Hitler im Mai 1938 mit dem Bau der Befestigungsanlagen des sog. Westwalls an der deutschen Westgrenze beauftragte. Er fasste das Potenzial der Baufirmen zusammen und lenkte sie zentral, wobei die Baufirmen selbstständig blieben, d. h., er schuf eine Zusammenarbeit von Bauverwaltung und Bauwirtschaft, um größte Bauvorhaben unter Berücksichtigung der militärischen Bedürfnisse zweckmäßig durchzuführen. 1938 hatte die OT einen Personalbestand von etwa 250.000 Mann. Im Verlaufe des Krieges kamen viele Bauvorhaben hinzu, vor allem die zahlreichen großen U-Bootbunker und der sog. »Atlantikwall«. Ende 1944 umfasste der Personalbestand 1,4 Millionen Beschäftigte: von Freiwilligen bis zu Zwangsarbeitern und KZ-Häftlingen. Dr.-Ing. Todt, inzwischen Reichsminister für Bewaffnung und Munition, kam im Februar 1942 bei einem Flugzeugabsturz

ums Leben. Sein Nachfolger und damit auch Chef der OT wurde Albert Speer, Reichsminister für Rüstung und Kriegsproduktion. Zur Vertiefung siehe Jak P. Mallmann-Showell *Deutsche U-Bootstützpunkte und Bunkeranlagen*, Motorbuch Verlag, Stuttgart 2003.

21 Bei diesem Werftaufenthalt Ende August/Anfang September wurde als neues FuMB der Hagenuk-WAnz G2 mit dem Spitznamen »Wanze« eingebaut. Auch dieser »Wellenanzeiger« brachte keine Verbesserung, denn er arbeitete wie das »Metox« ebenfalls im Dezimeter-Wellenbereich. Erst das FuMB »Naxos« brachte den Durchbruch. Siehe hierzu Anm. 19.

22 Bei dem Arzt handelte es sich um den Marineoberassistenzarzt Dr. med. Friedrich-Wilhelm Rosenmeyer, der von dieser Fahrt an auf *U 505* als Bordarzt abkommandiert worden war. Das Verhalten des Arztes und seine Darstellung durch Göbeler wirft einige Fragen auf, die aber nicht beantwortbar sind.
Hinsichtlich Zschechs Selbstmord handelt es sich aus der Sicht des Psychologen und Psychiaters um den Freitod eines Menschen, der »aufgrund normal-psychologisch nachvollziehbarer Überlegungen sein Leben freiwillig beendet« (R. Brickenstein: *Spezielle Wehrpsychiatrie* in E. Rebentisch, Hrsg., *Wehrmedizin*, München 1980, S. 448), oder auch um einen sog. Bilanz-Suicid eines »geistig gesunden Menschen, der sich dadurch einer ihm unerträglichen Lage entziehen will« (H.Hoche *Vom Sterben*, Jena 1919). Zitiert in Dr. med. Hartmut Nöldeke/ Dr. med. Volker Hartmann *Der Sanitätsdienst in der deutschen U-Bootwaffe und bei den Kleinkampfverbänden*, Verlag E. S. Mittler & Sohn GmbH, Hamburg 1996, S. 150 f. Dies ist das Standardwerk zur Geschichte der deutschen U-Boot-Medizin von zwei früheren Sanitätsoffizieren der Bundesmarine.

23 Vorstoß der 8. Z-Flottille *(Z 27, Z 23, Z 24, Z 32, Z 37)* und der 4. T-Flottille *(T 22, T 23, T 24, T 25, T 26, T 27)* vom 26. bis 28. Dezember 1943 in die Biskaya, um den aus Fernost kommenden Blockadebrecher *Alsterufer* (2729 BRT) aufzunehmen und in die Gironde einzubringen (Unternehmen »Trave«). Doch der Blockadebrecher wurde am 27. Dezember von der RAF schwer beschädigt und musste aufgegeben werden.
Auf dem Rückmarsch stießen die elf deutschen Zerstörer und T-Boote am 28. Dezember in schwerer See auf die beiden britischen Leichten Kreuzer HMS *Glasgow* und *Enterprise*. Durch die schwere See in der Entfaltung ihrer vollen Geschwindigkeit behindert, scheiterte der Zangenangriff der deutschen Schiffe

trotz ihrer artilleristischen Überlegenheit (25 x 15 cm und 24 x 10,5 cm auf deutscher gegen 19 x 15,2 cm und 13 x 10,2 cm auf britischer Seite). Im Artilleriegefecht sanken *Z 27* sowie *T 25* und *T 26*, während die britischen Kreuzer entkamen. 293 Überlebende wurden gerettet: 64 von den britischen Schiffen, 168 von einem irischen Dampfer, sechs von spanischen Zerstörern sowie 34 von *U 505* und 21 von *U 618*. J. Rohwer/G. Hümmelchen *Chronology of the War at Sea 1939–1945*, Greenhill Books, London 1992, S. 251 f.

24 Infolge der mehrfachen Werftaufenthalte zur Behebung der Schäden nach Sabotageakten im Laufe des Jahres 1943 lief *U 505* mehrmals aus Lorient zur Wiederaufnahme der Feindfahrt aus. Daher ergibt sich eine unterschiedliche Zählweise, denn nicht jedes Auslaufen nach einem Werftaufenthalt war der Beginn einer neuen Feindfahrt. Darum variiert die Zählweise zwischen acht, elf und sogar zwölf Feindfahrten, je nach Autor und dessen Auffassung. Hier wurde *Der Werdegang von U 505*, zusammengestellt von Dr. Timothy P. Mulligan, zugrunde gelegt. Er ist Archivar am *National Archives* in College Parks/MD. und ist auf die erbeuteten deutschen Akten spezialisiert. Seine Zusammenstellung findet sich in Theodore P. Savas (Hrsg.) *Die Jagd auf U 505 und der U-Boot-Krieg im Atlantik*, Ullstein, Berlin 2008, Anhang B, S. 346 ff.

25 Zu den neuen Torpedos, die *U 505* an Bord nahm, gehörten:
– Der »Zaunkönig« (T 5), ein Horchtorpedo mit passiv akustischer Zielsteuerung und aktiver magnetischer Abstandszündung. Seine Geschwindigkeit betrug 24,5 kn. Der T 5 war weltweit der erste Torpedo dieser Art. Die Sucheinrichtung sprach besonders auf schnelllaufende Geleitfahrzeuge mit starken Propellergeräuschen an (Zerstörer). Der T 5 konnte durch das Nachschleppen einer Geräuschboje ausmanövriert werden. Dieser Torpedo kam erst Anfang März 1944 vor dem Auslaufen in Brest an Bord.
– Der FAT (Federapparat-Torpedo) war eine Zusatzeinrichtung zum G 7e, die vor dem Abschuss eingestellt wurde. Sie bewirkte, dass der Torpedo nach gerader Vorlaufstrecke von gewünschter Länge in einen Kurven- bzw. Zickzacklauf überging. Somit sollte nach einem Fehlschuss durch Hin- und Herlauf vielleicht doch noch ein Treffer erzielt werden.
– Der LUT (lagenunabhängiger Torpedo) war die Weiterentwicklung des FAT mit einem Zusatzgerät zum G 7e, das die Einstellung der Laufbahn des Torpedos in einem beliebigen Winkel

zur ursprünglichen Schussbahn ermöglichte und sie außerdem nach vorherigem Gradlauf in vorher bestimmten Schleifenbewegungen zur Erhöhung der Treffermöglichkeit in einem Geleitzug vorprogrammiert ablaufen ließ. Der LUT konnte auch bei Hartruderlage des Bootes geschossen werden.

26 Näheres zu *U 123* ist im folgenden Werk zu finden: Michael Gannon: *Operation »Paukenschlag«. Der deutsche U-Boot-krieg gegen die USA*, Verlag Ullstein GmbH, Berlin 1992.

27 *U 505* hatte kein FuMO an Bord. Der Verfasser meint hier offensichtlich eine neuere Version des FuMB »Naxos« (siehe auch Anm. 28) mit einziehbarer Drehantenne (»Matratze«). Mit ihm war eine aktive Funkmessortung freilich nicht möglich. Ob es sich hierbei bereits um das FuMB 28 »Naxos ZM4« mit Sichtpeilanlage und der ebenfalls ausfahrbaren und druckfest ausgeführten Drehantenne gehandelt hat, läßt sich nicht feststellen. Das Gerät stand bei der Neuausrüstung vor der letzten Feindfahrt jedenfalls zur Verfügung und eine Anzahl IX-C-Boote hat es auch erhalten.

28 Der *Hedgehog* (dt. Igel), ein Wasserbombenwerfer auf dem Vorschiff eines U-Jagdfahrzeuges, verschoss gleichzeitig 24 Wasserbomben mit Aufschlagzündung nach dem Stielgranaten-Prinzip (Umkehrung des Granatwerfer-Prinzips) durch Vorausfeuern, d. h., das getauchte U-Boot blieb in der Asdic- bzw. Sonar-Ortung. Denn beim konventionellen Wasserbombenangriff musste das U-Boot zuerst überlaufen und damit die Ortung unterbrochen werden, ein Augenblick, den erfahrene U-Boot-Kommandanten zum Entkommen ausnutzen konnten.

Abschließend soll der Leser noch auf die Gesamtdarstellung zur Geschichte von *U 505* hingewiesen werden, verfasst von einer Gruppe namhafter Marinehistoriker: Theodore P. Savas (Hrsg.) *Die Jagd auf U 505 und der U-Boot-Krieg im Atlantik*, Ullstein Taschenbuch, Berlin 2008.

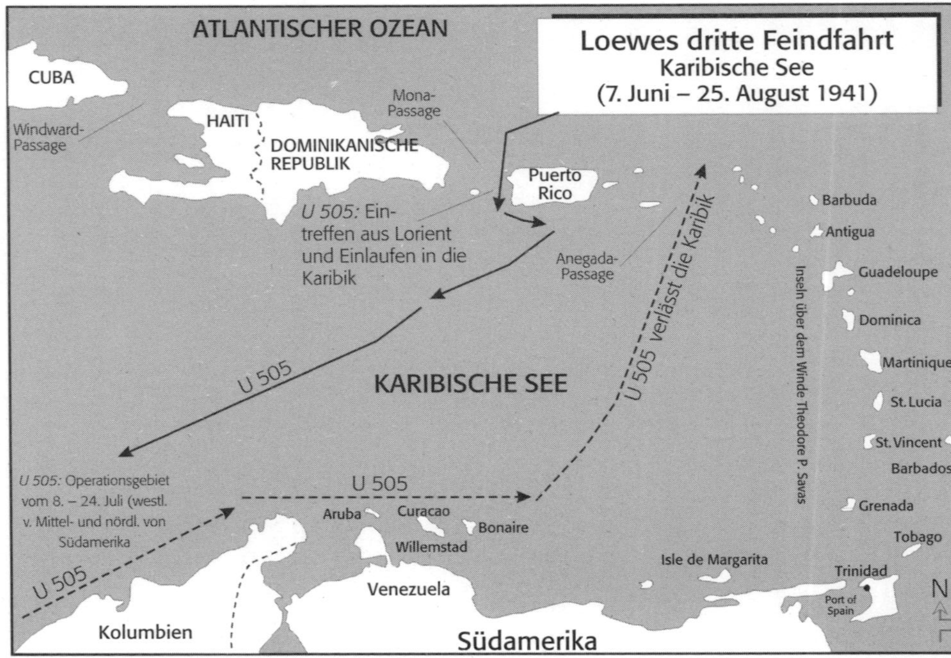

Loewes dritte Feindfahrt
Karibische See
(7. Juni – 25. August 1941)
ATLANTISCHER OZEAN
CUBA
Windward-Passage
HAITI
DOMINIKANISCHE REPUBLIK
Mona-Passage
Puerto Rico
U 505: Eintreffen aus Lorient und Einlaufen in die Karibik
Anegada-Passage
U 505 verlässt die Karibik
U 505
KARIBISCHE SEE
U 505: Operationsgebiet vom 8. – 24. Juli (westl. v. Mittel- und nördl. von Südamerika
U 505
U 505
Aruba
Curacao
Bonaire
Willemstad
Venezuela
Kolumbien
Südamerika
Isle de Margarita
Barbuda
Antigua
Guadeloupe
Dominica
Martinique
St. Lucia
St. Vincent
Barbados
Grenada
Tobago
Trinidad
Port of Spain
Inseln über dem Winde Theodore P. Savas
N

Abkürzungsverzeichnis

a. D.	außer Dienst
Adm.	Admiral
AK	Kurzbezeichnung für »Äußerste Kraft«
Asdic	(Allied Submarine Detection Investigation Committee) aktives Unterwasser-Schallortungsgerät (am. Sonar, dt. S-Anlage)
ASV	(Air to Surface) Radargerät in Flugzeugen zum Erfassen von Überwasserfahrzeugen
ASV II	Radargerät mit 1,8 m Wellenlänge
ASV III/IV	Radargerät mit 10 cm (9 cm) und 3 cm Wellenlänge
atü	Atmosphärenüberdruck
BdU, B. d. U.	Befehlshaber der Unterseeboote
BdU op.	Operationsabteilung im BdU-Stab
BdU org.	Organisationsabteilung im BdU-Stab
BRT	Bruttoregistertonne; Vermessungseinheit für die Größe der Kauffahrteischiffe: 1 BRT = 100 Kubikfuß = 2,83 m
Capt.	(Captain) Kapitän zur See
CTG	(Commander Task Group) Führer der Kampfgruppe
CVE	(Carrier Vessel, Escort) Geleitflugzeugträger
DD	(Destroyer) Kennung für Zerstörer
DE	(Destroyer, Escort) Geleitzerstörer
d. R.	der Reserve
EK I, EK II	Eisernes Kreuz 1. und 2. Klasse
E-Motor	Elektromotor
FdU	Führer der Unterseeboote, z. B. FdU West
FKpt.	Fregattenkapitän
Fla	Fliegerabwehr …

Flak	Fliegerabwehrkanone
FT	Funktelegrafie, zugleich Abkürzung für Funkspruch
FuMB	Funkmessbeobachtungsgerät (passiv)
FuMO	Funkmessortungsgerät (aktiv)
Funkmess ...	frühere deutsche Bezeichnung für Radar
G 7e	dt. Torpedotyp: G = Kaliber 53,3 cm, 7 m Länge, e = Elektroantrieb
GAdm.	Großadmiral
GHG	Gruppenhorchgerät: passives Unterwasser-Schall-ortungsgerät
HMS	(Her/His Majesty Ship) Ihrer/Seiner Majestät Schiff
Ing., (Ing.)	Ingenieur, in Klammern hinter dem Dienstgrad Abk. für die Ingenieuroffiziers-Laufbahn, z. B. Oblt.(Ing.)
Ju 88	zweimotoriger Sturzkampfbomber der Junkers-Werke
Kaleu	umgangssprachlich für Kptlt.
KKpt.	Korvettenkapitän
KKpt. z. V.	KKpt. zur Wiederverwendung
KLA	Kriegsschiffbau-Lehrabteilung
kn	Knoten: 1 Seemeile (1852 m) pro Stunde
Kptlt.	Kapitänleutnant
Kpt. z. S.	Kapitän zur See
KTB	Kriegstagebuch
LI	Leitender Ingenieur
LM 42 U	Lafette Modell 1942 Unterseeboot
LtzS., Lt. z. S.	Leutnant zur See
M 42	Modell 1942
M. A. N.	Maschinenfabrik Augsburg-Nürnberg
MD.	(Maryland) Bundesstaat der USA
MG	Maschinengewehr
Nazi	Verballhornung für Nationalsozialisten
OB	Oberbefehlshaber
ObltzS.	Oberleutnant zur See
O. v. D.	Offizier vom Dienst
PUO	Portepee Unteroffizier
PSe	Masseinheit für Motoren: effektive PS
Q-Schiff	engl. Bezeichnung für U-Boot-Falle
R-Boot	Minenräumboot

Radar	(Radio Detecting and Ranging) Funkortung und -entfernungsmessung (dt. Funkmess)
RAF	(Royal Air Force) brit. Luftwaffe
sm	Seemeile, 1 sm = 1852 m
Sonar	(Sound Navigation and Ranging) aktives Unterwasser-Schallortungsgerät (brit. Asdic, dt. S-Anlage), heute allgemein für alle passiven und aktiven Anlagen dieser Art
SS	Schutzstaffel, NS-Gliederung
T	Kennung für Torpedoboot
T-Flottille	Torpedobootflottille
TG	(Task Group) Kampfgruppe
TNT	Trinitrotoluol, ein brisanter Sprengstoff
U	Kennung für Unterseeboot
U-Boot	Unterseeboot
U/min	Umdrehungen pro Minute
USN	(United States Navy) am. Kriegsmarine
USS	(United States Ship) Schiff der USN
U. v.D	Unteroffizier vom Dienst
VAdm.	Vizeadmiral
Wanz.	Wellenanzeigegerät
WO	Wachoffizier (I WO/II WO = I./II. Wachoffizier)
Z	Kennung für Zerstörer
Z-	Flottille Zerstörerflottille

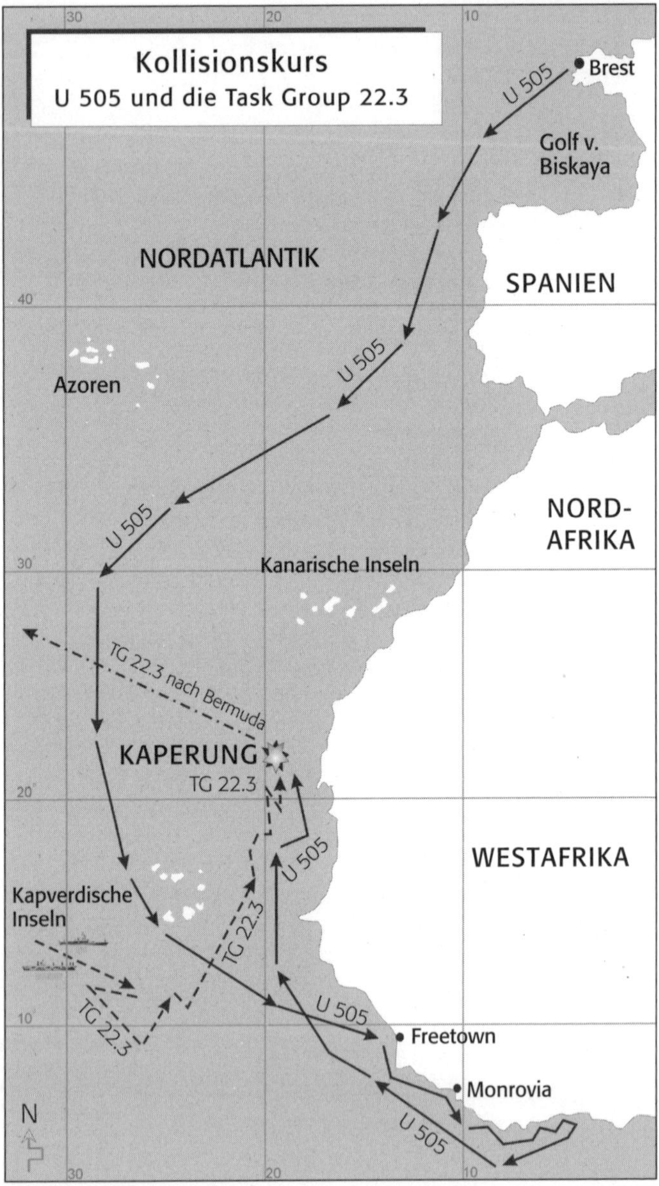
Kollisionskurs
U 505 und die Task Group 22.3
30
20
10
40
30
20
10
Brest
U 505
Golf v.
Biskaya
NORDATLANTIK
SPANIEN
U 505
Azoren
U 505
NORD-
AFRIKA
Kanarische Inseln
TG 22.3 nach Bermuda
KAPERUNG
TG 22.3
U 505
WESTAFRIKA
Kapverdische
Inseln
TG 22.3
TG 22.3
U 505
Freetown
Monrovia
U 505
N

Personen- und Sachregister